中国古代名著全本译注丛书

大戴礼记

译注

黄怀信　译注

图书在版编目（CIP）数据

大戴礼记译注／黄怀信译注. —上海：上海古籍
出版社，2019.11（2023.8重印）
（中国古代名著全本译注丛书）
ISBN 978-7-5325-9426-9

Ⅰ. ①大… Ⅱ. ①黄… Ⅲ. ①礼仪—中国—古代②《
大戴礼记》—译文③《大戴礼记》—注释 Ⅳ.
①K892.9

中国版本图书馆 CIP 数据核字（2019）第 246227 号

中国古代名著全本译注丛书
大戴礼记译注
黄怀信 译注
上海古籍出版社出版、发行
（上海市闵行区号景路159弄1-5号A座5F 邮政编码201101）
（1）网址：www.guji.com.cn
（2）E-mail：guji1@guji.com.cn
（3）易文网网址：www.ewen.co
江阴市机关印刷服务有限公司印刷
开本 890×1240 1/32 印张 11.25 插页 5 字数 270,000
2019 年 11 月第 1 版 2023 年 8 月第 2 次印刷
ISBN 978-7-5325-9426-9
K·2739 定价：48.00 元
如有质量问题,请与承印公司联系

前　言

　　《大戴礼记》与《礼记》一样，都属于礼学文献汇编，分别由西汉人戴德、戴圣叔侄所辑传。礼，是古人的行为规范。记，就是记录。所谓"礼记"，就是与礼有关的记录。据《隋书·经籍志》及郑玄《六艺论》（《礼记正义》引），《大戴礼记》原有八十五篇。今传本阙第一至第三十八、第四十三至第四十五、第六十一、第八十二至第八十五，共四十六篇；存第三十九至第四十二、第四十六至第六十、第六十二至第八十一（其中两第七十三，又误分第六十六篇为二），共三十九篇。三十九篇中，记孔子言语行事者七篇、引孔子语者二篇，记曾子语及行事者十篇，评论孔门人物者一篇、陈古礼者六篇、通论礼者二篇、记古事者四篇、记上古帝王世系者二篇、其他论文四篇；另有专记时令物候及天象的《夏小正》一篇，相传是夏代遗书。可见其确有价值，是研究中国古代社会文化、上古历史、自然科学史以及孔子与曾子思想的重要材料。

　　《大戴礼记》一书最早见著于《隋书·经籍志》，而《礼记正义》引郑康成《六艺论》则曰：

　　　　戴德传《记》八十五篇，则《大戴礼》是也；戴圣传《记》四十九篇，则此《礼记》是也。

可见《汉书·艺文志》虽未著录，而郑玄之时已传其书。今考《艺文志》虽不著录二戴之书，但关于戴德称大戴、戴圣称小戴而传《礼》，《汉书·儒林传》则有明确记载。《儒林传》曰：

　　　　孟卿，东海人也。事萧奋，以授后仓、鲁闾丘卿。仓说《礼》数万言，号曰《后氏曲台记》，授沛闻人通汉子方、梁戴德延君、戴圣次君、沛庆普孝公。孝公为东平太傅。德号大戴，为信都太傅。圣号小戴，以博士论石渠，至九江太守。

> 由是《礼》有大戴、小戴、庆氏之学。通汉以太子舍人论石渠，至中山中尉。普授鲁夏侯敬，又传族子咸，为豫章太守。大戴授琅邪徐良斿卿，为博士、州牧、郡守，家世传业。小戴授梁人桥仁季卿、杨荣子孙。仁为大鸿胪，家世传业。荣琅邪太守。由是大戴有徐氏，小戴有桥、杨氏之学。

可见二戴确曾传《礼》，而大戴、小戴，分别是戴德、戴圣的号。戴德既号大戴，那么其所传之《礼》自然可以名为《大戴礼》；若为"记"，自然就可以名为《大戴礼记》。

晚近以来的学人多不信《大戴礼记》为戴德所编、《小戴礼记》为戴圣所编，原因是《汉书》没有提到《大戴礼记》和《小戴礼记》，认为戴德、戴圣所传只是《礼》，即《仪礼》。然而我们仔细分析《儒林传》之文就会发现，二戴所传并非只有《礼》：后仓说《礼》数万言号曰《后氏曲台记》而授戴德、戴圣，那么戴德、戴圣所传之《礼》，亦必为说《礼》之"记"，或者至少包括"记"。洪业先生于《礼记引得序》曰："立于学官之礼，经也，而汉人亦以'礼记'称之，殆以其书中既有经，复有记，故混合而称之耳。"其说甚是。《通典》卷七三引《汉石渠礼议》曰：

> （戴）圣又问通汉曰："……《曲礼》曰：'孤子当室，冠衣不纯采，此孤而言冠，何也？'"对曰："……《记》曰：'父母存，冠衣不纯素；父母殁，冠衣不纯采'"云。

正是其证。而《汉书·艺文志》亦曰：

> 汉兴，鲁高堂生传《士礼》十七篇。讫孝宣世，后仓最明。戴德、戴圣、庆普皆其弟子，三家立于学官。

无疑，此说与《儒林传》所记并不矛盾，只是简略而已。那么也就是说，当时立于学官的戴德、戴圣、庆普三家《礼》，必含有"记"。可见二戴有《礼记》，《汉书》并非没有记载。

另有一事，亦可证明《大戴礼记》之纂集者有可能就是戴德。据《汉书·儒林传》，知戴德为梁人。如众所知，梁地近楚而远齐。今《保傅》篇将贾谊《新书》"习与正人居之不能无正也，犹生长于齐之不能不齐言也；习与不正人居之不能无不正也，犹生长于楚之不能不楚言也"，改为"夫习与正人居，不能不正也；犹生长于楚，不能不楚言也"，使本谓不正之楚言变为正言，说明其编者偏袒、回护楚，正与戴德为梁人之实际相吻合。

总上可知，《大戴礼记》确当为西汉戴德所辑传之书，只是当时没有明确称为《大戴礼记》，而称之为《大戴礼》而已。而到了《隋书·经籍志》，便以其实而正式题著为《大戴礼记》了。所以，关于《大戴礼记》及其名目之由来，我们没有必要再去怀疑。

另外，自晋以来有"小戴删大戴"之说，亦无直接证据。而且大、小戴二家当时皆立于学官，若小戴之书真由删大戴书而来，那么小戴就无立官之必要。所以到了《初学记》，又有如下说法：

> 《礼记》者，本孔子门徒共撰其所闻也。……至汉宣世，东海后仓善说礼于曲台殿，撰礼一百八十篇，号曰《后氏曲台记》。后仓传于梁国戴德及德从子圣。德乃删后氏《记》为八十五篇，名为《大戴礼》。圣又删《大戴礼》为四十六篇，名《小戴礼》。

于理虽通，然而后氏《记》于《汉志》者只有"〔四十〕九篇"，而非一百八十篇。此言一百八十篇，无疑是欲合"删其繁重"之说，所以又未可尽信。

清代学者戴震、钱大昕等人，亦曾疑"小戴删大戴"之说。所以，所谓"小戴删大戴"的说法，今已不可再信。

那么二戴之书本来又有何不同呢？《后汉书·桥玄传》载：

> 桥玄字公祖，梁国睢阳人也。七世祖仁，从同郡戴德学，著《礼记章句》四十九篇，号曰"桥君学"。

从戴德学而著《礼记章句》四十九篇，说明戴德原传亦必四十九篇，与小戴同。又《后汉书·曹褒传》曰：

> 曹褒字叔通，鲁国薛人也。父充，持《庆氏礼》，建武中为博士，从巡狩岱宗，定封禅礼，还，受诏议立七郊、三雍、大射、养老礼仪。显宗即位，充上言："汉再受命，仍有

> 封禅之事，而礼乐崩阙，不可为后嗣法。五帝不相沿乐，三
> 王不相袭礼，大汉自制礼，以示百世。"……拜充侍中。作章
> 句辩难，于是遂有庆氏学。……褒博物识古，为儒者宗。十
> 四年，卒官。作《通义》十二篇，演经杂论百二十篇，又传
> 《礼记》四十九篇，教授诸生千余人，庆氏学遂行于世。

如前所说，庆普所受，亦为后仓所授说《礼》之《后氏曲台记》。
此言传《礼记》四十九篇者，亦必后仓之书。传后仓书而曰"庆
氏学遂行于世"，是庆氏所传亦必为四十九篇。即以曹褒所传
《礼记》四十九篇为小戴之书，那么庆氏、小戴所传及大戴原传
既皆四十九篇，则其所从受之《后氏曲台记》亦必为四十九篇。
今《汉志》"《曲台后仓》九篇"，盖脱"四十"二字，因为九篇
文字，必不能有"数万言"（见前引《汉书·儒林传》）之众。庆
氏、小戴及大戴原传皆四十九篇，而又各自为学且行于世，则三
家之四十九又必有不同。其不同，盖于各篇内容亦"各有损益"
而已。

　　大戴所受及原传皆四十九篇，而后成八十五篇，则非自增之
又何所来乎？不待言也。

　　那么今本《大戴礼记》所佚四十六篇究为何文耶？愚谓即今
本《礼记》除《哀公问于孔子》《投壶》等篇外的主要篇章。其
之所以"佚"，盖因其文同而抄书者省之也。古者抄书不易，小
戴书既有其篇，则于大戴无需更抄，故抄者省之，自是情理中事。
不然，则何以佚其第一至第三十八、第四十三至第四十五、第六
十一、第八十二至第八十五，而存其第三十九至第四十二、第四
十六至第六十、第六十二至第八十一，间杂错出，似是人为？《哀
公问于孔子》《投壶》二篇之所以两出，盖"各有损益"之故。
至于其他两见而文字多异者，或系传闻不同，而正其各自为家之
又一故也。总之，二戴原书即篇不同名，内容亦不必迥异；大戴
书虽多出三十九篇，内容亦不必尽在小戴书之外。

　　总上可知，不惟小戴未删大戴，大戴亦未曾删后仓；相反，
大戴乃在后仓基础之上又有所增益；而小戴乃墨守后仓所传而稍

有"损益"而已;大戴之所增,实亦是对后仓所传本之调整充实。如出《曾子大孝》篇于《祭义》,出《诸侯衅庙》篇于《杂记》之类。

《大戴礼记》自《隋书·经籍志》著录为"十三卷",《旧唐书·经籍志》及《新唐书·艺文志》亦皆因之而曰"十三卷",不言所存篇数。司马贞《史记索隐》云三十八篇,盖除《夏小正》单行外,又尚未分出《明堂》篇之故。或云当时《曾子制言》不分上、中、下而作一篇,则未必。北宋庆历(1041—1048)中所修《崇文总目》著有"十卷(或疑脱"三"字)三十五篇"和"三十三篇"两个本子。南宋淳熙二年(1175),颍川韩元吉在建安郡斋所刊则题"十三卷四十篇",有可能就是《崇文总目》所著二本之删合。

今传本可考之最早者为宋韩元吉本和元至正本。明代刻本主要有袁氏嘉趣堂重雕韩元吉本、《汉魏丛书》、《广汉魏丛书》、《秘书九种》本及《永乐大典》本。清代刻本传世较多,乾隆以前者主要有朱氏自修斋所刻《朱文端公藏书》本、《雅雨堂藏书》本、《武英殿聚珍版书》、《四库全书》本等。

宋人治及《大戴礼记》而传今者有三家:朱熹、杨简、王应麟。朱熹撰《仪礼经传通解》,收解《大戴礼记》之《夏小正》《保傅》《曾子事父母》《武王践阼》《诸侯迁庙》《诸侯衅庙》《朝事》《投壶》《公冠》九篇。其书以言义理为主,故于文字校释发明不多。杨简字敬仲,南宋慈溪人,乾道进士,官至宝谟阁学士,有《礼》学著作多种。其《先圣大训》收注《大戴礼记》之《主言》《五义》《哀公问》《卫将军文子》《子张问入官》《本命》《三朝记》等篇,于注释间有发明,尤其是其本与后世所传多有异文,清代注家多有所引。王应麟字伯厚,号厚斋,南宋庆元人,淳祐进士,官至礼部尚书兼给事中,著作有《困学纪闻》等多种。撰《践阼篇集解》,收卢辩以下诸儒之解。

元代治及《大戴》者亦三家:吴澄《三礼考注》于《仪礼》经后取《大戴》之《投壶》《公冠》《迁庙》《衅庙》《朝事》五

篇，为《仪礼》逸经，《续文献通考·经籍考》著录吴澄《校正大戴礼记》三十四卷，今不传；杨守陈《三礼私抄》，"仿朱子而析经附传，仿吴氏而类序乱篇，亦以二戴记之不附经者，别自为记。然传取二戴有正附之异，不能尽同于朱子类序诸篇，自以意次；又不能尽同于吴氏。……至于传注，虽择抄诸家，而识见庸愚"（《经义考》引其自序语），今佚；董彝《二戴礼解》，亦佚。

清代研治《大戴礼记》者不下数十家，其中著有专书或传有专篇的主要有：

1. 孔广森《大戴礼记补注》；
2. 汪照《大戴礼记注补》；
3. 汪中《大戴礼记正误》；
4. 王念孙、王引之《大戴礼记》校释（见《经义述闻》）；
5. 王聘珍《大戴礼记解诂》；
6. 洪颐煊《孔子三朝记注》；
7. 俞樾《大戴礼记平议》；
8. 王树楠《校正孔氏大戴礼记补注》；
9. 孙诒让《大戴礼记斠补》；
10. 于鬯《大戴礼记校》；
11. 戴礼《大戴礼记集注》

除上述十一家外，清代治《大戴》之书尚有郝懿行《大戴礼记补注》、叶大庄《大戴礼记审议》、任兆麟《大戴礼记注》、罗登选《大戴礼记训诂》、陆奎勋《戴礼绪言》、朱骏声《大戴礼记校正》、丁宗洛《大戴礼记管笺》等，或内容无几，或无大发明，价值不大。虽见著录而今存佚不详者尚有：方苞《评点大戴礼记》、姜兆锡《大戴礼删翼》、陈以纲《大戴礼注》、阮元《大戴礼记补注》、丁杰《大戴礼记绎》、王浩《大戴礼注补校增》、汪喜孙《大戴礼记补注》、蒋焘《武王践阼篇详注》、胡培系《大戴礼记笺证》、董沛《大戴礼疏》、徐荣《大戴礼记补注》等，以及单治一篇或数篇者多家。南京师范大学王锷先生《三礼研究论著提要》对之考稽甚详，可以参阅。

当代治《大戴礼记》之书，主要有中华书局所印行的王聘珍先生所撰《大戴礼记解诂》、天津古籍出版社出版的高明先生所撰《大戴礼记今注今译》，以及三秦出版社出版的笔者所主撰的《大戴礼记汇校集注》。此次译注，即在《汇校集注》之基础上进行，希望对推广应用《大戴礼记》、弘扬中国传统文化有所帮助，谬误之处，尚祁方家批评指正。

黄怀信

2017 年 7 月 29 日

目　　录

凡　　例

一、本书在《大戴礼记汇校集注》基础上完成，原文以《四部丛刊》影印上海涵芬楼借无锡孙氏小绿天藏明袁氏嘉趣堂刊本为底本。因有校正，本书内文与《四部丛刊》本文字间有出入。

一、凡底本无校勘价值之异体、俗体字、羡笔、减笔、误笔字等，今皆径改为正体字，凡避讳缺笔字亦皆补足，不出校。

一、凡底本之误（包括脱衍等）字，皆据《汇校集注》之"按语"改正（部分或有修正）；或有疑误，则将正字另注于原字后括号内，不另出校。

一、各篇篇题之下列【题解】，简要提示该篇大意并解释篇名。

一、【注释】以训诂达义为至，不作繁琐考证。

一、【译文】以直译为主，辅以必要的意译。

卷一

主言第三十九

【题解】

　　此篇记孔子与曾子的一次对话，内容主要是孔子给曾子讲陈所谓明主之德。篇名"主言"，即有关君主之言，出自篇内"吾主言其不出而死乎"句；或作"王言"，当非是。

【原文】

　　孔子闲居，曾子侍。[1]

　　孔子曰："参！今之君子（主），惟士与大夫之言之闻也；其至于君子之言者，甚希矣。[2]於乎！[3]吾主言其不出而死乎？[4]哀哉！"

　　曾子起曰："敢问，何谓'主言'？"

　　孔子不应。曾子惧，肃然抠衣下席曰："弟子知其不孙也。得夫子之闲也难，是以敢问也。"[5]

　　孔子不应。曾子惧，退负序而立。[6]

【注释】

　　〔1〕居，屈膝盘腿而坐。　　曾子，孔子弟子，名参。　　侍，陪侍。

　　〔2〕君主，指诸侯。　　惟，同"唯"，只。　　君子，指人格高尚、有知识之人。　　希，同"稀"，少。

〔3〕於乎,同"呜呼",古音同。

〔4〕主言,君主之言。

〔5〕肃然,恭敬貌。　　抠,提也。　　席,所跪、坐的席子。闲,闲暇。

〔6〕负,背靠。　　序,堂屋的东西墙。

【译文】

孔子闲坐,曾子跪在一旁的席子上伺候。

孔子说:"曾参啊!如今的君主,只听士和大夫们的话,能听到君子讲话的,已经十分少了。啊!我难道不出主言就死吗?可悲呀!"

曾子起身说:"请问什么叫'主言'?"

孔子不回答。曾子惧怕,恭敬地提起上衣走下席子说:"弟子知道自己不谦逊,只是难得先生有空,所以才敢问。"

孔子还不回答。曾子害怕,就退回去背靠西墙站着。

【原文】

孔子曰:"参!汝可语明主之道与?"〔1〕

曾子曰:"不敢以为足也,得夫子之闲也难,是以敢问。"〔2〕

孔子曰:"居,吾语汝:道者,所以明德也;德者,所以尊道也。是故非德不尊,非道不明。〔3〕虽有国马,不教不服,不可以取千里。〔4〕虽有博地众民,不以其道治之,不可以霸王。〔5〕是故昔者明主内修七教,外行三至。〔6〕七教修焉,可以守;三至行焉,可以征。〔7〕七教不修,虽守不固;三至不行,虽征不服。是故明主之守也,必折冲乎千里之外;其征也,衽席之上乎还师。〔8〕是故内修七教而上不劳,外行三至而财不费,此之谓明主之道也。"

【注释】

〔1〕语，读去声，告也。

〔2〕足，值得。

〔3〕道，正确的思想主张。　德，指德性、本能。《老子》："道生之，德畜之，物形之，势成之。是以万物莫不尊道而贵德。"

〔4〕国马，一国称最的良马。　服，驯服。

〔5〕博，广博。　霸王，称霸为王。

〔6〕七教、三至，并详下文。　修，修治。

〔7〕守，守土。　征，征伐。

〔8〕折，折损。　冲，古战车，所谓冲车。　衽席，卧席。衽席之上乎还师，言征服得容易。

【译文】

孔子说："曾参啊！值得向你讲明主之道吗？"

曾子说："不敢说值得，只是难得先生有空，所以才敢问。"

孔子说："我告诉你：道，是用来明德的；德，是用来尊道的。所以，非德道不尊，非道德不明。即使有一国最好的马，不调教不驯服，也不可以日行千里。即使有广博的土地和众多的人民，不用正确的方法治理，也不可以称霸为王。所以，从前英明的君主内修七教，外行三至。七教修行了，对内可以守；三至实行了，向外可以征。七教不修行，即使守也不牢；三至不修行，即使征也不服。所以英明君主内守，一定是从折损战车于千里之外开始；其外征，一定是还没有发兵就班师。所以内修七教能使上不辛劳，外行三至则财不耗费，这就叫明主之道。"

【原文】

曾子曰："敢问不费、不劳，可以为明乎？"〔1〕

孔子愀然扬眉曰："参！汝以明主为劳乎？昔者舜

左禹而右皋陶，不下席而天下治。[2]夫政之不中，君之过也。[3]政之既中，令之不行，职事者之罪也。[4]明主奚为其劳也?[5]昔者明主关讥而不征，市廛而不税，税十取一，使民之力岁不过三日，入山泽以时，有禁而无征。[6]此六者，取财之路也。明主舍其四者而节其二者，明主焉取其费也?"[7]

【注释】

〔1〕费，耗费。　　明，英明。

〔2〕愀然，惊诧、诧异貌。　　席，所坐卧的席子。　　治，得到治理、有条理。　　不下席，喻不劳。不下席而治，言治之易。

〔3〕政，国政、政治。　　中，谓无偏失、合理、恰当。

〔4〕职事，主持事务。

〔5〕奚，何。

〔6〕关，关卡。　　讥，盘问。　　征，谓征税。　　廛，储藏、堆积货物的房子。　　使民之力，所谓力役。

〔7〕舍，弃也。　　四者，指关、市、山、泽之征。　　节，节制。二者，指税与劳役。　　焉，于何、在哪里。

【译文】

曾子问："请问不耗费、不辛劳，可以称为英明吗?"

孔子诧异地扬起了眉毛，说："曾参啊! 你以为明主辛劳吗?从前舜左有大禹右有皋陶，不下席子就使天下大治。那国政不恰当，是国君的错;国政恰当而号令不被执行，是主职事者的罪。明主为什么会辛劳呢? 从前的明主关卡只盘问而不征税，市场提供堆积货物的房子而不纳税，普通税款只抽货物的十分之一，使用民力一年不超过三天，进山林湖泽按时令季节，有禁令而无征取。这六种，本来都是取财的方法。明主放弃其中四种而节省其中两种，明主哪里取其耗费呢?"

【原文】

曾子曰：“敢问何谓七教？”

孔子曰：“上敬老则下益孝，上顺齿则下益悌，上乐施则下益谅，上亲贤则下择友，上好德则下隐慝，上恶贪则下耻争，上强果则下廉耻。[1]民皆有别，则政亦不劳矣。[2]此谓七教。七教者，治民之本也，教定则本正矣。[3]上者，民之表也。[4]表正，则何物不正？是故君先立于仁，则大夫忠而士信、民敦、工璞、商悫、女憧、妇空空。[5]七者，教之志也。[6]七者布诸天下而不窕，内诸寻常之室而不塞。[7]是故圣人等之以礼，立之以义，行之以顺，而民弃恶也如濯。”[8]

【注释】

〔1〕益，越发。　齿，年龄。　悌，顺从兄长。　施，施舍。谅，诚实。　隐，指隐居。　慝，恶也。　强，强毅。　果，果敢。

〔2〕别，指辨别是非的能力。

〔3〕本，根本。　定，确定。

〔4〕表，作为标志的立木，引申为标志、表率。

〔5〕信，诚信。　敦，厚。　璞，借为“朴”，朴实。　悫，诚悫、朴实。　女，女孩子。　憧，无知。　空空，无知貌。

〔6〕志，心所欲也。

〔7〕窕，有空隙、不充实。　内，读同“纳”。　寻，伸两臂之长。　常，两寻长。　塞，满也。

〔8〕等，齐也。　立，谓立身。　义，人所宜也。　濯，洗也。

【译文】

曾子问：“请问什么叫七教？”

孔子说："在上的人尊敬老人，在下的人就更加孝敬父母；在上的人顺从长者，在下的人就懂得顺从兄长；在上的人乐于施舍，在下的人就更加诚实；在上的人亲近贤者，在下的人就会选择朋友；在上的人喜好德行，在下的人就不隐居；在上的人厌恶贪得，在下的人就耻于争夺；在上的人刚强果敢，在下的人就讲究廉耻。老百姓都有了辨别是非的能力，行政也就不辛劳了。这叫七教。七教，是治民的根本。七教确定，根本也就扶正了。在上的人，是百姓的标本。标本正了，什么还会不正？所以，国君自己先立身于仁，大夫就忠诚、士就诚信、百姓就敦厚、工匠就朴实、商人就朴实、女孩子就懵懂、妇女就无知。这七种，是教的标志。七者广布于天下而不显得空旷，纳入普通人家而不觉得堵塞。所以圣人以礼齐身，以义立身，以顺行身，百姓就会弃恶如同洗脸。"

【原文】

曾子曰："弟子则不足，道则至矣。"〔1〕

孔子曰："参，姑止，又有焉。昔者明主之治民有法，必别地以州之，分属而治之，然后贤民无所隐，暴民无所伏。〔2〕使有司日省而时考之，岁诱贤焉，则贤者亲，不肖者惧。〔3〕使之哀鳏寡，养孤独，恤贫穷，诱孝悌，选贤举能。〔4〕此七者修，则四海之内无刑民矣。〔5〕上之亲下也如腹心，则下之亲上也如保子之见慈母也。〔6〕上下之相亲如此，然后令则从、施则行。民怀其德，迩者服悦，远者来附。〔7〕然后布指知寸，布手知尺，舒肘知寻，十寻而索；百步而堵，三百步而里，千步而井，三井而句烈，三句烈而距；五十里而封，百里而有都邑。〔8〕乃为畜积衣裘焉，使处者恤行者有亡。〔9〕是以蛮夷诸夏虽衣冠不同、言语不合，莫不来至，朝觐

于王。〔10〕

　　"故曰：无市而民不乏，无刑而民不违。毕弋田猎之得，不以盈宫室也；征敛于百姓，非以充府库也；慢怛以补不足，礼节以损有余。〔11〕故曰：多信而寡貌。〔12〕其礼可守，其言可复，其迹可履。〔13〕其于信也，如四时春秋冬夏。〔14〕其博有万民也，如饥而食，如渴而饮。〔15〕下土之人信之，如暑热冻寒，视远若迩；非道迩也，及其明德也。〔16〕是以兵革不动而威，用利不施而亲，此之谓'明主之守也，折冲乎千里之外'。"

【注释】

　　〔1〕则，犹乃。

　　〔2〕姑，姑且。　州，居也。　属，归属。　伏，躲藏。

　　〔3〕有司，主管者。　省，察也。　时，四时、季节。　考，考核。　诱，进也。　不肖，不贤。

　　〔4〕哀，怜也。　鳏寡，老而无妻或无夫之人，引申谓老弱孤苦者。　孤独，幼而无父、老而无子。　恤，救助。　选，择也。举，推举、举用。　能，谓有才能者。

　　〔5〕此七者，谓日省时考、岁诱贤、哀鳏寡、养孤独、恤贫穷、诱孝悌、选贤举能。　修，整治。　刑民，受刑之民。　无刑民，刑措不用也。

　　〔6〕保，同"褓"，襁褓。　慈母，专门负责养育婴儿的妇女，犹保姆。

　　〔7〕迩，近也。

　　〔8〕布，铺开。　手，指手指。　舒，展开。　寻，伸开两臂之长度，相当于周尺八尺。　索、堵、井、句烈、距，皆古长度单位。　句烈，合音作"埒"。　封，分封。　都邑，大国都会。

　　〔9〕畜积，即积蓄。　恤，救助。　有亡，即有无。

　　〔10〕蛮夷，指四方少数民族。　诸夏，夏人各部族、华夏。朝觐，朝见。

　　〔11〕毕，用网捕猎。　弋，用箭射猎。　田猎，围猎。

盈，满也。　　慢悜，犹简略。　　礼节，谓行礼仪。

〔12〕信，谓诚于内。　　寡，少。　　貌，谓文于外。

〔13〕复，重复。　　履，践也。　　其礼可守，其言可复，其迹可履，皆诚信也。

〔14〕信，诚信。　　如四时春秋冬夏，永不变异也。

〔15〕博，广也。　　有，育也。　　下土之人，全天下之人。

〔16〕归，归附。　　暑热冻寒，暑热而就冻寒也。　　迩，近也。及，借为"冀"，望也。

【译文】

曾子说："原来是弟子不足，方法本来就已经完备了。"

孔子说："曾参！你先别急，我这里还有。从前的明主治民有法：必须区别地域而划州安置他们，分别所属而治理他们。这样做了以后，才能使贤民没地方隐居，暴民没地方躲藏。然后使官员天天考察而时时考核他们，并每年从中选进贤者。这样使贤者亲近，不贤者畏惧。并使他们哀怜鳏寡，抚养孤独，救助贫穷，诱导孝悌，选贤举能。做到这七点，四海之内就没有受刑的百姓了。上司亲爱下属如同自己的心腹，下属亲爱上司也就像婴儿想见慈母一样了。上下如此相亲，然后有令就能从，有施就能行。老百姓感念他的恩德，所以近处的心悦诚服，远处的前来归附。然后又以身为度：以弯曲手指为一寸，张开手掌为一尺，伸开双臂为一寻，十寻为一索；又以一百步为一堵，三百步为一里，一千步为一井，三井为一句烈，三句烈为一距；五十里封一小国，一百里建一都会。于是就积蓄财物衣被，使居住者救助旅行者的有无。所以不管蛮夷华夏，即使衣冠不同、语言不合，也都会前来，朝觐于王。

"所以说，即使没有市场而百姓也不匮乏，没有刑罚而百姓不违抗。而且所有的田猎所得，不是用来充盈宫室；所有从百姓身上征收的赋税，不是用来填充府库；以简略补不足，以礼节损有余。所以说多诚信而少外貌。其礼可以持守，其言可以兑现，其迹可以履行。他们对于诚信，就像四季春夏秋冬，永不改变。他们博育万民，就像饥了就喂食，渴了就给水。下土百姓归附他们，就像暑热而就寒凉，即便路途再远也觉得很近；并非是路近，而是向往他的明德。所以他兵革不动而有威严，财利不施而人亲近。这就叫'明主之守，折损战车于千里之外'。"

【原文】

　　曾子曰："敢问何谓三至？"

　　孔子曰："至礼不让而天下治，至赏不费而天下之士说，至乐无声而天下之民和。[1]明主笃行三至，故天下之君可得而知也，[2]天下之士可得而臣也，天下之民可得而用也。"

【注释】

　　〔1〕至，谓至高无上者。　　费，耗费。
　　〔2〕笃，坚定。　　天下之君，谓诸侯。　　知，谓结交之。

【译文】

　　曾子说"请问什么叫三至？"

　　孔子说："至礼不礼让而天下治理，至赏不耗费而天下士民喜悦，至乐没有声音而天下百姓和谐。明主坚定地奉行三至，所以天下所有的君主都可以结交，天下所有的士人都可以为臣，天下的百姓都可以使用。"

【原文】

　　曾子曰："敢问何谓也？"

　　孔子曰："昔者明主必尽知天下良士之名；既知其名，又知其数；既知其数，又知其所在。[1]明主因天下之爵以尊天下之士，此之谓'至礼不让而天下治'。[2]因天下之禄以富天下之士，此之谓'至赏不费而天下

之士悦'。[3]天下之士悦，则天下之明誉兴，[4]此之谓
'至乐无声而天下之民和'。故曰：所谓天下之至仁者，
能合天下之至亲者也；所谓天下之至智者，能用天下之
至和者也；所谓天下之至明者，能选天下之至良者
也。[5]此三者咸通，然后可以征。[6]是故仁者莫大于爱
人，智者莫大于知贤，政者莫大于官贤。[7]有土之君修
此三者，则四海之内拱而俟，然后可以征。[8]明主之所
征，必道之所废者也。[9]彼废道而不行，然后诛其君，
改其政，吊其民，而不夺其财也。[10]故曰明主之征也，
犹时雨也，至则民说矣。是故行施弥博，得亲弥众，此
之谓'衽席之上乎还师'。"(11)

【注释】

〔1〕数，指人数。
〔2〕因，利用。　至，最。
〔3〕禄，官员的薪水，即俸禄。
〔4〕明誉，显誉。
〔5〕合，聚合。　智，原作"知"，古字，改今字。后同。
〔6〕咸，皆。　征，征伐。
〔7〕官贤，任贤人为官。
〔8〕修，修治。　拱，拱手，喻毫不费力。　俟，等待。
〔9〕道，谓正道，正确的治国方法。
〔10〕吊，慰问。
〔11〕弥，越、更加。

【译文】

曾子问："请问什么意思？"

孔子说："从前英明的君主必定尽知天下良士的名字；不仅知
道他们的名字，而且还知道他们的人数；不仅知道他们的人数，

而且还知道他们住在哪里。明主利用天下的爵位以尊天下的士，这就叫'至礼不让而天下治'。利用天下的俸禄以富天下的士，这就叫'至赏不耗费而天下之士喜悦'。天下之士喜悦，天下之显誉就起，这就叫'至乐没有声音而天下之民和'。所以说：所谓天下最仁的人，能合天下最亲的人；天下最聪明的人，能用天下最知和的人；天下最英明的人，能选天下最优良的人。这三者都行通了以后，就可以征伐。所以仁者最大的仁心是爱人，智者最大的智慧是知贤，为政者最大的政事是任贤。有领土的君主修行这三点，就会使四海之内拱手等待，然后才可以征伐。明主所征伐的，一定是荒废正道者。荒废正道而不行，然后诛杀他的君主，改变他的国政，吊慰他的人民，而不夺他的财产。所以说明主的征伐就像及时雨，一到人民就高兴了。所以施舍越广，得亲越多。这就叫'在卧席之上班师'。"

哀公问五义第四十

【题解】

义，同"仪"。此篇记鲁哀公与孔子的另一次对话，主要论取士之道，具体讲所谓庸人、士、君子、贤人、圣人五等人物之"仪"，故名。

【原文】

鲁哀公问于孔子曰："吾欲论吾国之士，与之为政，何如者取之?"[1]

孔子对曰："生乎今之世，志古之道；居今之俗，服古之服。[2]舍此而为非者，不亦鲜乎?"[3]

哀公曰："然则今夫章甫、句屦、绅带而搢笏者，此皆贤乎?"[4]

孔子曰："否！不必然。今夫端衣玄裳、冕而乘路者，志不在于食荤；斩衰菅屦、杖而歠粥者，志不在于饮食。[5]故生乎今之世，志古之道；居今之俗，服古之服。舍此而为非者，虽有，不亦鲜乎?"

【注释】

〔1〕鲁哀公，当时在位鲁国国君(姬姓，名将，鲁定公之子)的谥

号。　此属追记，故称谥号。　　论，品评、考论。

〔2〕志，记。　　居，犹行。

〔3〕鲜，少。

〔4〕章甫，古冠名。　　句，音瞿，借为"绚"。　　绚屦，鞋头有装饰的鞋子。　　绅带，有下垂的大带。　　搢，插。　　笏，记事的手版，所谓笏版。

〔5〕端衣，礼服。　　玄，黑色。　　冕，礼貌。　　路，一种大车。　　斩衰，一种重孝孝服。　　菅屦，菅草编的鞋子，居丧所穿。歠，喝。

【译文】

鲁哀公问孔子说："我想品评我国的士，与他们一起处理国政，怎么样的才能取用他们呢？"

孔子回答说："生在当今之世，心里记着上古的思想；行当今的习俗，而身穿上古的服饰。放弃这些而为非作歹的，不就很少了吗？"

哀公说："那样的话，如今那些头戴章甫、脚穿句屦、腰系绅带而插笏版的，不就都是贤者了吗？"

孔子说："不！不尽然。如今那些身穿端衣玄裳、头戴冠冕而乘坐路车的，心不在吃荤；穿丧服草鞋、挂丧杖而喝稀粥的，心不在饮食。所以应该生在当今之世而心记上古的思想，行当今习俗而身穿上古的服饰。放弃这些而为非的，即使有，不也就很少了吗？"

【原文】

哀公曰："善！何如则可谓庸人矣？"〔1〕

孔子对曰："所谓庸人者，口不能道善言，而志不邑邑；不能选贤人善士而托身焉，以为己忧；动行不知所务，止立不知所定；日选于物，不知所贵；从物而流，不知所归，五凿为政，心从而怀。〔2〕若此，则可谓庸人矣。"

【注释】

〔1〕庸人，庸俗之人。

〔2〕邑邑，同"悒悒"，忧愁貌。　　务，致力、从事。　　五凿，即五窍，耳、目、鼻、口、心。　　怀，思也。

【译文】

哀公说："好！怎样的人就可以称为庸人了?"[1]

孔子回答说："所谓庸人，嘴里讲不出好话，而心里不担忧；把不能选择贤人善士而依托他们，作为自己的忧愁；行动不知道该做什么，立定不知站在哪里；天天挑东西，不知哪个贵重；跟着别人流动，不知去往哪里；以耳目鼻口行政，心随后才想。像这样的，就可以叫做庸人了。"

【原文】

哀公曰："善！何如则可谓士矣?"[1]

孔子对曰："所谓士者，虽不能尽道术，必有所由焉；虽不能尽善美，必有所处焉。[2]是故知不务多，而务审其所知；行不务多，而务审其所由；言不务多，而务审其所谓。[3]知既知之，行既由之，言既谓之，若夫性命肌肤之不可易也。[4]富贵不足以益，贫贱不足以损。若此，则可谓士矣。"

【注释】

〔1〕士，能任事之人。

〔2〕道术，行道的方法。　　由，从。

〔3〕务，求。　　审，明白。

〔4〕夫，语助词。

【译文】

哀公说："好！再请问怎么就可以叫做士了？"

孔子回答说："所谓士，虽然不能掌握全部道术，但必定有所从事的；做事虽然不能尽善尽美，但必定有所做的。所以知识不求多，而求完全明白自己所知道的；行动不求多，而求完全明白自己所从事的；言语不求多，而求完全明白自己所讲的。知识掌握以后，行为从事以后，言语和顺以后，就会像人的性命肌肤那样不可改变，富贵不足以增加，贫贱不足以减损了。像这样的，就可以称为士了。"

【原文】

哀公曰："善！何如则可谓君子矣？"[1]

孔子对曰："所谓君子者，躬行忠信，其心不置；仁义在己而不患不志（知），闻志（知）广博而色不伐，思虑明达而辞不争；[2]犹然如将可及也，而不可及也。[3]如此，则可谓君子矣。"

【注释】

〔1〕君子，人格高尚之人。

〔2〕躬，亲身。　　置，放置。　　不知，为人不知。　　闻知，谓知识。　　伐，自夸。　　辞，言辞。

〔3〕犹然，即犹如。　　及，赶上。

【译文】

哀公说："好！再请问怎样就可以称为君子了？"

孔子回答说："所谓君子，亲身行忠信，而不放在心里；自己行仁义，而不担心不被人知道；见识广博，而不自我夸耀；思虑明达，而不与人辩争；普通人似乎很快就能赶上，但又赶不上。像这样的，就可以称为君子了。"

【原文】

哀公曰："善！敢问何如可谓贤人矣？"[1]

孔子对曰："所谓贤人者，好恶与民同情，取舍与民同统；行中矩绳而不伤于本，言足法于天下而不害于其身；穷为匹夫而愿富贵，贵为诸侯而无财。[2]如此，则可谓贤人矣。"

【注释】

〔1〕贤人，多才之人。

〔2〕统，纲纪。　中，合。　矩绳，矩尺与准绳，皆标准也。法，谓被效法。　愿，希望。

【译文】

哀公说："好！再请问怎样就可以称为贤人了？"

孔子回答说："所谓贤人，好恶与民众的情感相同，取舍与民众的纲纪相同；行为合乎规范而不伤根本，言辞足以被天下效仿而不伤害自身；身为贫民而希望富贵，贵为诸侯而没有财产。像这样的，就可以称为贤人了。"

【原文】

哀公曰："善！敢问何如可谓圣人矣？"[1]

孔子对曰："所谓圣人者，智通乎大道，应变而不穷，能测万物之情性者也。[2]大道者，所以变化而凝成万物者也。情性也者，所以理然不取舍者也。[3]故其事大，配乎天地，参乎日月，杂于云蜺，总要万物。[4]穆穆纯纯，其莫之能循；若天之司，莫之能职。百姓淡然，不知其善。[5]若此，则可谓圣人矣。"

【注释】

〔1〕圣人，无所不知之人。

〔2〕大道，指自然规律。　　穷，穷尽。　　测，探测、预知。

〔3〕理，分理、决定。《管子·君臣》："别交正分之谓理。"

〔4〕配，配合。　　参，并列为三。　　杂，错杂、夹杂。　　云蜺，彩虹。　　总要，犹统领。

〔5〕穆穆纯纯，麻木不仁之貌。　　循，遵循。　　之，犹所。司，主。　　职，借为"识"。　　淡然，犹淡漠。

【译文】

哀公说："好！再请问怎样就可以称为圣人了？"

孔子回答说："所谓圣人，是指智慧贯通自然，应变没有穷尽，能预知万物情性的人。大道，是变化并凝成万物的根本。情性，是决定是与不是或取与舍的根本。所以圣人的事业伟大，能够配合天地，参配日月，夹杂在云彩之中，而统领天下万物。似乎麻木不仁，但无人能够追随；就像大自然的主宰，无人能够识别。而老百姓对他淡然不敬，不知道他的伟大。像这样的，就可以称为圣人了。"

【原文】

哀公曰："善！"

孔子出，哀公送之。〔1〕

【注释】

〔1〕出，谓出宫门。

【译文】

哀公说："好！"

孔子出门，哀公亲自送他。

哀公问于孔子第四十一

【题解】

此篇记鲁哀公问孔子"大礼何如""人道谁为大"以及如何为政等问题而孔子作答之辞，提出"民之所由生，礼为大"，以及"为政先礼"等主张。篇名取自开篇首句。

【原文】

哀公问于孔子曰："大礼何如?[1]君子之言礼，何其尊也?"[2]

孔子曰："丘也小人，何足以知礼?"[3]

公曰："否！吾子言之也！"[4]

孔子曰："丘闻之也：民之所由生，礼为大。非礼，无以节事天地之神也；非礼，无以辨君臣上下长幼之位也；非礼，无以别男女父子兄弟之亲、昏姻疏数之交也。[5]君子以此之为尊敬，然后以其所能教百姓，不废其会节。[6]有成事，然后治其雕镂文章黼黻以嗣。[7]其顺之，然后言其丧葬，备其鼎俎，设其豕腊，修其宗庙；岁时以敬祭祀，以序宗族，则安其居处；丑其衣服，卑其宫室；车不雕几，器不刻镂，食不贰味，以与民同利。[8]昔之君子之行礼者如此。"

【注释】

〔1〕大，以之为大，尊崇之也。

〔2〕君子，谓贵族、社会上层。

〔3〕丘，孔子名。　　小人，下层百姓，与"君子"相对。

〔4〕子，对人的尊称，犹今称先生。　　吾子，敬称。

〔5〕节事，分节而事。　　昏姻，即婚姻。　　数，音硕，密也。

〔6〕会节，聚会与节庆。

〔7〕成事，已成之事。　　玉谓之雕，金谓之镂。　　雕镂，泛指制造各种礼器。　　文章，花纹。　　黼黻，古代的两种文饰。白黑相间者称黼，赤黑相间者称黻。　　嗣，继也。

〔8〕前"其"，犹若。　　顺，和顺。　　鼎俎，皆礼器，鼎以烹肉，俎以盛肉。　　豕，猪。　　腊，音析，干肉。　　序，顺序排列。丑，不华美。　　卑，低也。　　雕，雕刻。　　几，缠附。

【译文】

哀公问孔子："为什么把礼看得那么大？君子讲礼，为什么那么尊崇？"

孔子说："孔丘我是一小民，哪里值得知礼？"

哀公说："不！还是请您讲一下。"

孔子道："我听说：在人的一生中，礼最大。没有礼，就无法按时事奉天地神明；没有礼，就无法辨别君臣、上下、长幼的地位；没有礼，就无法区别男女、父子、兄弟的亲情，婚姻、疏密的交情。所以，君主首先尊敬礼，然后又以自己所能教导百姓，不荒废他们的聚会与节庆。有了具体的事，然后再制器物、雕花纹、织礼服。一切和顺之后，再讲究丧葬，预备礼器，设置祭品，修建宗庙，按时节恭敬祭祀，排序宗族，这样就会安心居处。而自己不穿华美衣服，不建高大宫室，车子不雕饰，器物不刻镂，食物不重味，以与民同利。从前的君主里边行礼的，就是这个样子。"

【原文】

公曰："今之君子，胡莫之行也？"〔1〕

孔子曰："今之君子，好实无厌，淫德不倦，荒怠傲慢，固民是（自）尽，忤其众以伐有道，求得当欲，不以其所。[2]古之用民者由前，今之用民者由后。[3]今之君子，莫为礼也！"

【注释】

〔1〕君子，指君主。　胡，何也。

〔2〕实，指财货。　淫，乱也。　荒，放纵。　怠，惰。固，禁锢。　尽，尽情、任意。

〔3〕由，同"犹"，如。　前，指昔之君子之行礼。　后，指今之君子之行礼。

【译文】

哀公说："如今的君主，为什么没有这样执行的？"

孔子说："如今的君主，好财无厌，淫德不倦，荒怠傲慢，竭力禁锢百姓，逆民心而征伐无罪，为求其想得、满足欲望而不择手段。古代用民的如前面所说，如今用民的如后面所说。总之，如今的君主没有人行礼。"

【原文】

孔子侍坐于哀公。哀公曰："敢问人道谁为大？"[1]

孔子愀然作色而对曰："君及此言也，百姓之德也，固臣敢无辞而对？人道政为大。"[2]

公曰："敢问何谓政？"

孔子对曰："政者，正也。[3]君为正，则百姓从政矣。君之所为，百姓之所从也。君所不为，百姓何从？"

【注释】

〔1〕人道，与"天道"相对，指社会正常运转的基本规律。

〔2〕愀然，容色变动的样子。　作色，改变脸色。　德，福。固，固陋。　辞，指繁言。　政，政治、国政。

〔3〕正，无偏颇也。

【译文】

孔子陪哀公闲坐。哀公开言说："请问人道里面哪个大？"

孔子容色为之一变而回答曰："君能讲这话，是百姓的福，陋臣敢不回答？人道里边，政事为大。"

哀公说："再请问什么叫为政？"

孔子回答说："政，就是正。国君行为正，老百姓就服从国政了。国君所做的，就是老百姓所从的。国君不作为，老百姓从什么呢？"

【原文】

公曰："敢问为政如之何？"

孔子对曰："夫妇别，父子亲，君臣严。〔1〕三者正，则庶民从之矣。"〔2〕

公曰："寡人虽无似也，愿闻所以行三言之道。〔3〕可得而闻乎？"

孔子对曰："古之为政，爱人为大。所以治爱人，礼为大。〔4〕所以治礼，敬为大。敬之至也（所以致敬），大昏为大，大昏至矣。〔5〕大昏既至，冕而亲迎，亲之也。〔6〕亲之也者，亲（敬）之也。〔7〕是故，君子兴敬为亲。〔8〕舍敬，是遗亲也。弗爱不亲，弗敬不正。爱与敬，其政之本与！"

【注释】

〔1〕严，威严、严谨。

〔2〕庶民，普通百姓。

〔3〕寡人，国君自称之词。　无似，谓无似上三者。　所以，用来。　道，方法、途径。

〔4〕治，修、行。

〔5〕大昏，结婚。

〔6〕冕，天子及贵族所戴的礼帽。

〔7〕敬，恭敬。

〔8〕兴，起也。

【译文】

哀公说："请问怎样为政？"

孔子回答说："夫妇有分别，父子相亲爱，君臣讲严谨。三者做到了，老百姓就服从了。"

哀公说："寡人虽然没有做到，但愿意听听实行三句话的方法。能讲给我听听吗？"

孔子回答说："古人为政，以爱民为大；修行爱民，以行礼为大；行礼，以恭敬为大。致恭敬，以大婚为大，大婚就到头了。大婚的时候新娘子到了，戴着礼帽亲自迎接，是亲近她；亲近，就是尊敬。所以君子以敬为亲，放弃敬就是遗弃亲。不爱就不亲，不敬就不正。爱与敬，大概是为政的根本吧。"

【原文】

公曰："寡人愿有言然：冕而亲迎，不已〔1〕重乎？"

孔子愀然作色而对曰："合二姓之好，以继先圣〔2〕之后，以为天地、社稷、宗庙之主，君何谓已重乎？"

公曰："寡人固。〔3〕不固，焉得闻此言也？寡人欲问，不得其辞，请少进。"〔4〕

孔子曰："天地不合，〔5〕万物不生。大昏，万世之嗣[6]也，君何谓已重焉?"

【注释】

〔1〕已，太。

〔2〕先圣，指先人。

〔3〕固，固陋。

〔4〕其，指所问。　　进，进一步。

〔5〕合，结合、交合。

〔6〕嗣，继也。

【译文】

哀公说:"寡人想插一句:戴着礼帽亲自迎娶，礼不是太重了吗?"

孔子容色为之一变而回答说:"结合两姓之间的友好，以继续先圣的后嗣，以为天地、社稷、宗庙的主人，君怎么能说太重了呢?"

哀公说:"寡人固陋。不固陋，怎么能听到您这话呢?寡人想问，又没有恰当的话，请您再进一步。"

孔子说:"阴阳不合，万物不生。大婚，是子孙万代的延续，君怎么能说太重呢?"

【原文】

孔子遂有言曰:"内以治宗庙之礼，足以配天地之神明;出以治直言(君臣)之礼，足以立上下之敬。[1]物耻足以振之，国耻足以兴之。[2]为政先礼。礼者，政之本与!"

孔子遂言曰:"昔三代明王之政，必敬其妻、子也有道。[3]妻也者，亲之主也，敢不敬与?[4]子也者，亲之后也，敢不敬与?君子无不敬也，敬身为大。身也者，亲之枝也，敢不敬与？不能敬其身，是伤其亲；伤其亲，是伤其本；伤其本，枝从而亡。三者，百姓之象也。〔5〕身以及身，子以及子，配以及配，君子行此三者，则忾乎天下矣。〔6〕大王之道也如此，则国家顺矣。"〔7〕

【注释】

〔1〕遂，接着。　君臣之礼正上下之位，故足以立上下之敬。

〔2〕物，事也。　振，振作。　兴，复兴。

〔3〕三代，夏、商、周。

〔4〕亲，父母。

〔5〕象，象征。

〔6〕配，配偶。　忾乎，长舒气之貌，形容词。

〔7〕大（太）王，周太王古公亶父。

【译文】

孔子接着说："国君在家里行宗庙之礼，足以参配天地神明；在朝廷行君臣之礼，足以树立上下尊敬。这样，事有耻辱就足以振作，国有耻辱就足以复兴。所以，为政先修礼。礼，大概是为政的根本吧！"

孔子接着又说："从前三代明王的国政，一定是尊敬他的妻子儿女有正确方法。妻子是敬养父母的主人，敢不敬吗？儿女是继承父母的后人，敢不敬吗？君子没有不敬的，而又以敬自身为重。自身，是父母的枝叶，敢不敬吗？不能敬自身，就是伤害父母；伤害父母，就是伤害自己的根本；伤害自己的根本，枝叶跟着就消亡了。这三个方面，也是百姓的象征。由自身以达他人之身，由自己的子女以达百姓的子女，由自己的配偶以达百姓的配偶。君主做到这三点，就可以放心自己的天下了。当年周太王的方法就是这样，国家也就和顺。"

【原文】

公曰："敢问何谓敬身？"

孔子对曰："君子过言则民作辞，过动则民作则。[1]君子言不过辞，动不过则，百姓不命而敬恭。[2]如是，则能敬其身；能敬其身，则能成其亲矣。"[3]

【注释】

〔1〕君子，指君主。　　过，过分、过度。　　作，作为。　　辞，言辞、口语。　　则，法则、准则。

〔2〕敬恭，犹谦恭。

〔3〕敬，尊重、慎重。　　身，自身。　　成，成就。　　亲，父母。

【译文】

哀公说："请问：什么叫敬身？"

孔子回答说："君主说错的话，百姓也会作为口头禅；做错的事，百姓也会作为行事的准则。如果君主不说错话、不做错事，不下令百姓就会谦恭。这样，百姓就能敬重自身；能敬重自身，就能成就他的父母了。"

【原文】

公曰："敢问何谓成亲？"

孔子对曰："'君子'也者，人之成名也。[1]百姓归之名，谓之'君子之子'，是使其亲为君子也，是为成其亲之名也已。"[2]

孔子遂言曰："古之为政，爱人为大。不能爱人，不能有其身；不能有其身，不能安土；不能安土，不能乐天；不能乐天，不能成身。"[3]

【注释】

〔1〕成名，所成就之名，所谓令名。

〔2〕归，犹送。

〔3〕有，保有。 安土，谓安居。 乐天，享受自然。 成身，成就自身。

【译文】

哀公说："请问：什么叫成就父母？"

孔子回答说："所谓'君子'，是人的美名。百姓给他起个名字，叫做'君子的儿子'，这就使他的父母成了君子，也就成就了他父母的名声了。"

孔子接着说："古代为政的，以爱人为大。不能爱人，就不能有自身；不能有自身，就不能安居；不能安居，就不能享受自然；不能享受自然，就不能成就自身。"

【原文】

公曰："敢问何谓成身？"

孔子对曰："不过乎物。"〔1〕

公曰："敢问君子何贵乎天道也？"〔2〕

孔子对曰："贵其不已。〔3〕如日月东西相从而不已也，是天道也；不闭其久，是天道也；无为物成，是天道也；已成而明，是天道也。"〔4〕

【注释】

〔1〕过，越也。 物，客观事物。

〔2〕君子，人格高尚之人。 天道，自然规律。

〔3〕已，停止。

〔4〕闭，关闭、停止。 明，显也。

【译文】

　　哀公说："请问：什么叫成就自身？"

　　孔子回答说："就是不超越客观事物。"

　　哀公又说："请问：君子为什么看重天道？"

　　孔子回答说："看重它的不停息。比如太阳月亮由东向西相跟随而不停息，就是天道；不关闭它的长久，就是天道；无为而万物成，就是天道；已成而显明，就是天道。"

【原文】

　　公曰："寡人蠢愚冥烦，子识之心也！"〔1〕

　　孔子蹴然避席而对曰："仁人不过乎物，孝子不过乎物。〔2〕是故仁人之事亲也如事天，事天如事亲。是故孝子成身。"〔3〕

　　公曰："寡人既闻是言也，无如后罪何！"〔4〕

　　孔子对曰："君之及此言也，是臣之福也！"

【注释】

　　〔1〕蠢愚，即愚蠢。　　冥，暗、昧。　　烦，乱也。　　识，音至，知也。

　　〔2〕蹴然，惊惧貌。　　避，离开。　　过，超越。　　物，客观事物。

　　〔3〕成身，长久自身。

　　〔4〕是，此。

【译文】

　　哀公说："寡人愚蠢顽冥，你是知道的。"

　　孔子惊恐地起身离席回答说："仁人不超越客观事物，孝子不超越客观事物，所以仁人事奉父母如同事奉天，事奉天如同事奉父母。所以孝子必须成就自身。"

　　哀公说："寡人听到这话，就不担心以后有罪了！"

　　孔子回答说："君能讲这话，这是臣的福啊！"

礼三本第四十二

【题解】
　　此篇主要论述行礼的三条根本，即天地、祖先、君师，文字当取《荀子·礼论》之一部分。篇名取自开篇首句。

【原文】
　　礼有三本：天地者，生之本也；先祖者，类之本也；君师者，治之本也。[1]无天地焉生？无先祖焉出？无君师焉治？[2]三者偏亡，无安之人。[3]故礼，上事天，下事地，宗事先祖，而宠君师，是礼之三本也。[4]

【注释】
　　[1]礼，谓行礼。　　本，根本。　　生，生命。　　类，族类。君师，国君的老师。　　治，国家治理。
　　[2]焉，从哪里。
　　[3]偏亡，亡失其中之一。
　　[4]宗，宗族。　　宠，尊荣。

【译文】
　　行礼有三条根本：天地，是生命的根本；祖先，是家族的根本；君师，是治国的根本。没有天地从哪里生？没有祖先从哪里出？没有君师从哪里治？三者缺一，就没有安定的百姓。所以礼法规定，上敬天下敬地，宗族敬先祖，而尊荣君师，这是行礼的三条根本。

【原文】

王者天太祖，诸侯不敢怀。[1]大夫、士有常宗，所以别贵贱。[2]贵贱，德之本也。

郊止天子，社止诸侯，道及士大夫，所以别尊卑。[3]尊者事尊，卑者事卑，宜钜者钜，宜小者小也。[4]故有天下者事七世，有国者事五世，有五乘之地者事三世，有三乘之地者事二世，待年而食者不得立宗庙，所以别积。[5]积厚者流泽广、积薄者流泽卑。[6]

【注释】

〔1〕天，谓配天而祭。　　怀，思、想。

〔2〕常，固定。　　宗，所谓继别为宗，非嫡出之祖。

〔3〕郊，祭祀名，指在郊外祭天。　　止，只、仅限于。　　社，亦祭名，指祭地。　　道，亦祭名，指祭路神。

〔4〕钜，同"巨"，大也。

〔5〕有天下者，指天子。　　事，事奉、祭祀。　　有国者，指诸侯。　　乘，音剩，兵车单位。郑康成谓古者方十里出车一乘，然则五乘之地方五十里，三乘之地方三十里。　　待手而食者，即体力劳动者，农工也。　　积，借为"绩"，功绩、劳绩。

〔6〕流泽，所流传的恩泽。　　卑，小。

【译文】

天子配天而祭太祖，诸侯不敢想。大夫、士有固定的宗族，是用来区别贵贱。贵贱，是德行的根本。

在郊外祭天仅限于天子，在社庙祭地仅限于诸侯，在大道上祭路神仅限于士大夫，是用来区别尊卑的。尊贵的人做尊贵的事，卑贱的人做卑贱的事，该大的大，该小的小。所以有天下的上祭七代，有国家的上祭五代，有五十里封地的上祭三代，有三十里封地的上祭两代，等着收成吃饭的不得立宗庙，就是为了区别。业绩大的流传恩泽广、业绩薄的流传恩泽小。

【原文】

　　大飨尚玄尊、俎生鱼、先大羹，贵饮食之本也。[1]大飨尚玄尊而用酒醴，食先黍稷而饭稻粱，祭哜大羹而饱乎庶羞，贵本而亲用也。[2]贵本之谓文，亲用之谓理，两者合而成文，以归太一，夫是谓大隆。[3]

　　故尊之尚玄尊也，俎之尚生鱼也，豆之先大羹也，一也。[4]利爵之酒不啐也，成事之俎不尝也，三侑之饭不食也，一也。[5]大昏之未发齐也，大庙之未纳尸也，始卒之未小敛也，一也。[6]大路车之素幬也，郊之麻冕也，丧服之先散带也，一也。[7]三年之哭不反也，《清庙》之歌一倡而三叹也，县一磬而尚拊搏、朱弦而通越也，一也。[8]

【注释】

　　[1]大飨，谓合祭先王。　　尊，盛酒器。　　玄尊，盛有玄酒之尊。　　玄酒，水也。　　俎，盛放祭品的礼器。　　大羹，不调味的肉汁。

　　[2]醴，甜酒。　　黍稷，黄米、小米之类。　　稻粱，大米高粱之类。　　哜，尝也。　　庶羞，各种美味。

　　[3]太一，太古、原始。　　隆，隆盛。

　　[4]豆，陶质高脚礼器。

　　[5]利爵，佐食之爵。　　啐，亦尝也。　　成，完成。　　三，谓多次。　　侑，劝食也。

　　[6]发，开始。　　齐，借为"醮"，一种斟酒仪式。　　大庙，读太庙，始祖庙。　　尸，代表死者受祭的人。　　卒，死。　　小敛，

谓入棺。

〔7〕大路车，即所谓路车，天子之车。　　　幦，车覆。　　郊，谓郊祭。　　麻冕，麻质冠冕。　　散，谓不绞结。　　带，大带。

〔8〕三年之哭，卒丧之哭也。　　不反，声调不曲折回转。《清庙》，《诗经·周颂》诗篇名，可歌。　　倡，唱也。　　县，同"悬"，悬挂。　　磬，借为"磬"，石质打击乐器。　　尚，谓讲究、看重。　　拊搏，用手拍击。　　朱，红色。　　弦，琴瑟之弦。　　越，琴瑟底部的孔。

【译文】

　　合祭先王的大飨把盛玄酒即清水的玄尊摆在上位，在盛祭品的盘子里置放生鱼，先上不调味的肉羹，这是表示看重饮食的本来习惯。大飨的时候把盛酒的玄尊摆在上位，先吃黄米饭、小米饭再吃大米饭、高粱饭，祭祀的时候尝一点不调味的肉羹而吃饱各种美味，是表示既看重根本又亲爱实用。看重根本叫做文，亲爱实用叫做理。两者结合而成文采，以回归原始，这叫做大隆。

　　所以酒尊里讲究盛清水、盘子里讲究放生鱼、杯子里先盛不调味的肉羹，意思是一样的。佐食的酒爵不舔、成事的盘子不尝、多次劝食的饭不吃，意思是一样的。大婚的时候尚未行斟酒礼、太庙里尚未接纳代表死者受祭的尸、人刚死尚未行小敛礼（都表示尚未成礼的），意思是一样的。覆盖天子路车用素布、郊祭戴麻冕、穿丧服前先系散带，意思是一样的。三年终丧之祭的哭声不曲折回转、《清庙》之歌一唱而三叹息、悬挂一只磬并讲究用手拍击、琴瑟讲究用红弦并底部贯通，意思也都是一样的。

【原文】

　　凡礼，始于脱，成于文，终于隆。[1]故至备情文俱尽，其次情文迭兴，其下复情，以归太一。[2]

　　天地以合，四时以治，日月以明，星辰以行，江河以流，万物以昌，好恶以节，喜怒以当。[3]以为下则顺，以为上则明，万变不乱。[4]贷之则丧。[5]

【注释】

〔1〕始，谓创始。　　脱，脱略、简略。　　文，有文采。　　隆，隆盛。

〔2〕至备，最完备。　　情文，感情与文采、内容与形式。　　尽，全。　　迭，交替。　　复，反也。

〔3〕合，交合。　　四时，四季。　　洽，和也。　　昌，盛也。节，有节度。　　当，恰当。

〔4〕以为，以之为。

〔5〕贷，借为"慝"，差也。　　丧，失也。

【译文】

所有的礼仪，都是开始的时候简略，完成的时候有文采，终结的时候隆重。所以，最完备的礼情感和文采都很充分，次一等的礼情感与文采交替，最次一等的仪式反复，以回归原始。

（礼仪成功，）天地得以交合，四海得以和洽，日月得以明亮，星辰得以运行，江河得以流淌，万物得以昌盛，好恶得以节制，喜怒得以恰当。礼放在下面则顺，放在上面则明，事物万变而不乱。如果礼有差错，一切都会丧失。

卷二

礼察第四十六

【题解】

　　此篇主要讲礼对于治理天下的作用，第二段以下取自贾谊《论时政疏》，也是汉人作品。篇名"察"字盖取自篇内"不可不察也"句。前第四十三至第四十五阙，盖亦《礼记》所有之篇，故未重。

【原文】

　　孔子曰："君子之道（礼），譬犹防与？[1]夫礼之塞，乱之所从生也；犹防之塞，水之所从来也。[2]故以旧防为无用而坏之者，必有水败；以旧礼为无所用而去之者，必有乱患。"[3]故婚姻之礼废，则夫妇之道苦，而淫辟之罪多矣；乡饮酒之礼废，则长幼之序失，而争斗之狱繁矣。[4]聘射之礼废，则诸侯之行恶，而盈溢之败起矣；丧祭之礼废，则臣子之恩薄，而倍死忘生之徒众矣。[5]

【注释】

　　〔1〕防，防水的堤坝。
　　〔2〕塞，堵塞、不通。
　　〔3〕败，毁坏、败坏。　　乱，动乱。　　患，祸患。

〔4〕苦，痛苦、不乐。　　辟，邪也。　　乡饮酒，乡里尊贤养老之礼。　　狱，官司。

〔5〕聘，朝聘。　　射，赛射。　　盈溢，骄横。　　倍死，同"背死"，不怕死。

【译文】

孔子说："礼仪，就好比是防水的堤坝吧。礼仪堵塞不通，是动乱产生的根源，就好比堤坝堵塞，是大水产生的根源一样。所以，以为旧堤坝无用而毁掉它的，一定会有水害；以为旧礼没地方用而去除它的，一定会有动乱之患。"所以，婚姻礼仪废除，就会使夫妇感情不合，而淫辟犯罪增多；乡里尊贤养老的礼仪废除，就会使长幼失序，而争斗的官司繁多。朝聘赛射的礼仪废除，就会使诸侯的行为恶劣，而盈溢骄横的事情兴起；丧祭礼仪废除，就会使臣、子的恩情淡薄，而舍生忘死的人增多。

【原文】

凡人之智，能见已然，不能见将然。〔1〕礼者，禁于将然之前；而法者，禁于已然之后。是故法之用易见，而礼之所为生难知也。〔2〕若夫庆赏以劝善，刑罚以惩恶。〔3〕先王执此之正，坚如金石；行此之信，顺如四时；处此之公，无私如天地尔。〔4〕岂顾不用哉？〔5〕然而曰"礼云""礼云"者，贵绝恶于未萌、而起教于微眇，使民日从善远罪而不自知也。〔6〕孔子曰："听讼，吾犹人也；必也，使无讼乎。"〔7〕此之谓也。

【注释】

〔1〕然，谓出现、完成。

〔2〕用，作用。

〔3〕庆赏，赏赐、奖励。

〔4〕正，正道、正确的方法。　信，诚信。　四时，春夏秋冬四季。　处，处理。

〔5〕顾，回头看。

〔6〕起教，兴教化。　眇，同"杪"，苗头、小。

〔7〕听讼，处理狱讼、打官司。

【译文】

　　大凡人的智慧，只能看到已经出现的，而不能看到尚未出现的。礼，能禁止于将要出现之前；而法，能禁止于已经出现之后。所以，法的作用易见，而礼的效果难知。就像奖赏用来劝善，刑罚用来惩恶。先王掌握这一正道，坚定如金石；执行这诚信，和顺如四季；处理这功劳，无私如天地。岂能只看而不用呢？然而还经常说"礼云""礼云"的原因，是看重尚未萌芽就灭绝罪恶、刚刚露头就兴起教化，使人民天天从善远罪而不自知。孔子说："打官司，我和别差不多；如果一定让我去做，会没有官司可打吧。"就是这个意思。

【原文】

　　为人主计者，莫如先审取舍。取舍之极定于内，安危之萌应于外也。〔1〕安者非一日而安也，危者非一日而危也，皆以积渐然，不可不察也。善不积，不足以成名；恶不积，不足以灭身。而人之所行，各在其取舍。以礼义治之者积礼义，以刑罚治之者积刑罚。刑罚积而民怨倍，礼义积而民和亲。故世主欲民之善同，而所以使民之善者异。〔2〕或导之以德教，或驱之以法令。导之以德教者德教行而民康乐，驱之以法令者法令极而民哀戚。〔3〕哀乐之感，祸福之应也。〔4〕我以为秦王之欲尊宗庙而安子孙与汤、武同，然而汤、武能广大其德，久长其后，行五百岁而不失；秦王亦欲至是，而不能持天下十余年，即大败之。此无他故也，汤、武之定取舍审，而秦王之定取舍不审也。[5]《易》曰："君子慎始。差若毫厘，缪之千里。"[6]取舍之谓也。然则为人主师傅者，不可不日夜明此。[7]

【注释】

〔1〕极，中、标准。

〔2〕世主，世间君主。　　之，犹向。

〔3〕极，至极。　　戚，悲伤。

〔4〕应，对应。

〔5〕审，慎重。

〔6〕缪，借为"谬"，差误。　　按此《易纬·通卦验》文。

〔7〕师傅，教导、辅佐主人的人。

【译文】

　　为国君考虑，最重要的是先审取舍。取舍的标准定于国内，安危的萌芽应于国外。安，并非一日就安；危，并非一日就危，都是积累形成的，不可不细察。善不积累，不足以成美名；恶不积累，不足以灭自身。而人所做的，都在各自的取舍范围之内。以礼义治国的积礼义，以刑罚治国的积刑罚。刑罚积就民怨倍增，礼义积就民众和亲。所以世间的君主想让百姓亲善的目的相同，而使百姓亲善的方法不同。有的用德教引导，有的用法令驱赶。用德教引导的德教行而民康乐，用法令驱赶的法令极而民悲伤。哀乐的感受，就是祸福的回应。我认为秦王想使自己的宗庙尊贵子孙安宁，与商汤、周武王是一样的。然而商汤、周武王能广大其德行，久长其后裔，各行五百年而不失；秦王也想这样，却不能持有天下十几年，就遭大败。这没有其他原因，就是商汤、周武王决定取舍审慎，而秦王决定取舍不审慎。《易纬》里说："君子慎开始。开始差一毫厘，最终错一千里。"就是说的取舍。可见做国君师傅的，不能不早晚明白这个道理。

【原文】

　　问："为天下如何?"〔1〕

　　曰："天下，器也。今人之置器，置诸安处则安，置诸危处则危；而天下之情，与器无以异，在天子所置尔。〔2〕汤、武置天下于仁义礼乐，而德泽洽禽兽草木，广裕被蛮貊四夷，累子孙十余世，历年久五六百岁，此天下之所共闻也。〔3〕秦王置天下于法令刑罚，德泽无一有，而怨毒盈世，民憎恶如仇雠，祸几及身，子孙诛绝，此天下之所共见也。〔4〕夫用仁义礼乐为天下者行五六百岁犹存，用法令为天下者十余年即亡，是非明教大验乎?〔5〕人言曰:'听言之道，〔6〕必以其事观之，则言者莫妄言。'今子或言礼义之不如法令，教化之不如刑罚。人主胡不承殷周秦事以观之乎?"〔7〕

【注释】

　　〔1〕为，谓治理。

　　〔2〕置，置放。　　诸，"之于"合音。　　情，实情。

　　〔3〕洽，沾溉、润泽。　　广，大。　　裕，丰裕。　　被，覆盖。蛮，古代南方民族。　　貊，古代北方民族。　　蛮貊四夷，泛指四方少数民族。

　　〔4〕怨毒，怨恨与毒害。　　盈，满也。　　仇雠，仇敌。

　　〔5〕教，借为"效"，效验。　　验，验证。

　　〔6〕道，正确的轨道、方法。

　　〔7〕胡，何。　　承，借为"拯"，取也。

【译文】

　　有人问:"怎样治天下?"

　　回答说:"天下，就像一个器皿。人放置器皿，放在安全的地方就安全，放在危险的地方就危险。而天下的实情，与器皿没有不同，在于天子所放置的地方罢了。商汤、周武王把天下放置在仁义礼乐上面，而德泽沾溉万民，禽兽草木广为繁育，大恩覆被四方少数民族，累积子孙十好几代，经历年代五六百年，这是全天下所共知的。而秦王把天下放置在法令刑罚之中，德泽没有一件，而怨毒满世界，老百姓憎恶他如同仇敌，结果殃祸几乎到达自身，子孙全部被诛绝，这也是天下所共见的。用仁义礼乐治天下的延续五六百年还能存续，用法令治天下的十几年就灭亡了，这不是明效大验吗？有人说：'听话的方法，一定以他所做的事情观察，说话的人就没有敢胡说的了。'如今你或许会说行礼义不如用法令，行教化不如用刑罚。国君为什么不以商周嬴秦的事情来观察它呢？"

夏小正第四十七

【题解】

　　这是一篇周代人为《夏小正》作注解的文字，本应名《夏小正解》，今或脱"解"字。《夏小正》原文本是夏代的历书，主要记载一年中每个月的物候与农事活动，本分十个月，今之十一、十二月为周人根据当时历法所误分。正，指正常之事。记夏代每个月的正常之事而短小，所以称"夏小正"。

【原文】

正月：

　　启蛰。[1]言始发蛰也。

　　雁北乡。[2]先言雁而后言乡者，何也？见雁而后数其乡也。[3]乡者，何也？乡其居也，雁以北方为居。何以谓之？生且长焉尔。九月"遰鸿雁"，先言遰而后言鸿雁，何也？见遰而后数之，则鸿雁也。[4]何不谓南乡也？曰：非其居也，故不谓南乡。记鸿雁之遰也而不记其乡，何也？曰：鸿不必当《小正》之遰者也。[5]

　　雉震呴。[6]震也者，鼓其翼也。呴也者，鸣也。正月必雷，雷不必闻，惟雉为必闻。何以谓之？雷则雉震呴，相识以雷。[7]

鱼陟负冰。[8]陟，升也。负冰云者，言解蛰也。[9]

农纬厥耒。[10]纬，束也。束其耒云尔者，用是见君之亦有耒也。[11]

初岁祭耒，始用畅。[12]其曰"初"云尔者，言是月始用之也。畅也者，终岁之用祭也。初者，始也。或曰：祭韭也。

囿有见韭。[13]囿也者，园之藩者也。[14]

时有俊风。俊者，大也。大风，南风也。何大于南风也？曰：合冰必于南（北）风，解冰必于南风；生必于南风，收必于南(北)风，故大之也。[15]

寒日涤冻涂。[16]涤也者，变也，变而暖也。冻涂也者，冻下而泽上多也。

田鼠出。田鼠者，嗛鼠也。[17]记时也。

农率均田。[18]率者，循也。均田者，始除田也，言农夫急除田也。[19]

獭献鱼。[20]獭祭鱼其必谓之献，何也？曰：非其类也。[21]祭也者，得多也，善其祭而后食之。十月豺祭兽谓之祭，獭祭鱼谓之献，何也？豺祭其类，獭祭非其类，故谓之献，大之也。[22]

鹰则为鸠。[23]鹰也者，其杀之时也。鸠也者，非其杀之时也。[24]善变而之仁也，故其言之也曰"则"，尽其辞也。[25]鹰为鸠，变而之不仁也，故不尽其辞也。

农及雪释。[26]言雪释之无高下也。[27]

初服于公田。[28]古者有公田焉，故先服公田而后服其田也。

采芸。[29]为庙采也。[30]

鞠则见。[31]鞠者何？星名也。鞠则见者，岁再见尔。

初昏参中。[32]盖记时也云。

斗柄县在下。[33]言斗柄者，所以著参之中也。[34]

柳稊。[35]稊也者，发(穗)也。

梅、杏、杝桃则华。[36]杝桃，山桃也。

缇缟。[37]缟也者，莎随也。[38]缇也者，其色也。先言缇而后言缟者何也？缇先见者也。何以谓之？《小正》以著名也。

鸡桴粥。[39]粥也者，相粥粥呼也。或曰：桴，妪伏也；粥，养也。[40]

【注释】

〔1〕启，开、发。　蛰，冬眠的动物。　月，本皆真正的夏历之月。真正的夏历每年仅10个月，每月36天。今此《夏小正》之十一、十二月，皆后人作传时所误分。《诗经·七月》篇及《管子·幼官》篇可证。

〔2〕雁，即大雁。　乡，同"向"。后同。

〔3〕数，说也。

〔4〕遭，往也。　鸿雁，大型雁类。

〔5〕当，相当。《小正》，指《夏小止》经文。

〔6〕雉，野鸡。　震，震动，形容声音大。　朐，鼓翅而鸣。

〔7〕识，知也。　以，同"于"。

〔8〕陟，上升。　负，背负。

〔9〕解，谓解除。

〔10〕纬，收束。　厥，其。　耒，一种翻地用的木质农具。

〔11〕用是，由此。

〔12〕岁祭，年终祭祀。　畅，借为"鬯"，一种香酒。

〔13〕圃，菜园。　　见，同"现"，可见。

〔14〕藩，藩篱。

〔15〕合冰，所谓冰封。

〔16〕寒，寒气。　　日，日益。　　涤，涤荡。　　涂，泥也。

〔17〕鼹鼠，一种比家鼠大的老鼠。

〔18〕率，一律、全部。　　均，借为"耘"，锄也。

〔19〕除，借为"锄"。

〔20〕獭，水獭。

〔21〕非其类，非同类也。

〔22〕大，谓夸张。

〔23〕鹰，老鹰之类。　　鸠，布谷鸟。　　鹰则为鸠，就其性格言。

〔24〕杀，谓杀鸟。

〔25〕之，向也。　　仁，爱他人也。　　尽其辞，犹言夸张。

〔26〕及，借为"急"。　　释，消融。

〔27〕按此作传者未明"泽"字而误解。

〔28〕服，事也。　　公田，奴隶主的大田。

〔29〕芸，一种蒿类香菜。

〔30〕采，借为"菜"。　　庙菜，宗庙中祭献之菜。

〔31〕鞠，借为"虚"，星宿名，二十八宿之一。　　见，同"现"，可见也。

〔32〕参，音申，二十八宿西方白虎七星之一。　　中，谓中天。

〔33〕县，同"悬"。

〔34〕著，明也。

〔35〕稊，借为"秄"，发穗。

〔36〕杝桃，一种早熟的桃子。　　华，即花，木曰华。

〔37〕缇，丹黄色。　　缟，借为"蒿"，莎草。

〔38〕莎随，即莎草。

〔39〕桴，借为"孵"。　　粥，鸡叫声。

〔40〕妪伏，即孵卵。

【译文】

正月：

冬眠的动物启动。是说冬眠的动物开始发动。

大雁朝北飞。先说大雁而后说朝向，为什么呢？因为先看到大雁然后才说它的朝向。朝向什么呢？朝向他的家乡。大雁以北方为家乡。为什么叫做家乡？因为它出生并且生长在那里。"九月遘鸿雁"，先说遘往而后说鸿雁，为什么呢？因为先看见遘往然后才说它的，就是鸿雁。为什么不说朝南飞呢？因为南方不是它的家乡，所以不说朝南飞。记鸿雁的遘往，而不记它的朝向，为什么呢？因为鸿雁不一定就是《夏小正》所说的遘往者。

野鸡震呴。所谓震，就是鸣叫。所谓呴，是说鼓起翅膀鸣叫。正月一定打雷，打雷人不一定听到，只有野鸡一定能听到。为什么说雷？因为野鸡振翅鸣叫，感知于雷。

鱼上陟背负冰面。陟，是升的意思。背负冰面，是说冬眠的动物已经苏醒。

农纬其耒。纬，是束的意思。说农夫纬束他们的耒耜，由此见君主也有耒耜。

初次举行年终祭祀，开始用鬯酒。讲"初次"，是说这个月开始举行。初，是始的意思。有人说，是祭献韭菜。

囿里有可见的韭菜。所谓囿，是指有墙的菜园子。

时常有俊风。俊，是大的意思。大风，是指南风。为什么南风叫大风？回答是：合冰一定在南（北）风，解冰一定在南风，生长一定在南风，收藏一定在南（北）风，所以以它为大。

寒冷的太阳涤冻涂。涤，是变的意思，是说变暖和。所谓冻涂，是说下面冰冻而上面多水。

田鼠出现。田鼠，是一种比家鼠大的老鼠，所谓鼶鼠。这是记时。

农率耕田。率，是相循是意思。所谓耕田，就是开始锄田，是说农夫忙锄地。

水獭献鱼。水獭祭鱼，而一定叫做献，是为什么？回答是：鱼非其同类。所谓祭，是说得的多，好好祭拜以后再吃它。十月豺祭兽称为"祭"，獭祭鱼称为"献"，怎么回事？豺祭的是同类，獭祭的不是其同类，所以叫做"献"，这是夸大它。

鹰就变成了鸠。鹰，是其杀生时节的称呼。鸠，是非其杀生时节的称呼。善于变化而转向仁爱，所以说它的时候叫"则"，这是夸张。

农夫着急雪化。是说雪化不分高低。

开始服事公田。古代是有公田的。古时候先服事公田，后服事私田。

采芸菜。作庙菜用。

虚宿则现。虚宿是什么？是星宿名。虚宿则现，这是一年中第二次出现。

黄昏时候参宿中天。大概是记时。

北斗星斗柄悬在下方。提北斗星斗柄，是用来彰明参宿中天的。

柳树发稊。所谓发稊，就是发穗。

梅树、杏树、杝桃就开花。杝桃，就是山桃。

緹缟。缟，就是莎草。緹，是它的果实。先说緹而后说缟，为什么？因为果实是先看见的。为什么说它？是《夏小正》为了著明它的名称。

鸡孵卵粥粥叫。之所以粥粥叫，因为是相粥叫的时候。有人说：孵，是孵卵；粥，是养的意思。

【原文】

二月：

往耰黍，禅。[1]禅，单也。

初俊羔助厥母粥。[2]俊也者，大也。粥也者，养也。言大羔能食草木，而不食其母也。[3]羊盖非其子而后养之，善养而记之也。或曰：夏有暑祭，祭者用羔。是时也不足喜乐，善羔之为生也而祭之与。[4]羔，羊腹时也。[5]

绥多女士。[6]绥，安也。冠子取妇之时也。[7]

丁亥，《万》用入学。[8]丁亥者，吉日也。《万》也者，干戚舞也。入学也者，大学也。谓今时大舍采也。[9]

祭鲔。[10]鱼不必记，记鲔何也？鲔之至有时，美物也。鲔者，鱼之先至者也，而其至有时，谨记其时。[11]

荣堇。[12]堇，菜也。

采蘩、由胡。[13]由胡者，蘩母也；蘩母者，旁勃也。[14]蘩皆豆实也，故记之。

昆小虫抵蚳。[15]昆者，众也，犹魂魂也。[16]魂魂也者，动也，小虫动也。其先言动而后言虫者，何也？万物至是动，动而后著。[17]抵，犹推也。蚳，蚁卵也，为祭醢也。[18]取之则必推之，推之不必取之，取必推而不言取。[19]

来降燕，乃睇。[20]燕，乙也。降者，下也。言"来"者，何也？莫能见其始出也，故曰"来降"。言"乃睇"，何也？睇者，眄也。[21]眄者，视可为室者也。百鸟皆曰巢，深穴又谓之室，何也？[22]操泥而就家，入人内也。

剥鳝。[23]以为鼓也。

有鸣仓庚。[24]仓庚者，商庚也。商庚者，长股也(衍)。

荣芸，时有见稊，始收。[25]有见稊而后始收。是《小正》序也。《小正》之序时也，皆若是也。稊者，所为豆实。[26]

【注释】

〔1〕往，去。　穮，一种播种方法，撒种于地，摩而覆土以待发

芽。　黍，糜子之类。　禅，单衣。

〔2〕俊，大也。　粥，同"鬻"，借为"育"，养育。

〔3〕食其母，谓吃其母乳。

〔4〕不足，不值得。　善，犹喜也。

〔5〕腹，谓在腹下哺乳。

〔6〕士女，未婚男女。

〔7〕古者二十而冠。　冠子，已冠男子。　妇，媳妇。

〔8〕丁亥，六十干支第二十四位，盖以为吉日。《万》，一种武舞，所谓干戚舞。

〔9〕今时，指周代。　舍采，即释菜，一种祭献蘋蘩于先师的礼仪。

〔10〕鲔，音纬，金枪鱼。　祭鲔，谓以鲔鱼祭神。

〔11〕谨，谨慎。

〔12〕荣，花。　堇，即堇葵，一种野菜，味苦。《诗经·大雅·绵》："周原膴膴，堇荼如饴。"

〔13〕蘩，草名，即白蒿，可食。　由胡，白蒿根部，所谓蘩母。

〔14〕旁勃，蘩母异名。

〔15〕昆，众。　抵，排也。　蚳，蚂蚁卵。

〔16〕魂魂，同芸芸，众动之貌。

〔17〕著，显著、可见。

〔18〕醢，肉酱。

〔19〕按上传非，"抵"不训推。

〔20〕来，从南来。　降，落地、落户。　燕，燕子，所谓乙鸟。　睇，小视、偷看。

〔21〕昄，音面，斜视。

〔22〕深穴，洞。

〔23〕鳣，音驼，借为"鼍"，扬子鳄。

〔24〕仓庚，鸟名，今称黄莺。

〔25〕芸，即正月"采芸"之芸。　稊，盟蘗。　收，采收。

〔26〕所为，所以为。

【译文】

二月：

去地里播撒黍，穿禅衣。禅，是单的意思。

俊羔帮助它的母亲育小羊羔。所谓俊，是大的意思；粥，是养的意思。是说大羊羔能吃草木，而不吃其母乳。大概是因为不是它自己下的羔而养，善于养育才记它。有人说：夏季有暑祭，祭的人用羊羔。这是天时，本不值得喜乐，而是为乐羔羊诞生，及其会吃奶而祭。

绥众多女士。绥，是安的意思。是已成年行过冠礼的男子娶媳妇的时候。

丁日或亥日跳《万》舞举行入学仪式。丁日亥日，都是吉日。《万》，是一种手执矛和盾而跳的舞。入学，指入太学，就是现在的释菜礼。

用鲔（金枪鱼）祭祀。祭祀不一定用鲔，为什么记鲔？因为鲔的到来有定时，是一种美物。鲔，是鱼里面先到的，而且其到来有定时，所以谨记其时。

荣堇、采蘩。堇，是菜。蘩，又叫由胡；由胡，又叫蘩母；蘩母，就是旁勃。二者都是祭祀的时候在瓦豆里置放的，所以记它。

昆小虫抵蚳。昆，是众多的意思，犹如说芸芸。所谓芸芸，是动的意思，是说小虫动。先说动而后说虫，是为什么呢？万物到这个时候，都是先动而后显。抵，犹如推。蚳，是蚂蚁卵，用作祭祀的肉酱。取它就必须推它，推它不一定是取它，取必须推而不说取。

来降燕，乃睇。燕，就是乙鸟。降，是下的意思。说"来"，是为什么？因为没有人能看到它最早出显，所以说来降。说"乃睇"，为什么？睇，就是小视。小视，是视可以筑室的地方。百鸟的窝都叫巢，而燕子的深窝叫做室，为什么？因为需要操着泥到人的家里，进入人的室内。

剥鳄鱼皮。是用来蒙鼓。

有仓庚鸣叫。仓庚，又叫商庚；商庚，又叫长股，都是黄莺。

荣芸菜。这个时候能见到其盟蘪，开始采收。有了可见的盟蘪然后开始采收。这是《夏小正》所序。《夏小正》序时，都跟这一样。

【原文】

三月：

参则伏。[1]伏者，非亡之辞也。[2]星无时而不见，我有不见之时，故曰伏云。

摄桑。[3]摄而记之，急桑也。[4]

萉杨。[5]杨则花（萉）而后记之。

羍羊。[6]羊有相还之时，其类羍羍然，记变尔。[7]或曰：羍，羝也。

螜则鸣。[8]螜，天蝼也。

颁冰。[9]颁冰也者，分冰以授大夫也。

采识。[10]识，草也。

妾、子始蚕。[11]先妾而后子，何也？曰：事有渐也，言事自卑者始。

执养宫事。[12]执，操也。养，大也。

祈麦实。[13]麦实者，五谷之先见者，故急祈而记之也。

越有小旱。[14]越，于也。记是时恒有小旱。

田鼠化为駕。[15]駕，鹌也。变而之善，故尽其辞也。駕为鼠，变而之不善，故不尽其辞也。

拂桐芭。[16]拂也者，桐芭之时也。或曰：言桐芭始生，貌拂拂然也。[17]

鸣鸠。[18]言始相命也。[19]先鸣而后鸠，何也？鸣而后知其鸠也。

【注释】

〔1〕参，音身，二十八宿之一。　　伏，隐伏。

〔2〕亡，失也。

〔3〕摄，引持。　　摄桑，谓引持桑枝而砍斫，修剪之也。《诗经·七月》："取彼斧斨，以伐远扬，猗彼女桑。"

〔4〕急，盼也。

〔5〕菀，茂盛。　　杨，《尔雅》："蒲柳。"

〔6〕羍，同"矮"，羊相牴也。

〔7〕还，同"旋"。　　相还，牴仗也。　　羍羍然，《集韵》："羊相逐貌。"按此说非，或曰是。

〔8〕螜，蝼蛄，亦名天蝼。

〔9〕颁，授、分发。　　颁冰，以降温也。《诗经·七月》："一之日凿冰冲冲，二之日纳于凌阴。"

〔10〕识，借为"蘵"，野菜名，可酿酸浆。

〔11〕妾，妾妇。　　子，女孩子。　　蚕，养蚕。

〔12〕执，持、进行。　　养，谓养护。　　宫，宫室、房子。

〔13〕祈，求也。　　实，成熟、丰收。

〔14〕越，于此时也。

〔15〕化，变也。　　鴽，鹌鹑。

〔16〕拂，借为"茀"，繁茂。　　芭，同"葩"，花也。

〔17〕拂拂然，抖动貌。　　按此说非。

〔18〕鸣，鸣叫。　　鸠，斑鸠。

〔19〕相命，相呼唤也。

【译文】

三月：

参宿就伏。所谓伏，是表示并非消失的词汇。星宿无时不见，而自己有不见的时候，所以说伏。

牵引桑枝而砍斫修剪。记牵引桑枝而砍斫修剪，表示急于得桑叶。

蒲柳茂盛。蒲柳茂盛以后而记录。

羊相矮。是说羊有转着圈相矮的时候，就好像相驱逐的样子，这是记变而已。有人说：矮，是牴仗的意思。

螜虫就鸣叫。螜虫，就是天蝼。

颁冰。所谓颁冰，就是分发冰块授给大夫。

采识。识，是一种草。

妾和女孩子开始养蚕。先说妾而后说女孩子，是为什么？回答是：因为事有渐进，言事从卑贱者开始。

执养房屋之事。执，是操办的意思。养，是大的意思。

祈求麦实。麦实，是一年中五谷最先看到的，所以急于祈求而记录它。

越有小旱。越，是于是的意思。记这个时候常有小旱。

田鼠变为鴑。鴑，就是鹌鹑。变而向善，所以夸张。鴑变成老鼠，是变而向不善，所以不夸张。

萧桐芭。所谓萧，是指桐树开花的时候。有人说，是讲桐花开始生出，样子茂盛的样子。

鸣斑鸠。是说开始相呼唤。先说鸣而后说鸠，为什么？因为斑鸠鸣叫，才知道它是斑鸠。

【原文】

四月：

昴则见。[1]

初昏南门正。[2]南门者，星也。岁再见壹正，盖大正所取法也。[3]

鸣蜇。[4]蜇者，虎县也。鸣而后知之，故先鸣而后蜇。

囿有见杏。[5]囿者，山之藩者也。[6]

鸣蜮。[7]蜮也者，长股也。或曰，屈造之属也。[8]

王萯秀。[9]

取荼。取荼也者，以为君荐蒋也。[10]

秀幽。[11]

越有大旱。[12]记时尔。

执陟攻驹。[13]执也者，始执驹也。执驹也者，离之

去母也。陟，升也。执而升之君也。[14]攻驹也者，教之
服车，数舍之也。[15]

【注释】
〔1〕昴，二十八宿西方白虎七宿之中星。
〔2〕南门，亢宿之上下二星。《史记·天官书》："亢谓疏庙，其南
北两大星曰南门。"正，谓中天、居正南方。
〔3〕再，两次。　　壹，皆、都。　　大正，朝廷主刑法之官。
〔4〕蚔，同"蚟"，今所谓蚂蚱。
〔5〕囿，果园。　　燕，闲也。
〔6〕藩，篱笆。
〔7〕蛾，同"蝈"，蝈蝈。
〔8〕屈造，亦名鼓造，蛤蟆也。
〔9〕王萯，草名，《本草》："萯生田中，叶青刺人，有实，七月
采。"　　秀，吐穗开花。
〔10〕荼，茅草、芦苇之类的花。　　君，谓主人。　　荐，借为
"垫"。　　蒋，席也。
〔11〕幽，借为"蕮"，植物名，今名远志。
〔12〕越，于此时也。
〔13〕陟，借为"骘"，雄马。　　执骘，执而阉割之也。　　攻，
谓调教之。　　驹，小马。
〔14〕升，进也。
〔15〕服车，驾车也。　　三十里为一舍。　　数舍，盖谓远行。

【译文】
四月：
　　昴宿就出现。
　　黄昏时南门中天。南门，是星名，一年两次出现而全都中天，
大概就是朝廷主刑法的大正所效法。
　　鸣蚔。蚔，又叫宁县。鸣叫以后人才知道，故先说鸣而后
说蚔。
　　园囿里能看到杏子。园囿，是空闲的山地。

鸣蜩。蜩，有人说是蛤蟆类。

王萯吐穗开花。采集茅草、芦苇的花。茅草，芦苇的花，用来给君主垫席子。

远志开花。

这个时候有大旱。记时而已。

执陟（骘，抓雄马进行阉割）**攻**（治、训练）**驹**。执，是指开始执驹。执驹，是让与母马分离。陟，是升的意思，指执来升进给国君。攻驹，是教它驾车，以备远行。

【原文】

五月：

　　参则见。[1]参也者，伐星也，故尽其辞也。[2]

　　浮游有殷。[3]殷，众也。浮游殷之时也。浮游者，渠略也，朝生而暮死。[4]称"有"，何也？有见也。

　　鵙则鸣。[5]鵙者，百鹩也。[6]鸣者，相命也。其不辜之时也，是善之，故尽其辞也。[7]

　　时有养日。[8]养，长也。一则在本，一则在末，故其记曰"时有养日"云也。[9]

　　乃瓜。[10]乃者，急瓜之辞也。瓜也者，始食瓜也。

　　良蜩鸣。[11]良蜩也者，五采具。[12]

　　匽之兴，五日翕，望乃伏。[13]其不言"生"而称"兴"，何也？不知其生之时，故曰"兴"。以其兴也，故言之"兴"。五日翕也。望也者，月之望也。而"伏"云者，不知其死也，故谓之"伏"。五日也者，十五日也。[14]翕也者，合也。伏也者，入而不见也。

　　启灌蓝蓼。[15]启者，别也，陶而疏之也。[16]灌也者，丛生者也。记时也。

鸠为鹰。[17]

唐蜩鸣。[18]唐蜩，𧒂也。[19]

初昏大火中。[20]大火者，心也。心中，种黍、菽、糜时也。

煮梅。[21]为豆实也。[22]

蓄兰。[23]为沐浴也。菽、糜以在经中，又言之时，何也？是食矩关而记之。[24]

颁马。[25]分夫妇之驹也。[26]将闲诸则。或取离驹纳之则法也。[27]

【注释】

〔1〕参，星宿名，有三星，且出东方。

〔2〕伐星，亦星宿名，有六星，在参星下，故互名。

〔3〕浮游，即蜉蝣，粪中所生的小虫。　有殷，即殷殷，众多貌。

〔4〕渠略，蜉蝣异称。《方言》："秦晋间谓之渠略。"

〔5〕鸠，同"鵙"，伯劳鸟。

〔6〕百鹩，鸟名，即伯劳。

〔7〕辜，借为"固"，必也。

〔8〕时，此时。　羕，同"永"，长也。

〔9〕一则，犹言或。　本、末，犹初、终。

〔10〕瓜，谓食瓜。

〔11〕良蜩，亦作"蜋蜩"，一种大蝉。

〔12〕五采，即五彩。

〔13〕𧒂之，即蝛芝，菌类植物。　兴，勃起。　翕，合也。望，月圆之日。

〔14〕按云"五日也者，十五日也"，非经义。

〔15〕启，开也。　灌，丛生者。　蓝，染青草。　蓼，一种辛菜。

〔16〕陶，借为"淘"，淘汰。

〔17〕为，谓化为。

〔18〕唐蜩，黑色大蝉。

〔19〕匽,即螾。

〔20〕大火,星宿名,又称心宿。　　中,谓中天。

〔21〕梅,梅子。

〔22〕豆,一种高脚瓦器。

〔23〕蓄,采而积蓄之。　　兰,一种香草。

〔24〕以,已也。　　矩,大。

〔25〕颁,分也。

〔26〕夫妇,谓雌雄。

〔27〕闲,习也。　　诸,之于。　　则,法则。　　纳之则法,谓以法则教习之。

【译文】

五月:

参宿就出现。参宿,就是伐星,所以再说它。

浮游殷殷。殷,是众的意思。这是浮游多的时候。浮游,又叫渠略,朝生而暮死。称"有",为什么?因为有看到。

鴂则鸣。鴂,就是伯劳。鸣,指相呼唤。相呼唤本来没有固定的时间,这里是要说它好,所以详细说。

这时候有兼日。兼,是长的意思。一个在本,一个在末,所以记作"时有兼日"。

乃瓜。乃,是表达急于求瓜的词汇。瓜,是指开始吃瓜。

良蜩鸣。叫良蜩,因为它五彩具备。

匽之兴,五日翕,望日就隐伏。不说"生"而称"兴",是为什么?是因为不知其生的时间,所以说兴。因为它兴起,所以称兴。五天就翕合。所谓望,是指月望。而称伏,是因为不知其死,所以叫伏。所谓五日,就是十五天。翕,是闭合的意思。伏,是指入而不见。

启灌蓝草和蓼菜。启,是别的意思,指淘汰而稀疏之。所谓灌,是指聚生在一起的。这是记时。

斑鸠化为老鹰。

唐蜩鸣叫。唐蜩,就是螾。

黄昏时大火中天。大火,就是心宿。心宿中天,是种黍子、豆子、糜子的时候。

　　煮梅子。作瓦豆中的盛放物。

　　积蓄兰草。为了沐浴。菽子、糜子已经在前经中，又说它，为什么？因为这二者是最主要的粮食，所以记它。

　　颁分马匹。是指分离小公马和小母马，将按照法则教习它们。

【原文】

六月：

　　初昏斗柄正在上。[1]五月大火中，六月斗柄正在上，用此见斗柄之不正当心也，盖当依。[2]依，尾也。[3]

　　煮桃。桃也者，枇桃也；枇桃也者，山桃也；煮以为豆实也。[4]

　　鹰始挚。[5]始挚而言之，何也？讳杀之辞也，故言挚云。

【注释】

　　〔1〕斗，北斗星。　　在上，朝上。

　　〔2〕大火，心宿。　　当，对。　　心，即心宿。　　依，星名，借为"尾"，古音同。

　　〔3〕尾，指苍龙七星之尾，有九星。

　　〔4〕枇桃，一种小桃，俗称山桃。　　豆实，豆中所置。

　　〔5〕挚，攫、抓取。

【译文】

六月：

　　黄昏时北斗星斗柄正朝上。五月大火心宿中天，六月北斗星斗柄正朝上，由此见北斗星斗柄不是正当心宿，而是正当苍龙七星之尾星。

　　煮桃。桃，是指枇桃；枇桃，就是山桃，煮熟作为瓦豆中的盛放物。

鹰开始攫取。开始攫取而说它，为什么？这是忌讳杀生的言辞，所以说攫取。

【原文】

七月：

秀雚苇。[1]未秀则不为雚苇，秀然后为雚苇，故先言秀。

狸子肇肆。[2]肇，始也。肆，遂也。言其始遂也。或曰：肆，杀也。

湟潦生苹。[3]湟，下处也。有湟然后有潦，有潦而后有苹草也。

爽(莱)死。[4]爽(莱)也者，犹疏也。[5]

荓秀。[6]荓也者，马帚也。

汉案户。[7]汉也者，天河也。案户也者，直户也，言正南北也。[8]

寒蝉鸣。[9]寒蝉也者，蝭蠑也。

初昏织女正东乡。[10]

时有霖雨。[11]

灌荼。[12]灌，聚也。荼，雚苇之秀，为将褚之也。[13]雚未秀为菼，苇未秀为芦。[14]

斗柄县在下则旦。[15]

【注释】

〔1〕秀，吐穗开花。　雚，小芦苇。　苇，芦苇。

〔2〕狸，同“貍”，狐狸类，俗称野貍。　肇，始也。　肆，借为“肄”，习也。

〔3〕湟，同"潢"，低洼处。　　潦，引涝，积水处。　　苹，同"萍"，浮萍。

〔4〕爽，"来"字之误，借为"莱"，蔓草。　　下同。

〔5〕犹疏，莱别名。

〔6〕芇，《尔雅》《说文》并云"马帚"。马，大也。今民间称马扫帚或独独扫帚。

〔7〕汉，天汉、天河。　　案，同"按"，依也。　　户，门也。古时中国户皆朝南。

〔8〕直，同"值"，当也。

〔9〕寒蝉，得寒气始鸣之蝉，较蝉尾小，《尔雅》谓之"蜺"，亦名蜓蝶。

〔10〕织女，星名，有三颗星。　　东乡，朝东。

〔11〕霖雨，三天以上的连阴大雨。

〔12〕灌，犹灌木之灌，丛聚。　　荼，芦苇花。

〔13〕为，因为。　　将，将要。　　褚，装衣也。

〔14〕葵，音坦，小芦苇。

〔15〕县，读同"悬"。　　悬在下，正面视之则朝下。

【译文】

七月：

秀芦苇。未秀之前不算芦苇，秀过以后才算芦苇，所以先言秀。

狐狸幼子肇肆。肇，是开始的意思。肆，是遂（练习）的意思。是说它开始遂。有一种说法是：肆，是杀的意思。

湟潦生浮萍。湟，指低洼处。有湟，才会有潦；有潦，才会有浮萍。

莱草死。所谓莱，又叫犹疏。

芇秀。芇，就是马扫帚。

天汉案户。天汉，就是天河。案户，就是直对着门，是说正南正北。

寒蝉鸣。寒蝉，又叫蜓蝶。

黄昏时织女星正朝东。

时常有霖子雨。

灌荼。灌，是聚的意思。荼，是蓷苇的花，将用它来装衣服。蓷未秀之前叫葵，苇未秀之前叫芦。

北斗星斗柄朝下的时候就天亮。

【原文】

八月：

剥瓜。[1]畜瓜之时也。[2]

玄校。[3]玄也者，黑也。校也者，若绿色然，妇人未嫁者衣之。

剥枣。[4]剥也者，取也。

栗零。[5]零也者，降也。零而后取之，故不言剥也。

丹鸟羞白鸟。[6]丹鸟者，谓丹良也。[7]白鸟者，谓蚊蚋也。其谓之鸟者何也？重其养者也。[8]凡有翼者为鸟。羞也者，进也，不尽食也。

辰则伏。[9]辰也者，谓心也。伏也者，入而不见也。

鹿从人。[10]从者，从群也。鹿之养也离，群而善之。[11]离而生，非所知时也，故记从不记离。君子之居幽也，不言。[12]或曰：从也者，大者于外，小者于内，率之也。[13]

鴽为鼠。[14]

参中则旦。

【注释】

〔1〕剥，去皮。　瓜，南瓜之类。

〔2〕畜，谓积蓄、储存。

〔3〕玄，黑色。　校，借为"绞"，同"絞"，杂色。按此谓染玄绞。

〔4〕剥，借为"支"，用长竿敲击。

〔5〕栗，板栗之类。　　零，落也。

〔6〕丹鸟，萤火虫。　　羞，以为食也。　　白鸟，谓蚊虫。

〔7〕丹良，萤火虫别名。

〔8〕重其养，盖承《月令》"养羞"为说，未可信。

〔9〕辰，谓所谓大辰，心宿也。　　伏，隐伏。

〔10〕从，随也。

〔11〕离，分也。

〔12〕居幽，深居室内。

〔13〕率，率领。

〔14〕鴽，鹌鹑。

【译文】

八月：

剥瓜。是蓄瓜的时候。

染玄绞。玄，是黑的意思。绞，跟绿色差不多，是未婚女子穿的。

支枣。支，是拾（敲）取的意思。

板栗零。零，是降落的意思。因为是零落以后拾取的，所以不说支。

丹鸟羞白鸟。丹鸟，指萤火虫。白鸟，指蚊蝇。为什么把它叫做鸟？看重它是养羞的。凡有翅膀的为鸟。羞，是进的意思，不一定吃。

大辰伏。大辰，指心宿。伏，指隐而不见。

鹿相从。从，指从其群。鹿圈养的时候分离，合群以后就相善。分离而生，不是相互认识的时候，所以记从不记离。君子深居室内，就不说话。有人说：所谓从，是说大的在外，小的在内，率领它们。

鹌鹑变为田鼠。

参宿中天就天亮。

【原文】

九月：

内火。[1]内火也者，大火；大火也者，心也。

遄鸿雁。[2]遄，往也。[3]

主火出火。[4]主火也者，主以时纵火也。

陟玄鸟蛰（逝）。[5]陟，升也。玄鸟也者，燕也。先言"陟"而后言"蛰（逝）"，何也？陟而后蛰（逝）也。

熊罴、貊貉、鼶鼬则穴。[6]穴也者，若蛰而。[7]

荣鞠树麦。[8]鞠，草也。鞠荣而树麦，时之急也。

王始裘。[9]王始裘者，何也？衣裘之时也。

辰系于日。[10]

雀入于海为蛤。[11]盖有矣，非常入也。

【注释】

〔1〕内，同"纳"，入也。　火，谓大火、心星。

〔2〕遄，借为"逝"，去也。

〔3〕往，谓往南。

〔4〕主火，官名，负责掌火之官。　出火，据传当是纵火焚田，所谓刀耕火种。与《周礼·司爟氏》所谓季春出火、季秋内火不同。

〔5〕陟，与"降"相对，谓飞走。

〔6〕罴，一种大黄熊。　貊、貉，皆豹类野兽。　鼶、鼬，皆鼠类。　穴，谓穴居、冬眠。

〔7〕蛰，冬眠。

〔8〕荣，开花。　鞠，谓菊花。　树，种也。

〔9〕裘，皮裘衣，省动词。

〔10〕辰，谓大辰，包括房、心、尾宿。　系，连缀。　系于日，谓与太阳俱出俱入，跟着太阳走。

〔11〕雀，麻雀之类。　蛤，蛤蜊。

【译文】

九月：

火宿入隐。所谓火，指大火；大火，就是心宿。

逝鸿雁。逝，是往的意思。

主火出火。所谓主火，是指主按时纵火焚田。

陟玄鸟逝。陟，是升的意思。所谓玄鸟，就是燕子。先言"陟"而后言"逝"，为什么？因为先陟升而后逝往。

熊、罴、貊、貉、鼶、鼬就进洞穴。进洞穴，像冬眠。

菊开花、种麦子。菊，是一种草。菊开花而种麦子，表示时令急迫。

王开始穿裘衣。王开始穿裘衣，为什么？因为是穿裘衣的时节。

大辰宿跟着太阳走。

麻雀飞进海里变成蛤蜊。大概有过，但并非常有。

【原文】

十月：

豺祭兽。[1]善其祭而后食之也。

初昏南门见。[2]南门者，星名也，及此再见矣。[3]

黑鸟浴。[4]黑鸟者，何也？乌也。浴也者，飞乍高乍下也。[5]

时有羕夜。[6]羕者，长也，若日之长也云。

雉入于淮为蜃。[7]蜃者，蒲卢也。[8]

织女正北乡则旦。[9]织女，星名也。

【注释】

〔1〕豺，犬类猛兽。　　祭兽，谓捕兽多向陈列之。

〔2〕南门，亢宿之上下二星。

〔3〕再见(音显)，四月已见而此再见也。

〔4〕黑鸟，乌鸦，此指其子。　　浴，《说文》："洒身也。"此处用引申义。

〔5〕乍，忽也。

〔6〕羕，长也。

〔7〕雉，野鸡。　　淮，淮河。　　蜃，大蛤蜊。

〔8〕蒲卢，即蒲蠃，蜃异名。

〔9〕织女，星名。　　旦，天亮。

【译文】

十月：

豺祭兽。好好祭过之后再吃它。

黄昏时南门出现。南门，是星名，到这时候再次出现。

黑鸟浴。黑鸟是什么呢？是乌鸦。所谓浴，就是飞的时候忽高忽低。

这时候有羕夜。羕，是长的意思，就像白昼长一样。

黑野鸡飞进淮河，变成蜃。蜃，又叫蒲卢。

织女正朝北的时候就天亮。织女，是星宿名。

【原文】

十有一月：

王狩。王狩，言王之时田也。冬猎为狩。〔1〕

陈筋革。〔2〕陈筋革者，省兵甲也。〔3〕

啬人不从。〔4〕不从者，弗行也。

于时月也，万物不通。〔5〕

陨麋角。〔6〕陨，坠也。日冬至，阳气始动，诸向生皆蒙蒙符矣，故麋角陨，记时焉尔。〔7〕

【注释】

〔1〕时田，按时田猎。　　按此月及下十二月皆周人分增，不知古有十月太阳历也。

〔2〕陈，陈列。　　筋，牛筋，做弓弦也。　　革，牛马皮。

〔3〕省，察看。　　兵甲，兵器铠甲。

〔4〕啬人，即稼人、农夫。　　从，盖谓相率而出。

〔5〕时，是、此。　　不通，谓闭塞。

〔6〕陨，脱落。　　麋，麋鹿。

〔7〕至，至极。　　向生，谓有生命的动物。　　蒙，萌发。
蒙符，萌动的迹象。

【译文】

十一月：

　　王狩。王狩，是说王的按时田猎。冬季田猎叫狩。

　　陈列筋革。陈列筋革，就是察看兵甲。

　　务农的人不相从。不相从，就是不下地。

　　在这个月，万物闭塞。

　　麋鹿的角陨落。陨，是坠的意思。太阳走到最南端；阳气到，
开始活动；所有有生命的动物都萌发萌动的迹象，所以麋角坠落，
这是记时令而已。

【原文】

十有二月：

　　鸣弋。[1]弋也者，禽也。先言"鸣"而后言"弋"
者何也？鸣而后知其弋也。

　　玄驹贲。[2]玄驹也者，蚁也。贲者何也？走于地
中也。[3]

　　纳卵蒜。[4]卵蒜也者，本如卵者也。纳者何也？纳
之君也。

　　虞人入梁。[5]虞人，官也。梁者，主设罔罟者也。[6]

　　鸡始乳。[7]盖阳气且睹也，故记之也。[8]

【注释】

〔1〕弋，借为"鸢"，一种鹰。

〔2〕玄，黑色。　　驹，谓蚂蚁。　　贲，借为"奔"，快跑。

〔3〕走，跑也。　　地中，谓地上。

〔4〕纳，入、采挖。　　卵蒜，今民间所谓小蒜，圆如卵，故名。

〔5〕虞人，掌管山泽的官员。　　入，进。　　梁，水堰。

〔6〕罔罟，渔网。

〔7〕乳，生蛋。

〔8〕且，将要。　　晵，明也。

【译文】

十二月：

鸣弋。弋，是一种禽。先说鸣而后说弋，是为什么？因为鸣叫之后才知道它是弋。

玄驹奔。玄驹，就是蚂蚁。奔，是什么意思？就是在地上跑。

纳（采挖）卵蒜。卵蒜，是根像蛋的蒜。纳是什么意思？就是交纳给主人。

虞人进河梁。虞人是官名，梁是负责设置渔网的人。

鸡开始下蛋。大概是阳气将明，所以记它。

卷三

保傅第四十八

【解题】

　　这是一篇汉代人总结"殷、周有道长"及"秦代无道暴"原因的文字，具体主要以周成王为例，说明太保、太傅等对于君王成长的重要作用，故名。

【原文】

　　殷为天子，三十余世而周受之；周为天子，三十余世而秦受之；秦为天子，二世而亡。[1]人性非甚相远也，何殷、周有道之长，而秦无道之暴？[2]其故可知也。

【注释】

　　〔1〕受，接受、继承。

　　〔2〕道，正确的治理方法。　　暴，谓短促。

【译文】

　　殷人有天下，三十余代而周人继承它；周人有天下，三十余代而秦人继承它；秦人有天下，两代就灭亡了。人性并非相差很远，为什么殷、周有道就那么长，而秦人无道就那么短呢？其缘故是可知的。

【原文】

古之王者，太子及生，固举之礼。[1]使士负之，有司斋肃端冕，见之南郊，见之天也。[2]过阙则下，过庙则趋，孝子之道也。[3]故自为赤子时，教固以行矣。[4]昔者周成王幼在襁褓之中，召公为太保，周公为太傅，太公为太师。[5]保，保其身体；傅，傅其德义；师，导之教训，此三公之职也。[6]于是为置三少，皆上大夫也：曰少保、少傅、少师，是与太子宴者也。[7]

【注释】

〔1〕及，至。　　固，必也。　　举，谓接生。

〔2〕士，任事之人。　　负，抱也。《荀子》："怀负石而赴河。"有司，主管人员。　　斋，斋戒。　　肃，敬也。　　端冕，礼服礼貌。见，同"现"。　　南郊，祭天处也。

〔3〕阙，门阙，城门外两侧的高台。　　下，谓下车。　　趋，小步快走。

〔4〕赤子，婴儿。　　以，已也。

〔5〕襁褓，背负幼儿的布带和包婴儿的小被子。　　召公，名奭，食采于召。　　周公，名旦，封于鲁。　　太公，姜尚也，封于齐。

〔7〕傅，教导。　　德义，道德仁义。　　是，此。　　宴，宴居、闲处。

【译文】

古代为王的，等太子生下，一定要为他举行仪式。让士抱着他，主事官员斋戒沐浴以后严肃地穿戴礼服，把他显露于南郊，就是显露给天。去的时候经过门阙就下车，经过祖庙就小步跑，这是孝子的本分。所有从婴儿时起，教育就已经实行了。从前，周成王年幼，尚在襁褓之中，就由召公做太保，周公做太傅，太公做太师。保，是保其身体；傅，是傅其德义；师，是导其顺教，这是三公的职事。同时又为他设置"三少"，都是上大夫，叫少保、少傅、少师，这是与太子宴居闲处的。

【原文】

　　故孩提，三公三少固明孝仁礼义以导习之也。[1]逐去邪人，不使见恶行。于是比选天下端士孝悌闲博有道术者以辅翼之，使之与太子居处出入。[2]故太子乃日见正事，闻正言，行正道，左视右视前后皆正人。[3]夫习与正人居，不能不正也。[4]犹生长于楚，不能不楚言也。故择其所嗜，必先受业，乃得尝之；择其所乐，必先有习，乃得为之。[5]孔子曰："少成若天性，习贯之为常。"[6]此殷、周之所以长有道也。[7]

【注释】

　　[1] 孩提，谓幼儿。
　　[2] 比选，选择。　　端，正也。　　闲博，见多识广之人。道术，思想和学术。　　辅翼，辅佐。
　　[3] 正人，正直无邪之人。
　　[4] 习，习惯。
　　[5] 嗜，喜好。　　受业，学习。　　尝，试也。　　乐，喜乐。为，作也。
　　[6] 天性，自然习性。　　习贯，同"习惯"。
　　[7] 按此回答前"何殷、周有道之长"。

【译文】

　　所以太子幼儿时期，三公三少一定会用孝悌、仁爱、礼仪来诱导训练他，并且逐去邪人，不让见恶行。于是就选择天下人品端正、孝悌、见多识广、有思想和学术的士来辅佐他，使他们与太子一起居住、一起出入，所以太子就能眼见正事，耳听正言，行走正道，左看右看，前后都是正人。习惯与正人在一起，就不能不正。犹如生长在楚国，就不能不说楚国话。所以选择其所喜好，一定先要受业学习，才能去尝试；选择其所喜乐，必须先有练习，才会做它。孔子说："少成若天性，习惯成自然。"这就是殷、周之所以长久有道的原因。

【原文】

　　及太子少长，知好色，则入于学。[1]学者，所学之官也。[2]《学礼》[3]曰："帝入东学，上亲而贵仁，则亲疏有序，而恩相及矣。[4]帝入南学，上齿而贵信，则长幼有差，而民不诬矣。[5]帝入西学，上贤而贵德，则圣智在位，而功不匮矣。[6]帝入北学，上贵而尊爵，则贵贱有等，而下不逾矣。[7]帝入太学，承师问道，退习而端于太傅，太傅罚其不则，而达其不及，则德智长而理道得矣。"[8]此五义者既成于上，则百姓黎民化辑于下矣。[9]学成治就，此殷、周之所以长有道也。[10]

【注释】

〔1〕好色，喜欢异性。　　学，谓学馆。

〔2〕官，同"馆"。

〔3〕《学礼》，古礼经之佚篇。

〔4〕东学，并下南学、西学、北学，盖指辟雍四方之室。《易太初篇》："天子旦入东学，昼入南学，夕入西学，莫入北学。"　　上，以为上，尊之也。下同。　　亲，亲属。

〔5〕齿，年龄。　　信，诚信。　　诬，欺骗。

〔6〕匮，缺乏。

〔7〕逾，越也。

〔8〕太学，辟雍之中室。　　端，正也，此盖秦代人避讳所改。不则，不合法度者。　　达，上达、做到。　　理，治理。

〔9〕义，宜也。　　化，感化。　　辑，和睦。

〔10〕治，谓国家治理。　　就，成就、完成。　　此亦释"何殷、

周有道之长"。下同。

【译文】

等太子长大一点，知道喜欢异性，就进小学。小学，是小孩子学习的馆所。《学礼》篇说：'帝进东学，尚亲而贵仁，就会亲疏有序，而恩情相及了。帝进南学，尚齿而贵信，就会长幼有差，而民不欺骗了。帝进西学，尚贤而贵德，就会圣智在位，而功绩不匮了。帝进北学，尚贵而尊爵，就会贵贱有等，而下不越上了。帝进太学，承师问道，退学后自己练习并求正于太傅，太傅罚其不合法度的，帮他做到没有做到的，就会德智长进而获得治理国家的方法了。这五项应该做到的事情完成于上之后，黎民百姓就会被感化并和睦于下了。学业成功而治理有成，这就是殷、周之所以长久有道的原因。

【原文】

及太子既冠成人，免于保傅之严，则有司过之史，有亏膳之宰。[1]太子有过，史必书之。史之义，不得不书过，不书过则死。过书，而宰彻其膳。宰之义，不得不彻膳，不彻膳则死。于是有进膳之旍，有诽谤之木，有敢谏之鼓。[2]瞽叟诵诗，工诵箴，大夫进谋，士传民语。[3]习与智长，故劝而不攘；化与心成，故中道若性。[4]是殷、周之所以长有道也。

【注释】

〔1〕冠，谓行加冠礼，表示已经成人。　　司，主管。　　过，过失。　　史，史官。　　亏，减。
〔2〕旍，旌旗。　　诽谤，说人坏话。
〔3〕瞽，盲人。　　叟，老头。　　工，官。　　箴，规谏、劝告。
〔4〕习，习惯。　　攘，排斥。　　化，变化、内化。　　中，合。

【译文】

等太子行过冠礼成人之后，不再受太保太傅的严格管教，就有主管过失的史官，有亏减膳食的宰夫。太子有过错，史官一定记录它。史官的责任，不能不记录过错，不记录就被处死。过错记录下来，宰夫就彻除膳食。宰夫的责任，不能不彻除膳食，不彻除就被处死。于是就有进膳的旌旗，有诽谤的立木，有进谏的皮鼓。盲人史官诵诗歌，主管官员诵规谏，士传民语。习惯与知识一起增长，所以劝勉而不排斥，教化与思想同时完成，所以合道如秉性。这就是殷、周之所以长久有道的原因。

【原文】

三代之礼，天子春朝朝日，秋暮夕月，所以明有敬也。[1]春秋入学，坐国老，执酱而亲馈之，所以明有孝也。[2]行中鸾和，步中《采茨》，趋中《肆夏》，所以明有度也。[3]于禽兽，见其生不食其死，闻其声不尝其肉，故远庖厨，所以长恩，且明有仁也。[4]食以礼，彻以乐。[5]失度，则史书之，工诵之，三公进而读之，宰夫减其膳。[6]是天子不得为非也。

【注释】

〔1〕朝日，早晨拜太阳。　夕月，晚上拜月亮。

〔2〕学，谓太学。　坐，作动词用，让……就座。　馈，赠也。

〔3〕中，合也。　鸾，借为"銮"，车衡上的銮铃。　和，车轼上的銮铃。　鸾(銮)和，指行车时车上銮铃的节奏。《采茨》、《肆夏》，皆佚诗名，可歌。

〔4〕长，增长。　仁，爱心也。

〔5〕彻，借为"撤"，谓撤膳。

〔6〕史，史官。　工，乐工。　诵，唱诵。　三公，所谓司徒、司马、司空。　读，说也。　宰夫，谓厨师。

【译文】

　　夏商周三代的礼法规定，天子春季早晨朝太阳，秋季晚上拜月亮，用以明确有春秋之别。春秋两季开学的时候，天子让国老就座，自己手执酒酱亲自馈赠他们，用以明确人有孝道。行车符合銮铃的节奏，步行符合《采茨》的节拍，趋走符合《肆夏》的节拍，用以明确事有节度。对于禽兽，看见它活就忍它被宰食，听见过它的声就不尝它的肉，所以远着庖厨走，用以增长恩爱，并且表明有仁心。进食按礼法，撤膳按音乐。有失节度就会有史官记录它，乐工唱诵它，三公进宫宣读它，厨师消减它的膳食，所以天子不得为非作歹。

【原文】

　　《明堂之位》曰："笃仁而好学，多闻而慎道。"[1]天（太）子疑则问，应而不穷者，谓之道。[2]道者，导天（太）子以道者也；常立于前，是周公也。诚立而敢断，辅善而相义的叫做充。[3]充者，充天子之志也；常立于左，是太公也。[4]絜廉而切直，匡过而谏邪者谓之弼。[5]弼者，拂天（太）子之过者也；常立于右，是召公也。[6]博闻强记，捷给而善对者谓之承。[7]承者，承天（太）子之遗忘者也；常立于后，是史佚也。[8]故成王中立而听朝，则四圣维之，是以虑无失计，而举无过事。[9]殷、周之所以长久者，其辅翼天（太）子有此具也。[10]

【注释】

　　[1]《明堂之位》，古书篇名。　　笃，厚。
　　[2]应，回答。　　道，正确的方法。
　　[3]敢，果敢。　　辅，辅助。　　相，扶助。　　充，补充、

充实。

〔4〕太公，姜太公吕尚。

〔5〕絜廉，即廉洁。　　切直，正直。　　匡，纠正。　　弼，辅正。

〔6〕拂，撺除。

〔7〕捷，敏捷。　　给，供给。　　承，奉承、顺从。

〔8〕史佚，周初史官。

〔9〕中立，不偏不倚。　　听朝，处理朝政。　　四圣，即周公、太公、召公、史佚。　　维，维系、连结。　　举，举动、行动。

〔10〕辅翼，即辅佐、辅助。　　具，器具。

【译文】

《明堂之位》里说："笃仁而好学，多闻而慎道。"天子有疑就问，而回答不穷尽的，叫做道。道，就是引导天子走正道的人，常立在天子前面，这就是周公。真诚立身而敢于决断，辅助善行而扶助义举的叫做充。充，就是充实天子的心志，常立在天子左边，这就是太公。廉洁而正直，纠错而谏邪的叫做弼。弼，就是撺除天子过错的人，常立在天子右边，这就是召公。博闻强记，敏于供给而善于应对的叫做承。承，就是承续天子所遗忘的人，常立在天子身后，这就是史佚。之所以成王能不偏不倚地处理朝政，就是因为有四位圣人从四面牵着他，所以他思虑没有失计，而举动没有错误。殷、周二代之所以长久的原因，就是他们辅翼天子有这一套器具。

【原文】

及秦不然，其俗固非贵辞让也，所尚者告得也；固非贵礼义也，所尚者刑罚也。[1]故赵高傅胡亥而教之狱，所习者非斩劓人，则夷人三族也。[2]故今日即位，明日射人，忠谏者谓之诽谤，深为计者谓之妖诬，其视杀人若艾草菅然。[3]岂胡亥之性恶哉？彼其所以习导非其治故也。[4]

【注释】

〔1〕得，借为“德”。　　告德，犹颂德、奉承。

〔2〕狱，刑狱。　　劓，割鼻。　　夷，铲平、消灭。　　三族，父族、母族、妻族。

〔3〕妖，邪。　　诬，诬陷、陷害。　　芟，割。　　菅，一种无用的杂草。

〔4〕彼其，他，同义词复用。　　习，所习。　　导，引导。治，治理。

【译文】

到了秦代就不是这样，其风俗本来就不是贵辞让，而所崇尚的还是颂德；本来就不是贵礼义，而所崇尚的还是刑罚。所以赵高给胡亥做师傅而教他刑狱，所练习的不是杀人就是割人鼻子，或者灭人三族。所以他今天即位，明天就射人；忠心劝谏的叫诽谤，深远谋划的叫妖诬，杀人就当割菅草。难道胡亥的本性恶吗？不是，是他所练习和引导都非其所治的缘故。

【原文】

鄙语曰：“不习为吏，而视已事。”[1]又曰：“前车覆，后车诫。”[2]夫殷、周所以长久者，其已事可知也，然而不能从，是不法圣知也。[3]秦世所以亟绝者，其辙迹可见也，然而不辟者，是（则）前车覆而后车必覆也。[4]夫存亡之变，治乱之机，其要在是矣。[5]

【注释】

〔1〕鄙语，犹俗语。　　习，熟悉。　　而，就。　　已事，过往之事。

〔2〕覆，颠覆。

〔3〕从，遵从。　　法，效法、学习。

〔4〕亟，速。　　辟，同"避"，躲避。

〔5〕变，变化。　　机，机关、枢纽。　　要，要害、关键。是，此。

【译文】

俗话说："不熟悉做官，就看往事。"又说："前车翻覆，后车诚备。"那殷、周之所以长久的原因，其往事是可知的；然而不能遵从，这是不效法圣人的智慧。秦代之所以迅速灭亡的原因，其辙迹也可以看到；然而还不规避，这是前车翻覆，而后车也一定翻覆。存与亡的变化，治与乱的枢纽，关键就在这里了。

【原文】

天下之命，悬于天子。〔1〕天子之善，在于早谕教与选左右。〔2〕心未疑而先教谕，则化易成也。〔3〕夫开于道术，知义理之指，则教之功也。若夫服习积贯，则左右已。〔4〕胡、越之人生而同声，嗜欲不异，及其长而成俗也，累数译而不能相通，行虽有死不能相为者，教习然也。〔5〕故曰，选左右，早谕教最急。〔6〕夫教得而左右正，左右正则天子正矣，天子正而天下定矣。《书》曰："一人有庆，万民赖之。"〔7〕此之谓也。

【注释】

〔1〕悬，系也。

〔2〕谕，明也。　　左右，身边的人。

〔3〕化，感化、变化。

〔4〕服，事情、职事。　　习，熟悉、习惯。　　积，积累。贯，同"惯"。　　已，停止。

〔5〕胡，北方民族。　　越，南方民族。　　累，积也。　　数，

多次。　　译，翻译。　　行，行为。　　虽，即使。　　相为，相互效仿。

〔6〕急，迫切、重要。

〔7〕一人，指天子。　　庆，喜庆、值得庆贺的事。按此《尚书·吕刑》句。

【译文】

　　天下的命运，系在天子身上。天子的良善，在于提早教育和挑选身边的人。心中尚未疑惑就先教育，变化就容易完成。懂得道术，知道义理的宗旨，则是教化的功劳。到了天子本人职事熟悉而且积累成习惯，身边的人就可以停止辅导了。胡人与越人刚生下声音相同，爱好不异，而等到长大养成习惯，几经翻译语言还不能相通，行为到死也不能相互效法的原因，就是教育和习惯不同。所以说挑选身边人和提早教育最重要。教育得当身边的人就正，身边的人正，天子就正；天子正，天下就稳定了。《尚书·吕刑》里说："一人有喜庆，万民仰赖他。"说的就是这个。

【原文】

　　天子不谕先圣王之德，不知君国畜民之道，不见礼义之正，不察应事之礼，不博古之典传，不闲于威仪之数，《诗》《书》礼乐无经，学业不法：凡是，其属太师之任也。[1]天子无恩于父母，不惠于庶民，无礼于大臣，不中于制狱，无经于百官，不哀于丧，不敬于祭，不信于诸侯，不诚于戎事，不诚于赏罚，不厚于德，不强于行；赐与侈于近臣，吝爱于疏远卑贱，不能惩忿窒欲，不从太师之言：凡是，其属太傅之任也。[2]天子处位不端，受业不敬，言语不序，声音不中律，进退节度无礼，升降揖让无容，周旋俯仰视瞻无仪，妄顾咳唾，趋行不得，色不比顺，隐琴肆瑟：凡此，其属太保之任也。[3]

【注释】

〔1〕谕，明也。　君国，做国君。　畜，养也。　应，应付、处理。　博，谓博学。　典传，典籍传记。　闲，熟悉。　经，谓经书。　法，效法、学习。

〔2〕中，谓恰当、合理。　经，常也。　诫，同"戒"，戒备。强，竭力。　侈，奢侈、放纵。　吝爱，吝啬。　惩，惩戒。忿，怒。　窒，塞。

〔3〕处，居。　端，正。　受业，接受学业、学习。　不序，无伦次。　声音，指弹奏乐器之音。　律，乐律。　容，礼容。周旋俯仰，指日常行为。　无仪，不合仪节。　妄，胡乱。　顾，望。　不得，谓不得节奏。　色，容色。　比，亲也。　顺，柔顺。　肆，弃也。见李善《文选注》及颜师古《汉书注》引服虔曰。

【译文】

天子不明先圣王的美德，不知当国君养万民的方法，看不见礼义的正当，不细察应事的礼仪，不博习古代的经传，不熟悉威仪的仪节，《诗》《书》《礼》乐不常习，学业不效法：所有这些，都属于太师的责任。天子不追念父母，不施惠百姓，对大臣无礼，不按法规办事，对百官无常，丧葬不悲哀，祭祀不恭敬，失信于诸侯，不惩戒战争，赏罚不诚信，道德不纯厚，做事不尽力；对近臣舍得赏赐，对疏远卑贱的人吝啬爱心，不能惩戒忿怒窒塞欲望，不听从太师的教诲：所有这些，都属于太傅的责任。天子居位不端正，受业不恭敬，言语无伦次，声音不合音律，进退节度不合礼仪，升降揖让没有容仪，周旋俯仰视瞻没有规矩，胡乱顾望、咳嗽唾痰，行走不得节奏，容色不亲顺，隐琴弃瑟：所有这些，都属于太保的责任。

【原文】

天子宴业废其学，左右之习反其师；答远方诸侯不知文雅之辞，应群臣左右不知已诺之正；简闻小诵，不博不习：[1]凡此，其属少师之任也。天子居处出入不以礼，冠带衣服不以制，御器在侧不以度，纵美杂采不以章，忿怒悦喜不以义，赋与瞧让不以节。[2]凡此，其属少傅之任也。天子宴私安而易，乐而湛，饮酒而醉，食肉而饱，饱而强，饥而惏，暑而喝，寒而嗽，寝而莫宥，坐而莫侍，行而莫先莫后；天子自为开门户，取玩好，自执器皿，亟顾环面，御器之不举不藏：[3]凡此，其属少保之任也。号呼歌谣声音不中律，宴乐雅诵送（逆）乐序；不知日月之时节，不知先王之讳与国之大忌，不知风雨雷电之眚：[4]凡此，其属太史之任也。

【注释】

〔1〕宴，闲也。　宴业，与"受业"相对，谓下学、放学。左右，指日常活动。　习，习惯。　已，不许；诺，许诺。简，简略、不详。　小诵，不多诵。　诵，记也。

〔2〕御，用也。　器，指度量之器、标准器。　度，量也。纵，谓纵情。　美，华美。　采，同"彩"。　章，华章、标准文采。　义，宜也。　赋与，赏赐。　瞧让（音瓢），责备。节，节度。

〔3〕宴私，个人日常生活。　易，轻慢。　乐，玩乐。　湛，同"耽"，沉溺。　强，勉强。　惏，贪也。　喝，伤暑。嗽，咳嗽。　莫，无人。　宥，陪伴。　侍，伺候。　亟，屡屡。　顾，环顾。　环面，四周。　举，奉上。　藏，收藏。

〔4〕律，音律。　宴乐，即"燕乐"，房中之乐。　诵，同"颂"。　雅、诵，《诗》乐也。　逆，违背。　眚，灾祸。

【译文】

天子放学以后荒废所学，日常习惯违反师教；回答远方诸侯不知文雅之辞，回应群臣左右不知许诺与否；略闻而小记，不博闻也不练习：所有这些，都属于少师的责任。天子居处与出入不按礼法，冠带与衣服不按制度，标准在身边而不用来衡量，纵情华美杂彩而不按章法，忿怒喜悦不按所宜，赏赐责罚没有节度：所以这些，都属于少傅的责任。天子个人生活安逸而轻慢，玩乐而沉溺，饮酒而大醉，食肉而大饱，已饱而强吃，饥饿就贪婪，热天就伤暑，天冷就咳嗽；就寝无人陪伴，闲坐没人侍奉，行路没人在前后；天子自己开门窗，自己取玩物，自己拿器皿，屡屡环顾四周，用器不奉上也不收藏：所有这些，都属于少保的责任。天子大声呼唱歌谣，声音不合乐律，以房中之乐唱《雅》《颂》，违背乐序；不知日月时节，不知先王忌讳与国之禁忌，不知风雨雷电灾害：所有这些，都属于太史的责任。

【原文】

《易》曰："正其本，万物理；失之毫厘，差之千里。"〔1〕故君子慎始也。《春秋》之"元"，《诗》之《关雎》，《礼》之《冠》《婚》，《易》之《乾》《坤》，皆慎始敬终云尔。〔2〕素诚繁成。〔3〕谨为子孙娶妻，嫁汝（女）必择孝悌世有行仁义者。〔4〕如是，则其子孙慈孝，不敢淫暴，党无不善，三族辅之。〔5〕故曰：凤凰生而有仁义之意，虎狼生而有贪戾之心。两者不等，各以其母。〔6〕呜呼，戒之哉！无养乳虎，将伤天下。〔7〕故曰素成。〔8〕

【注释】

〔1〕理，有条理。　　按此《易通卦验》文。

〔2〕元，"元年"之元。　　《冠》《婚》，指《仪礼》之《士冠

礼》《士昏礼》。　　《乾》《坤》，指《周易》乾卦、坤卦。　　慎始敬
终，偏谓慎始。　　慎，谨慎。

〔3〕素，平素、平时。　　诚，真心。　　繁，多。　　成，成功、
成果。

〔4〕谨，谨慎。　　世，世代。

〔5〕党，谓全宗族。　　三族，父族、母族、妻族。　　辅，助也。

〔6〕戾，凶暴。　　等，同也。　　母，从所生也。　　各以其母，
所谓龙生龙凤生凤也。

〔7〕乳虎，幼虎。

〔8〕素，早。

【译文】

《易纬》里说："端正其根本，万事有条理；偏失一毫厘，相
差一千里。"所以君子谨慎开始。《春秋》的"元年"，《诗经》
的《关雎》，《仪礼》的《冠礼》《婚礼》，《周易》的《乾卦》
《坤卦》，都是慎始敬终的例子。平时认真，就会多成功。谨慎地
为子孙娶妻，嫁女必须选择孝悌和世代行义的人家。这样，他的
子孙就能仁慈孝顺，不敢荒淫残暴，全宗族无有不善，父、母、
妻三族都能辅助他。所以说：凤凰生来就有仁义之心，虎狼生来
就有贪残之心。两者不相同，各因其所生。啊！戒备啊！不要养
幼虎，将会伤天下。所以说素成。

【原文】

胎教之道，书之玉板，藏之金匮，置之宗庙，以为
后世戒。[1]《青史氏之记》曰："古者胎教，王后腹之，
七月而就蒌室，太师持铜而御户左，太宰持斗而御户
右。[2]比及三月者，王后所求声音非礼乐，则太师缊瑟
而称不习；所求滋味非正味，则太宰倚斗而言曰：'不
敢以待王太子。'[3]太子生而泣，太师吹铜曰：'声中某
律。'太宰曰：'滋味上某。'[4]然后卜名，上无取于天，

下无取于地，中无取于名山通谷，无拂于乡俗，是故君子名难知而易讳也。"〔5〕此所以养恩之道。〔6〕

【注释】

〔1〕板，同"版"。　　金，青铜。　　匰，小匣子。

〔2〕《青史氏之记》，古礼书名。　　腹，怀也。　　蒌，借为"楼"。　　蒌室，盖即《尔雅·释宫》所谓"狭而修曲曰楼"。铜，谓铜律管，以测音也。　　御，侍奉。　　斗，羹斗，以盛羹汤。

〔3〕比，及、到。　　王后，谓产妇。　　太师，乐师也。　　缊，藏也。　　习，学习、练习。　　太宰，厨师也。　　倚，靠也。

〔4〕某，待定之辞。　　上，同"尚"，喜欢。

〔5〕卜，占卜。　　通谷，往来通达的山谷。　　拂，违背。讳，避讳。

〔6〕养恩，培养感恩。

【译文】

胎教的方法，被书写在玉版上，藏在铜匣子里，放置在宗庙里，作为后世的戒备。《青史氏之记》里说："古时候的胎教，王后怀孕第七个月，就住进狭窄而修长弯曲的楼室里，太史手持测音的铜律管在门左边伺候，太宰手持盛羹汤的勺子在门右伺候。等过三个月，如果王后所求的声音不合礼乐，太师就藏起琴瑟说自己不熟悉；所求的滋味不是正味，太宰就把勺子靠在一边说：不敢那样对待王太子。太子生下后哭泣，太师就吹铜管测其声说：声音符合某律。太宰说：滋味喜欢某味道。然后通过占卜取名字。名字上不取于天，下不取于地，中不取于名山大川，不违背乡俗，所以君子的名字难知而易讳。"这些都是用来培养感恩的方法。

【原文】

古者年八岁而出就外舍，学小艺焉，履小节焉；束发而就大学，学大艺焉，履大节焉。〔1〕居则习礼文；行则鸣佩玉，升车则闻和鸾之声，是以非僻之心无自入也。[2]在衡为鸾，在轼为和，马动而鸾鸣，鸾鸣而和应。[3]声曰和，和则敬。[4]此御之节也。[5]上车以和鸾为节，下车以佩玉为度；上有双衡，下有双璜、冲牙。[6]玭珠以纳其间，琚瑀以杂之。[7]行以《采茨》，趋以《肆夏》，步环中规，折还中矩；进则抑之，退则扬之，然后玉锵鸣也。[8]

【注释】

〔1〕外舍，指小学。　艺，才能、本领。　履，行、实践。节，仪节。

〔2〕升车，登车。　和鸾之声，车上的鸾铃声。　非僻，邪僻不正。

〔3〕衡，车衡、辕端驾马的横木。　轼，车轼、车厢前扶手的横木。

〔4〕声，谓在轼之和所发出的声音。　和则敬，谓闻"和"声则敬。

〔5〕御，谓御车。

〔6〕节，节奏。　度，亦节也。　上下，指佩玉在身的位置。衡、璜、冲牙，皆佩玉名。　衡圆形，璜半圆形，冲牙锐形。

〔7〕玭珠，珍珠类。　琚瑀，玉石类。

〔8〕《采茨》《肆夏》，乐诗名。郑康成曰："《采茨》，路门外之乐节。《肆夏》，登堂之乐节。"　步环，旋转。　规，圆规。　折还，返回。　矩，方尺。　抑，俯身。　扬，仰身。　锵，玉鸣声。

【译文】

古时候八岁就出门上小学，在那里学习小本领，实践小仪节。扎上头发后就进大学，在那里学习大本领，实践大仪节。在家就练习礼节和文字，出行就佩戴玉器，上车就听鸾和之声，所以邪僻之心无从产生。车铃在车衡的叫鸾，在车轼的叫和。马走动鸾铃就鸣，鸾鸣和铃就应，发出和和的响声。车上的人听见和和声就认真。这是驾车的节奏。上车以鸾、和为节奏，下车以佩玉为节度。佩玉上有双衡，下有双璜，冲牙、珍珠挂在中间，再夹杂琚瑀。行走以《采茨》为节奏，趋步以《肆夏》为节奏；旋转合乎圆规，折返合乎矩尺；前进就俯身，后退就扬身，这样佩玉就会锵锵而鸣。

【原文】

古之为路车也，盖圆以象天，二十八橑以象列星，轸方以象地，三十辐以象月。[1]故仰则观天文，俯则察地理，前视则听鸾和之声，侧睹则观四时之运。[2]此车教之道也。

【注释】

〔1〕路车，国君所乘车。　盖，车盖。　橑，车盖上支撑盖面的弓。　列星，谓二十八宿。　轸，车底。　辐，辐条。
〔2〕运，运转、运行。

【译文】

古代造路车，大概以车轮的圆形象天，以车盖上支撑盖面的二十八橑象星宿，以车轸的方形象地，以三十根辐条象一月。所以仰头就观天文，低头就察地理，前视就听鸾铃的声音，侧看就见四季的运行。这是车教的方法。

【原文】

周后妃任成王于身，立而不跛，坐而不差，独处而不踞，虽怒而不詈，胎教之谓也。[1]

成王生，仁者养之，孝者襁之，四贤傍之。[2]成王有知，而选太公为师，周公为傅，此前有与计，而后有与虑也。〔3〕是以封泰山而禅梁甫，朝诸侯而一天下。〔4〕由此观之，王左右不可不练也。〔5〕昔者禹以夏王，桀以夏亡；汤以殷王，纣以殷亡；阖庐以吴战胜无敌，夫差以见禽于越；文公以晋国霸，而厉公以见杀于匠黎之宫；桓公以齐强于天下，而简公以弑于檀台；穆公以秦显名尊号，二世以刺于望夷之宫。〔6〕其所以君王同而功迹不等者，所任异也。〔7〕

【注释】

〔1〕周后妃，指周武王妻子邑姜。　　任，孕也。　　跛，偏任，即单脚受力。　　差，谓差错、交叉。　　踞，蹲也。　　詈，骂也。

〔2〕襁，背孩子的布兜。所谓"负儿衣"。　　四贤，周公、召公、太公、史佚。　　傍，在身边。

〔3〕有知，谓懂事。　　计，谋划。　　虑，思虑。

〔4〕封，聚土为坛以祭天。　　禅，辟地为场以祭地。　　梁甫，泰山旁一小山名。　　朝，使来朝。

〔5〕练，借为"拣"，择也。

〔6〕以，因也。　　禽，同"擒"。　　匠黎之宫，春秋是晋国匠黎氏之宫。据《史记·晋世家》，晋厉公八年闰月乙卯，厉公游匠黎氏，栾书、中行偃以其党袭捕厉公，第二年正月庚午弑之。　　檀台，齐国都城台名。　　望夷之宫，在今陕西泾阳县境内。

〔7〕任，任用。

【译文】

　　周武王妻子邑姜怀成王的时候，站不单脚受力，坐不交叉双腿，独处不下蹲，虽怒不骂人，说的就是胎教。

　　成王生下后，由仁爱的人抚养他，有孝心的人背抱他，四名贤者陪伴他。成王懂事后，就选姜太公为师，周公旦为傅。这样，就前面有人与他一起谋划，而后面有人与他一起虑事。所以成王能封泰山而禅梁甫，朝诸侯而统一天下。由此看来，王身边的人不可不选择。从前大禹以夏朝为王，夏桀以夏朝灭亡；商汤以殷朝为王，纣王以殷朝灭亡；阖庐以吴国战胜越人，夫差以吴国被越所擒；晋文公以晋国称霸，而晋厉公以晋国被杀于匠黎之宫；齐威王以齐国称强全天下，而齐简公以齐国被弑杀在檀台；秦穆公以秦国显名尊号，秦二世以秦国被刺死在望夷之宫。之所以君王相同而功绩不等，是因为他们所任用的人不同。

【原文】

故成王处襁褓之中朝诸侯，周公用事也；武灵王五十而弑沙丘，任李兑也。[1]齐桓公得管仲，九合诸侯，一匡天下，再为义主；失管仲，任竖刁、狄牙，身死不葬，而为天下笑。[2]一人之身，荣辱具施焉者，在所任也。[3]故魏有公子无忌而削地复得，赵得蔺相如而秦兵不敢出，安陵任周瞻而国以独立，楚有申包胥而昭王反复，齐有田单而襄王得其国。[4]由是观之，无贤佐俊仕而能成功立名安危继绝者，未之有也。

【注释】

〔1〕武灵王，赵武灵王。 　弑，谓被弑杀。
〔2〕九，谓多次。 　匡，救也。 　再，二也。 　义，代也。狄牙，即易牙。
〔3〕施，加也。
〔4〕削地，即失地。 　反，同"返"。 　复，复位。

【译文】

所以周成王在襁褓之中就接受诸侯朝见，因为有周公主事；赵武灵王五十岁在沙丘被杀，因为任用李兑。齐桓公得到管仲，九合诸侯，一正天下，两为义王；失掉管仲，任用竖刁、狄牙，身死不得葬，而为天下笑。同样一个人，荣辱全加在他身上的原因，就在于他所任用的人。魏国有公子无忌而失地复得，赵国得蔺相如而秦兵不敢出关，安陵任用周瞻而国人独立，楚国有申包胥而昭王复位，齐国有田单而襄王得其国。由此看来，没有贤佐俊士而能成功立名、安危继绝的，还没有过。

【原文】

是以国不务大，而务得民心；佐不务多，而务得贤臣。[1]得民心者民从之，有贤佐者士归之。文王请除炮烙之刑而殷民从，汤去张网者之三面而二垂至，越王不颓旧冢而吴人服，以其前为慎于人也。[2]故同声则处异而相应，意合则未见而相亲。[3]贤者立于本朝，而天下之豪相率而趋之也。[4]何以知其然也？管仲者，桓公之雠也；鲍叔以为贤于己，而进之桓公；七十言，说乃听，遂使桓公除仇雠之心，而委之国政焉。[5]桓公垂拱无事而朝诸侯，鲍叔之力也。[6]管仲之所以北走桓公而无自危之心者，同声于鲍叔也。[7]

【注释】

〔1〕务，致力、追求。

〔2〕炮烙之刑，殷纣王所发明的烙人身体的酷刑。　去张网者之三面，留一面也。　二垂，即二陲，南北边陲。　颓，平也。慎，同"顺"，顺人心也。

〔3〕声，谓说话的声音。　处，在、居。

〔4〕豪，俊杰。　相率，趋、奔向。

〔5〕雠，仇敌。　鲍叔，即鲍叔牙。　进，荐也。　按"七十言"，不知所据。

〔6〕垂，垂衣，不弯腰也。　拱，拱手，行礼也。

〔7〕北，往北。　走，投奔也。

【译文】

　　所以国家不求大，而求得民心；辅臣不求多，而求得贤臣。得民心者民服从，有贤佐者士归顺。周文王请求商纣王废除炮烙之刑而殷民服从，商汤除去张围网人的三面而南北二陲归顺，越王不平旧坟而吴人心服，因为他们的行为都顺应民心。所以只要说话的声音相同，就是处在不同的地方也能相应；只要意图相合，就是未曾见面也会相亲；只要贤者立在本朝，天下的豪杰就会一个跟着一个跑来。怎么知道会这样呢？比如管仲，本来是齐桓公的仇人，鲍叔牙以为他比自己有才，所以就推荐给了桓公。管仲到任只说了七十个字的话，桓公就听从了，于是就使桓公消除了仇恨心理，而把国政委交给了他。桓公不弯腰不做事就使诸侯来朝，全是鲍叔牙出的力。而管仲之所以北来投靠桓公，而没有自危之心的原因，是他与鲍叔牙心声相同。

【原文】

　　卫灵公之时，蘧伯玉贤而不用，迷子瑕不肖而任事。[1]史鰌患之，数言蘧伯玉贤，而不听。[2]病且死，谓其子曰："我即死，治丧于北堂。吾生不能进蘧伯玉而退迷子瑕，是不能正君者，死不当成礼，而置尸于北堂，于我足矣。"[3]

　　公往吊，问其故，其子以父言闻。[4]灵公造然失容曰："吾失矣！"[5]立召蘧伯玉而贵之，召迷子瑕而退之，徙丧于堂，成礼而后去。[6]卫国以治，史鰌之力也。夫生进贤而退不肖，死且未止，又以尸谏，可谓忠不衰矣。[7]

【注释】

　　[1]卫灵公，春秋时卫国一国君。　　蘧伯玉、弥子瑕，皆当时卫国大夫。　　贤，多才。　　不肖，不贤、无才。　　任事，任职。

〔2〕史鳅，卫国大夫，字子鱼。　　数，多次。

〔3〕且，将。　　即，若。　　北堂，堂屋靠北墙处。　　正，纠正、匡正。

〔4〕闻，使之闻也。

〔5〕造然，同猝然，突然之间。

〔6〕徙，挪移。

〔7〕衰，减也。

【译文】

卫灵公时候，蘧伯玉贤而不被任用，弥子瑕不贤而被任职。史鳅很担心，多次说蘧伯玉有才而灵公不听。后来史鳅患病将死，对他的儿子说："我若死了，在堂屋靠北墙的地方办丧事。因为我活着没有成功推荐蘧伯玉而斥退弥子瑕，这是不能匡正国君之人，所以死了不应当成礼，把尸体放在堂屋靠北墙的地方，对我来说就满足了。"

卫灵公前去吊唁，问其原因，儿子把父亲的话告诉了灵公，灵公突然间脸色一变，说："我错了！"立马下令赐给蘧伯玉爵位，而斥退了弥子瑕，并且把灵位给挪到大堂中央，完成了礼仪之后才离开。卫国因此得以治理，就是史鳅出的力。他活着荐贤而退不肖，死了还不停止，又以尸体劝谏国君，可算是忠心不减了。

【原文】

纣杀王子比干，而箕子被发阳狂；灵公杀泄冶，而邓元去陈以族徙。〔1〕自是之后，殷并丁周，陈亡丁楚，以其杀比干与泄冶，而失箕子与邓元也。燕昭王得郭隗，而邹衍、乐毅以齐至。〔2〕于是举兵而攻齐，栖闵王于莒。〔3〕燕度地计众不与齐均也，然而所以能申意至于此者，由得士也。〔4〕故无常安之国，无恒治之民；得贤者安存，失贤者危亡。〔5〕自古及今，未有不然者也。

【注释】

〔1〕比干，纣王忠臣，因忠谏被剖心。　箕子，名胥余，纣王叔父，封于箕。　阳，借为"佯"，佯装。　泄冶，邓元，当时陈国贤人。　徙，迁徙。

〔2〕郭隗，贤人，燕昭王任为上卿，师事之。　邹衍、乐毅，皆名士，后助燕昭王破齐。

〔3〕栖，暂时居住。　莒，在今山东莒县。

〔4〕度，量也。　计，算也。　均，等也。　申，伸也。

〔5〕恒，常也。

【译文】

殷纣王杀了王子比干，而箕子披发装疯；陈灵公杀了泄冶，而邓元全族从陈国迁走。从此之后，殷被周吞并，陈被楚所灭，因为他们杀比干与泄冶，而失去了箕子与邓元。燕昭王得到郭隗，而邹衍、乐毅从齐国赶来。于是发兵攻齐，使齐闵王暂时住在莒国。量燕国的领地，算燕国的人口，都没有齐国多，然而燕昭王之所以能如此舒展自己的意图，就是因为得了士。所以说没有常安的国家，没有宜治的百姓；得贤人的安存，失贤人的危亡。自古到今，没有不这样的。

【原文】

明镜者，所以察形也；往古者，所以知今也。今知恶古之危亡，不务袭迹于其所以安存，则未有异于却走而求及于前人也。〔1〕太公知之，故兴微子之后，而封比干之墓。〔2〕夫圣人之于圣者之死尚如此其厚也，况当世存者乎？〔3〕其不失可知也。

【注释】

〔1〕恶，厌恶。　务，致力。　袭，沿袭。　却，退。及，赶上。

〔2〕兴，起也。　　封，聚土为坟丘。

〔3〕圣者，指微子。

【译文】

　　明镜，是用来察看形貌的；往古，是用来知今的。如今知道厌恶古代的危亡，而不求沿袭其之所以安存的旧迹，这与退着走却想赶上前面的人没有不同。姜太公懂得这个道理，所以起用微子的后人，而加高比干的坟墓。圣人对于已死的圣人尚且如此厚待，何况当世还活着的？他是一定不会失去的。

卷四

曾子立事第四十九

【题解】

此篇记曾子论博学、审问、慎思、明辨、笃行等具体的君子立身之道，所以题"立事"。以下十篇皆记曾子事，当取自《汉书·艺文志》所著录之《曾子》十八篇。

【原文】

曾子曰："君子攻其恶，求其过，强其所不能，去私欲，从事于义，可谓学矣。[1]

"君子爱日以学，及时以行，难者弗辟，易者弗从，唯义所在。[2]日旦就业，夕而自省思，以殁其身，亦可谓守业矣。[3]

"君子学必由其业，问必以其序。问而不决，承闲观色而复之，虽不悦，亦不强争也。[4]

"君子既学之，患其不博也；既博之，患其不习也；既习之，患其无知也；既知之，患其不能行也；既能行之，贵其能让也。[5]

"君子之学，致此五者而已矣。[6]

"君子博学而孱守之，微言而笃行之，行必先人，言必后人。[7]

"君子终身守此惛惛。[8]

【注释】

〔1〕攻，击。　　其，己。　　恶，邪恶。　　求，找。　　过，错。　　强，勉强、力争。　　义，宜也。

〔2〕爱日，珍惜时日。　　辟，同"避"。　　从，谓追逐。

〔3〕日旦，天亮。　　就业，跟老师学习。　　省思，反省、反思。殁其身，到死也。

〔4〕由，从也。　　序，顺序。　　决，断也。　　承闲，趁闲暇。观色，观容色。

〔5〕习，复习、练习。　　无知，不理解。　　能让，不与人相争也。

〔6〕致，达也。　　微言，少言。　　笃，厚也。

〔7〕屖，小也。

〔8〕惛惛，不安貌。

【译文】

曾子说："君子攻自己的恶，求自己的过，力争做自己所做不到的事，除去自己的私欲，从事应该做的事情，就可算是已经学习了。

"君子珍惜时间学习，赶着时间行动，艰难的不躲避，容易的不追随，只做自己应该做的事。天亮就跟老师学习，晚上进行自我反省，一直到老死，也可算是能守其所学了。

"君子学习一定要从其专业，提问一定要按其顺序。问了还不明白，就趁老师闲暇的时候看脸色再问，即使自己不高兴，也不能与老师强争。

"君子学习了以后，还担心知识不广博；知识广博之后，还担心不熟悉；熟悉之后，还担心不理解；理解之后，还担心不能实行；能实行之后，还看重能够礼让。君子学习，达到这五点就够了。

"君子博学而小守，少说而多做，做必须在人前面，说必须在人后面。

"君子一辈子小心翼翼地守着这些。

【原文】

"行无求数有名，事无求数有成；身言之，后人扬之；身行之，后人秉之：君子终身守此惮惮。[1]

"君子不绝小，不殄微；行自微也，不微人；人知之，则愿也；人不知，苟吾自知也：君子终身守此匆匆也。[2]

"君子祸之为患，辱之为畏，见善恐不得与焉，见不善恐其及己也，是故君子疑以终身。[3]

"君子见利思辱，见恶思诟，嗜欲思耻，忿怒思患：君子终身守此战战也。[4]

"君子虑胜气，思而后动，论而后行；行必思言之，言之必思复之；思复之必思无悔言，亦可谓慎矣。[5]人信其言，从之以行；人信其行，从之以复。复宜其类，类宜其言，亦可谓外内合矣。[6]

"君子疑则不言，未问则不言，两问则不言，行其难者。

"君子患难除之，财色远之，流言灭之；祸之所由生自孅孅也，是故君子夙绝之。[7]

"君子己善亦乐人之善也，己能亦乐人之能也；己虽不能，亦不以援人。[8]

"君子好人之为善，而弗趣也；恶人之为不善，而弗疾也；疾其过而不补也，饰其美而不伐也。[9]伐则不益，补则不改矣。

　　"君子不先人以恶，不疑人以不信；不说人之过，而成人之美；存往者，在来者；朝有过夕改则与之，夕有过朝改则与之。〔10〕

【注释】

　　〔1〕数，速也。　　扬，传扬。　　秉，持也。　　惮惮，忧惧貌。

　　〔2〕绝，灭绝。　　殄，亦灭义。　　微，小。　　愿，愿意、乐意。　　苟，苟且、姑且。　　匆匆，急剧貌。

　　〔3〕与，参与。　　疑，疑惑。

　　〔4〕诟，被诟病。　　战战，小心谨慎貌。

　　〔5〕虑，思虑、思想。　　气，气力。　　论，讨论、研究。复，谓实现。

　　〔6〕类，事也。

　　〔7〕孅孅，细小貌。　　凤，早。

　　〔8〕援，借为"愠"，恼怒。

　　〔9〕趣，同"趋"，趋附。　　疾，恨也。　　补，增加。　　伐，自夸。

　　〔10〕成，成全。　　存，保存，不咎。　　在，察也。　　与，在一起。

【译文】

　　"行动不求迅速有名，做事不求迅速成功；自己讲的话让后人传扬它，自身做的事让后人秉持它：君子一辈子小心谨慎地守着这些。

　　"君子不绝灭小的，不殄灭弱的；行动自己小看自己，而不小看别人；别人知道，是自己所希望的；别人不知道，姑且自己知道：君子一辈子急切切地守着这些。

　　"君子担心灾祸，畏惧受辱；看见好的担心自己不能参与其中，看见不好的担心出现在自己身上，所以君子一辈子疑虑。

　　"君子见到利益就想到受辱，见到罪恶就想到诟病；贪欲就想到耻辱，忿怒就想到灾祸：君子一辈子小心翼翼地守着这些。

　　"君子用心超过用气力，想好了以后再行动，研究了以后再去做。做它必须想到能说它，说它必须想到能重复它；想要能重复，必须想到没有后悔话：这就可以称为谨慎了。别人相信自己的话，就会跟着做；别人相信自己的行为，就会跟着重复。重复适合他做的事，事情适合他说的话，就可称为内外结合了。

"君子有怀疑就不说，没有人问就不说，两次问就不回答，只做难做的。

"君子见灾难就消除它，遇财色就远离它，听到流言就消灭它。灾祸从纤细处产生，所以君子提早灭绝它。

"君子自己好，也乐见别人好；自己会，也乐见别人会；即使自己不会，也不因此而迁怒别人。

"君子喜欢别人做善事，而不趋附；厌恶别人做坏事，而不疾恨；疾恨他有错而不替他增加，夸奖他美好而不替他自夸。因为自夸就不会进步，增加就不会改正了。

"君子不先于别人作恶，不怀疑别人不诚；不说别人的过错，而成全别人的好事；保存他以往的，观察他未来的；早上有错晚上改了就跟他在一起，晚上有错第二天早上改了就跟他在一起。

【原文】

"君子义则有常，善则有邻；见其一，冀其二；见其小，冀其大；苟有德焉，亦不求盈于人也。[1]

"君子不绝人之欢，不尽人之礼；来者不豫，往者不嗔；去之不谤，就之不赂，亦可谓忠矣。[2]

"君子恭而不难，安而不舒，逊而不谄，宽而不纵，惠而不俭，直而不径，亦可谓智矣。[3]

"君子入人之国，不称其讳，不犯其禁，不服华色之服，不称惧惕之言。[4]故曰：与其奢也宁俭，与其倨也宁句（拘）。[5]

"可言而不信，宁无言也。君子终日言，不在尤之中；小人一言，终身为罪。[6]

　　"君子乱言弗殖，神言弗致，道远日益云。[7]众信弗主，灵言弗与，人言不信不和。[8]

　　"君子不倡流言，不折辞，不陈人以其所能；言必有主，行必有法，亲人必有方。[9]

【注释】

　　[1] 义，谓行义。　　有常，持之以恒也。　　有邻，谓不单一。冀，希望。　　苟，如果。　　盈，满。

　　[2] 尽，求全责备也。　　豫，喜乐。　　嗔，生气。　　谤，毁谤。　　赂，赠送财物。　　忠，尽心于人也。

　　[3] 恭，敬。　　难，借为"戁"，惧怕。　　舒，舒展、放松。谄，谄谀、奉承。　　宽，宽宏。　　纵，放纵。　　惠，仁慈。直，正直。　　径，谓走捷径。

　　[4] 称，道。　　惧惕，恐惧担心。

　　[5] 倨，傲慢。　　拘，拘束。

　　[6] 尤，指责。

　　[7] 乱言，随便乱说之言。　　殖，添加。　　神言，神奇鬼怪之言。　　致，转达、传达。

　　[8] 众信，大家都相信的话。　　主，主张。　　灵言，无根之言。与，赞许。　　信，实。　　和，附和。

　　[9] 倡，倡导。　　折，曲折。　　陈，陈述。

【译文】

　　"君子行义就持之以恒，行善就接二连三；看见一个就想第二个，看见小的就想大的；如果对人有德，也不求人报答。

　　"君子不断绝别人的欢乐，不责求别人的礼数；有来的不喜乐，有去者不生气；离开的不毁谤，来随的不送礼，也可算是对人尽心了。

　　"君子恭敬而不惧怕，安心而不舒展，谦逊而不谄媚，宽宏而不放纵，仁慈而不俭啬，正直而不走捷径，也可算是聪明了。

　　"君子进入别人的国家，不称他们的忌讳，不犯他们的禁令，不穿华丽的衣服，不说令人恐惧担心的话。所以说：与其奢侈，宁愿节俭；与其傲慢，宁愿拘束。

"可以说但不真实的，宁愿不说。君子一整天讲话，不被人指责；小人说一句话，一辈子成罪。

"君子对随便乱说的话不添加，对神奇鬼怪的话不传扬；大家都相信的话不说是自己的主张，虚妄的话不赞许，别人的话不真实就不附和。

"君子不倡导流言，不曲折言辞，不向人述说自己所能干的；说话一定有主题，行事一定有法度，亲近人一定有方法。

【原文】

"多知而无亲，博学而无方，好多而无定者，君子弗与也。[1]

"君子多知而择焉，博学而算焉，多言而慎焉。[2]博学而无行，进给而不让，直而好径，俭而好偪者，君子不与也。[3]

"夸而无耻，强而无惮，好勇而忍人者，君子不与也。[4]

"呕达而无守，好名而无体，忿怒而为恶，足恭口圣而无常位者，君子弗与也。[5]

"巧言令色，小行而笃，难于仁矣。[6]嗜酤酒，好讴歌巷游，而乡居者乎！[7]吾无望焉耳！[8]出入不时，言语不序，安易而乐暴，惧之而不恐，说之而不听，虽有圣人，亦无若何矣。[9]临事而不敬，居丧而不哀，祭祀而不畏，朝廷（请）而不恭，则吾无由知之矣。[10]

【注释】

〔1〕知，知识。　　亲，谓躬亲。　　方，术也。　　定，专也。

与，在一起、结交。

〔2〕算，借为"选"，选择。

〔3〕行，行动。　进，进取。　给，捷也。　直，耿直。俓，走捷径。　窒，窒塞、啬。

〔4〕夸，夸口、吹牛。　无耻，不知羞耻。　强，强悍。惮，惧怕。　忍人，残忍于人。

〔5〕亟，急于。　达，通达。　守，自守。　名，虚名。体，实体。　足，《论语》本谓十足，此误作肢体用。　恭，敬也。圣，通达事理。　常位，恒德也。

〔6〕令，灵也。　小行，做小事。　笃，认真。

〔7〕嗜，好也。　酤，买也。　讴，唱歌。　游，游荡。

〔8〕望，指望。

〔9〕不序，无伦次也。　安易，安于简易。　乐，喜好。暴，暴力。　说，劝说。

〔10〕敬，认真。　朝请，朝见请安。　恭，恭敬。　无由，无从。《论语》："居上不宽，为礼不敬，临丧不哀，吾何以知之？"

【译文】

"知识多而没有实践，学问广而没有方术，喜欢多而不专精的，君子不结交。

"君子知识多而从中择，学问广而从中选，说话多而谨慎。

"学问广博而没有实践，进取快捷而不让人，直行而喜欢走捷径，节俭而喜欢吝啬的，君子不结交。

"夸口而不知羞耻，强悍而不知惧怕，好勇而残忍于人的，君子不结交。

"急于通达而不知自守，喜欢虚名而没有实体，忿怒而作恶，行动十足地谦恭，嘴上通达事理而没有常位恒德的，君子不结交。

"花言巧语，满脸笑容，小事认真，就难于行仁了。

"喜欢买酒喝，爱好讴唱巷游，是能安居乡里的吗？我是不指望他们了！

"出入不按时，说话无伦次，安于简易而乐于暴力，吓唬他而不恐惧，劝说他而不听从，即使有圣人，也会拿他没办法。

"临事不认真，居丧不哀痛，祭祀不畏惧，在朝不恭敬，我就无从知道他了。

【原文】

"三十、四十之间而无艺，即无艺矣；五十而不以善闻，则无闻矣；七十而无德，虽有微过，亦可以勉矣。[1]

"其少不讽诵，其壮不论议，其老不教诲，亦可谓无业之人矣。[2]

"少称不弟焉，耻也；壮称无德焉，辱也；老称无礼焉，罪也。[3]

"过而不能改，倦也。[4]行而不能遂，耻也。[5]

"慕善人而不与焉，辱也。[6]弗知而不问焉，固也。[7]

"说而不能，穷也。[8]喜怒异虑，惑也。[9]

"不能行而言之，诬也。[10]非其事而居之，矫也。[11]

"道言而饰其辞，虚也。[12]无益而厚受禄，窃也。

"好道烦言，乱也。[13]杀人而不戚焉，贼也。[14]

【注释】

〔1〕艺，技能、一技之长。　　闻，名声。　　德，德行。　　微，小。　　勉，努力。

〔2〕讽诵，念书、学习。　　论议，谓做学问。　　教诲，诲人也。业，事业。

〔3〕弟，同"悌"，顺从长者。　　耻，耻辱。　　辱，羞愧。

〔4〕倦，懈怠。

〔5〕遂，完成、达到目的。

〔6〕慕，仰慕。　　善人，良善之人。　　与，在一起。

〔7〕固，固陋。

〔8〕说，谓说解事理。　　不能，谓不能明。　　穷，谓辞穷。

〔9〕虑，思虑。　　惑，谓无定见。

〔10〕诬，妄也。

〔11〕居，处也。　　矫，假托、冒称。

〔12〕道，同"导"。　　虚，空虚、不实。

〔13〕烦言，繁琐之言。　　乱，制造混乱。

〔14〕戚，悲伤。　　贼，害人之人。

【译文】

"三四十岁没有一技之长，就不会有好技艺了；五十岁没有好名声，就不会有好名声了；而七十岁没有德行，即使有小过，也还可以努力。

"少年时不念书，壮年时不做学问，老了不教诲人，也可算是没有事业的人了。

"少年时被人称为不悌，是羞耻；壮年时被人称为无德，是耻辱；老了被人称为无礼，是罪恶。

"错了而不能改，是怠倦；做事而不能完成，是羞耻。

"爱慕好人而不跟他在一起，是耻辱；不懂而不向人问，是固陋。

"解说事理而说不清楚，是辞穷；喜怒思维不同，是无定见。

"做不到而说它，是诬妄；不是自己的事而管它，是假托。

"讲话而修饰言辞，是不实；没有贡献而拿丰厚待遇，是窃取。

"喜欢讲烦琐的话，是制造混乱；杀了人而不感到悲伤，是残贼。

【原文】

"人言不善而不违，近于悦其言；悦其言，殆于以身近之也；殆于以身近之，殆于身之矣。〔1〕

"人言善而色葸焉，近于不悦其言；不悦其言，殆于以身远之也；殆于以身远之，殆于反之矣。[2]

"故目者，心之浮也；言者，行之指也；作于中则播于外也。[3]

"故曰：以其见者，占其隐者；听其言也，可以知其所好矣。[4]

【注释】

〔1〕殆，近也。　　身，自身。

〔2〕葸，畏难。

〔3〕浮，漂、显于外。　　指，指示物、标志。　　作，动作、活动。　　中，内。　　播，散也。

〔4〕见，显现于外。　　占，预测。　　隐，藏于内。

【译文】

"别人讲的话不好却不违背，就近似喜欢他讲的话；喜欢他讲的话，就近似自身接近他；近似自身接近他，就近似自己说了它。

"别人讲的话好却色有畏难，就近似不喜欢他讲的话；不喜欢他讲的话，就近似自身远离他；近似自身远离他，就近似反对他。

"眼睛，是心灵的浮现；语言，是行为的标志；活动于内心，就会播散于体外。

"所以说：以他显见的，预测他隐蔽的；听他所说的话，可以知道他的爱好。

【原文】

"观说之流，可以知其术矣；久而复之，可以知其信矣；观其所爱亲，可以知其人矣。[1]

"惧之，而观其不恐也；怒之，而观其不惛也；喜之，而观其不诬也。[2]

"近诸色，而观其不逾也；饮食之，而观其有常也；利之，而观其能让也。[3]

"居哀，而观其贞也；居约，而观其不营也；勤劳之，而观其不扰也。[4]

"君子之于不善也，身勿为能也，色勿为不可能也；色勿为可能也，心思勿为不可能也。[5]

【注释】

〔1〕说，谓言谈。　　流，流向、流派。　　术，指思想、学说。复，兑现所言。　　信，诚信。

〔2〕惛，昏聩、糊涂。　　诬，诬枉、不实。

〔3〕逾，越也。　　常，固定。

〔4〕贞，真心。　　约，为贫所困。　　营，迷惑。　　扰，乱也。

〔5〕勿，犹不。　　能，谓能行之。

【译文】

"观察他讲话的流向，就可以知道他的学术了；过了很久还能兑现，就可以知道他的诚信了；看他所喜欢和亲近的人，就可以知道他的为人了。

"吓唬他，看他是否恐惧；激怒他，看他是否昏聩；使他高兴，看他是否诬枉。

"使他接近女色，看他是否不出轨；给他饮食，看他是否有常态；给他利益，看他是否能让。

"悲哀，而看他是否坚贞；贫困，看他是否不钻营；使他勤劳，看他是否不乱。

"君子对于不善的行为，自身不做是可能的，但脸色不表现是不可能的；脸色不表现是可能的，但心里不想是不可能的。

【原文】

"太上乐善，其次安之，其下亦能自强。[1]仁者乐道，智者利道；愚者从，弱者畏。[2]不愚不弱，执诬以强，亦可谓弃民矣。[3]

"太上不生恶，其次生而能夙绝之，其下复而能改也。[4]复而不改，殒身覆家，大者倾覆社稷。[5]是故君子出言以鄂鄂，行身以战战，亦殆免于罪矣。[6]是故君子为小由为大也，居由仕也；备则未为备也，而勿虑存焉。[7]

"事父可以事君，事兄可以事师长；使子犹使臣也，使弟犹使承司也。[8]能取朋友者，亦能取所与从政者矣。[9]赐予其宫室，亦犹用庆赏于国家也；忿怒其臣妾，亦犹用刑罚于万民也。[10]是故为善必自内始也。内人怨之，虽外人亦不能立也。[11]

【注释】

〔1〕安之，承上谓安于善。　强，谓强于善。

〔2〕乐，喜欢。　道，正确的思想主张。　利，以之为利、利用之。　从，谓从道。　畏，谓畏道。

〔3〕执，持。　诬，妄。　强，谓强行。　弃民，可远弃之民，所谓弃之远方，终身不齿者。

〔4〕恶，谓恶念。　夙，早。　复，复发、重复。

〔5〕殒，死亡。　覆，覆没。　社稷，指国家政权。

〔6〕鄂鄂，言语谨慎貌。　战战，行身谨慎貌。　殆，近也。

〔7〕由，同"犹"，犹如。　居，居家不仕。　仕，任事、出仕。　备，预备。　勿虑，即无虑，无思也。　存，存在，与"亡"相对。

〔8〕承司，同"丞司"，佐吏也。

〔9〕取，选取、选择。　与，一起。

〔10〕臣妾，奴婢。

〔11〕内人，自家人。　　立，树立。

【译文】

　　"最上一等是乐于行善，其次一等是安于行善，再下一等也能努力行善。仁者喜欢正确的思想主张，智者利用正确的思想主张，愚者遵从正确的思想主张，弱者害怕正确的思想主张。即使不愚不弱，如果他持妄说而强行，就算是可以远弃之民了。

　　"最上一等不生恶，其次一等能早绝恶，再下一等虽反复生恶而能改正。反复生恶而不改正，就会殒灭自身、覆灭家族，甚至覆灭国家。所以君子出言谨慎，做事小心，也就可以免于犯罪了。所以君子做小事犹如做大事，闲居在家犹如任事在公；如果提前准备未能做好，能不担忧生存吗？

　　"能事父就能事君，能事兄就能事师长。因为使唤儿子犹如使唤臣子，使唤弟弟犹如使唤佐吏。能选取朋友的，就一定能选取一起从政的。因为赐给他房子，也犹如从国家得封赏。泄怒于他的奴婢，也犹如用刑罚于万民。所以做善事必须从家人开始。家人怨恨他，即使是外人也不能树立他。

【原文】

　　"居上位而不淫，临事而栗者，鲜不济矣。〔1〕先忧事者后乐事，先乐事者后忧事。昔者天子日旦思其四海之内，战战唯恐不能乂；诸侯日旦思其四封之内，战战唯恐失损之；人夫士日旦思其官，战战唯恐不能胜；庶人日旦思其事，战战唯恐刑罚之至也。〔2〕是故临事而栗者，鲜不济矣。

　　"君子之于子也，爱而勿面也，使而勿貌也，导之以道而勿强也。〔3〕宫中雍雍，外焉肃肃。〔4〕兄弟愷愷，朋友切切。〔5〕远者以貌，近者以情。〔6〕友以立其所能，

而远其所不能，苟无失其所守，亦可与终身矣。"〔7〕

【注释】

〔1〕淫，淫逸。　栗，颤栗。　鲜，少也。　济，成也。

〔2〕战战，恐惧小心貌。　乂，治也。　封，所分封。　官，所管。　胜，胜任。

〔3〕勿，不要。　面，谓形于面。　貌，谓动于容。　道，正确的思想主张。　强，强迫。

〔4〕宫中，指家里。　雍雍，和谐貌。　外焉，在外。　肃肃，恭敬貌。

〔5〕愉愉，和乐貌。　切切，责劝貌。

〔6〕貌，容貌。　情，感情。

〔7〕立，树立、成就。　远，远离。

【译文】

"身居上位而不淫逸，临事而小心颤栗的人，很少有不成功的。先担忧事情的，后享受事情；先享受事情的，后担忧事情。从前天子天一亮就思虑天下大事，战战兢兢地唯恐不能治理；诸侯天一亮就思虑其封地之内的事，战战兢兢地唯恐折损或失掉它；大夫士天一亮就思虑其所管的事，战战兢兢地唯恐不能胜任；平民百姓天一亮就想他该做的事，战战兢兢唯恐犯法。所以临事而小心颤栗的，少有不成功的。

"君子对于自己的儿子，心里爱但不要表现在脸上，使唤他但不要动于容，用正道引导他但不要强迫。在家里和和气气，在外面恭恭敬敬。兄弟之间和和乐乐，朋友之间责责切切。关系远的以容貌，关系近的以感情。朋友之间可以做好自己能做的，而远离自己不能做的，如果没有失其所守的，也就可以与他一辈子相交了。"

曾子本孝第五十

【题解】

此篇记曾子论孝道，以开篇言"忠者，其孝之本与"，故名。

【原文】

曾子曰："忠者，其孝之本与。[1] 孝子不登高，不履危，庳亦弗凭；不苟笑，不苟訾，隐不命，临不指，故不在尤之中也。[2]

"孝子恶言死焉，流言止焉，美言兴焉，故恶言不出于口，忿言不反于己。[3] 故孝子之事亲也，居易以俟命，不兴险行以徼幸；孝子由之，暴人违之；出门而使，不以惑为父母忧也；险涂隘巷不求先焉，以爱其身，以不敢忘其亲也。[4]

"孝子之使人也不敢肆，行不敢自专也。父死三年，不敢改父之道；又能事父之朋友，又能率朋友以助敬也。[5]

【注释】

〔1〕忠，由衷也。　　与，同"欤"。
〔2〕履，践也。　庳，底下之地。　凭，涉也。　苟，随便。

訾，诋毁人。　　隐，谓不在其位。　　命，令、指挥。　　临，在上。
指，指使。　　尤，指责。

〔3〕恶言，道人过恶之言。　　死，谓止息、不兴。　　忿言，忿
恨之言。　　反，返回。

〔4〕易，平易。　　俟，等待。　　兴，起、行。　　徼，求也。
幸，侥幸。　　由，从也。　　暴人，逆子也。　　违，违抗。　　使，
出使、出差。　　惑，疑惑、不明。　　隘，狭窄。　　爱，惜也。
亲，父母双亲。

〔5〕肆，放肆。　　率，率领。

【译文】

　　曾子说："由衷，大概是孝的根本吧。孝子不登高，不临危，
连底下的地方也不跋涉；不随便笑，不随便诋毁人；不在其位不
发号施令，在其位不指手画脚，所以不受人指责。

　　"孝子不说人的过恶，不传流言，而创发美言，所以说恶言不
出口，忿言不到身。孝子事奉父母，平易地等待呼唤，不做危险
的事以求侥幸。孝子顺从父母，暴子违逆父母。出门当差，不因
疑惑而让父母担忧。险途隘巷不求当先，以爱惜自己的身体，因
为他不敢忘记自己的父母。

　　"孝子使唤人不敢放肆，行动不敢自专；父母死后三年，不敢
改变父母的主张；既能事奉父母的朋友，又能率领自己的朋友以
帮助自己致敬。

【原文】

　　"君子之孝也，任善，不敢臣三德，以正致谏；士
之孝也，以德，从命；庶人之孝也，以力，恶食。[1]故
孝子之于亲也，生则义以辅之，死则哀以莅焉，祭祀则
莅之以敬。[2]如此，而成于孝子也。"

【注释】

〔1〕三德，谓三老。　　正，同"政"，国政。　　务，求也。

〔2〕义，宜，各有所宜也。　　辅，助也。　　莅，临也。

【译文】

"君子的孝，任用善人，不敢以三老为臣，而以政事致谏国君。士的孝，用德行，听从父命；平民的孝，用气力，自己吃差的。所以孝子对于父母，活着就以道义辅助他们，死了就以悲哀面对，祭祀就以虔敬相对。这样，就成为孝子了。"

曾子立孝第五十一

【题解】

此篇记曾子论君子如何树立孝名，篇名"立孝"二字取自开言首句。

【原文】

曾子曰："君子立孝，其忠之用，礼之贵也。[1]故为人子而不能孝其父者，不敢言人父不畜其子者；为人弟而不能承其兄者，不敢言人兄不能训其弟者；为人臣而不能事其君者，不敢言人君不能使其臣者。[2]故与父言，言畜子；与子言，言孝父；与兄言，言训弟；与弟言，言承兄；与君言，言使臣；与臣言，言事君。

"君子之孝也，忠爱以敬；反是，乱也。[3]尽力而有礼，庄敬而安之；微谏不倦，听从不怠，欢欣忠信，咎故不生，可谓孝矣。[4]尽力而无礼，则小人也；致忠而不敬，则小人也。是故礼以将其力，敬以入其忠；饮食移味，居处温愉，著心于此，济其志也。[5]子曰：'可入也，吾任其过；不可入也，吾辞其罪。'[6]

【注释】

〔1〕立，树立。　　之，同"是"，宾语前置的标志。　　忠之用，即用忠。　　礼之贵，即贵礼。

〔2〕畜，养也。　　承，承受、接受。　　训，教也。

〔3〕以，犹而。

〔4〕庄敬，庄重而恭敬。　　微，小、轻。　　怠，懈怠。　　咎故，事故、祸事。

〔5〕将，扶、助。　　入，纳、进。　　移，谓变换。　　温，温和。　　著，音着，附着。　　济，成也。

〔6〕任，负也。　　辞，不受。

【译文】

曾子说："君子树立孝名，要用自己的忠心，并看重礼仪。所以自己当儿子而不能孝敬父母的，不敢说别人当父亲而不养育儿子；自己当弟弟而不能服从哥哥的，不敢说别人当哥哥而不能教育弟弟；自己当臣下而不能事奉君主的，不敢说君主不能使唤其臣下。所以与别人的父亲说话，要说养儿子；与别人的儿子说话，要说孝敬父母；与别人的兄长说话，要说教训弟弟；与别人的弟弟说话，要说服从哥哥；与君主说话，要说役使臣下；与臣下说话，要说事奉君主。

"君子的孝，是忠心爱护并尊敬父母。不是这样，就是乱臣。尽力行孝而有礼貌，庄重恭敬而使父母安宁；父母有了错就微言相劝而不知厌倦，服从呼唤而从不懈怠；高高兴兴地竭尽忠心与诚信，一辈子不发生祸事，就可以算是行孝了。如果尽了力却没有礼貌，就是小人；表达了敬却不尽忠，就不会被采纳。所以说礼可以助力，敬可以纳忠。使父母的饮食变换滋味，生活温馨愉悦，把心放在这里，就能成其志了。孔子说：'如果可以采纳，我担当其过错；不可以采纳，我拒绝其罪过。'"

【原文】

"《诗》云：'有子七人，莫慰母心。'〔1〕子之辞也。'夙兴夜寐，无忝尔所生'，言不自舍也。〔2〕不耻其亲，君子之孝也。是故未有君而忠臣可知者，孝子之谓也；未有长而顺下可知者，悌弟之谓也；未有治而能仕可知者，先修之谓也。[3]故曰：孝子善事君，悌弟善事长。君子一孝一悌，可谓知终矣。"[4]

【注释】

〔1〕慰，抚慰。　　按此《诗经·邶风·凯风》四章之句。

〔2〕忝，辱也。　　尔所生，父母也。　　按此《诗经·小雅·小宛》四章之句。

〔3〕治，谓治事。　　先修，先行研修、预习。

〔4〕终，终了、结果。

【译文】

"《诗经》里说：'有儿子七个，没人慰母心。'这是儿子的话。又说：'早起又晚睡，不辱父母亲'，是说不自我放弃。不让父母受耻辱，是君子的孝。所以还没有君主就可以知道他是忠臣，说的就是孝子；还没有上司就可以知道他是顺从的下属，说的就是懂得顺从兄长的弟弟；还没有治事就可以知道能够任事，说的就是提前研修。所以说孝子善于事君，顺从兄长的弟弟善于事长。君子一孝一悌，就可以知道其结果了。"

曾子大孝第五十二

【题解】

此篇前半部分主要记曾子因弟子公明仪所问而以身说法陈述孝道，后两段记弟子乐正子春因其弟子所问而讲陈孝道。篇名取自开首曾子曰"孝有三，大孝尊亲"句。

【原文】

曾子曰："孝有三：大孝尊亲，其次不辱，其下能养。"[1]

公明仪问于曾子曰："夫子可谓孝乎？"[2]

曾子曰："是何言与？是何言与？君子之所谓孝者，先意承志，谕父母以道。[3]参直养者也，安能为孝乎？[4]身者，亲之遗体也。[5]行亲之遗体，敢不敬乎？[6]故居处不庄，非孝也；事君不忠，非孝也；莅官不敬，非孝也；朋友不信，非孝也；战阵无勇，非孝也。[7]五者不遂，灾及乎亲，敢不敬乎？[8]故烹熟膻香，尝而进之，非孝也，养也。[9]君子之所谓孝者，国人皆称愿焉，曰：'幸哉！有子如此！'[10]所谓孝也。民之本教曰孝，其行之曰养。养可能也，敬为难。敬可能也，安为难。[11]安可能也，久为难。久可能也，卒为难。[12]父母既殁，慎行其身，不遗父母恶名，可谓能终也。[13]

【注释】

〔1〕亲，父母。　　辱，谓辱没父母。　　养，谓供养父母。

〔2〕公明仪，曾子弟子。　　夫子，谓曾子。

〔3〕先意，先父母之意、提前想到。　　承志，承受父母心志。谕，明也。

〔4〕直，仅仅、只是。　　安，怎么。

〔5〕遗，谓所遗留。

〔6〕敬，认真。

〔7〕居处，闲居。　　庄，庄重。　　莅，临、位。　　敬，谓敬其职。　　信，诚信。

〔8〕遂，完成、做到。

〔9〕烹，煮也。　　羶，肉也。　　香，谷也。

〔10〕称，称誉。　　愿，慕也。

〔11〕安，使之安。

〔12〕卒，终也。

〔13〕遗，遗留。

【译文】

曾子说："孝有三种：大孝敬重父母，其次不辱没父母，最下能供养父母。"

弟子公明仪问曾子："先生可以算是孝吗？"

曾子说："这是什么话？这是什么话？君子所谓的孝，凡事先于父母想到，下承父母的心志，用正确的思想使父母明白。我曾参仅仅是个能养的，怎么能算是孝呢？身体，是父母遗留下的肉身。用父母所遗留下的肉身行事，敢不敬重吗？所以居处不庄重，不是孝；事君不忠诚，不是孝；临官不认真，不是孝；朋友不信赖，不是孝；作战不勇敢，不是孝。五个方面做不到，灾祸就会上身，敢不敬重吗？所以，煮熟了美味，品尝以后端上去，不是孝，是养。君子所谓的孝，国人都称道并且羡慕他，说：'幸运啊！有这样的儿子！'这才是孝。百姓最根本的教育是孝，而执行它叫养。养可以做到的，而敬难以做到；敬可以做到，而安难以做到；安可以做到，而久难以做到；久可以做到，而终难以做到。父母去世以后，谨慎自身，不给父母遗留恶名，就可以叫能终了。

【原文】

"夫仁者，仁此者也；义者，宜此者也；忠者，中此者也；信者，信此者也；礼者，体此者也；行者，行此者也；强者，强此者也；乐自顺此生，刑自反此作。[1]

"夫孝者，天下之大经也。[2]夫孝，置之而塞于天地，溥之而横于四海，施诸后世而无朝夕，推而放诸东海而准，推而放诸西海而准，推而放诸南海而准，推而放诸北海而准。[3]《诗》云：'自西自东，自南自北，无思不服，'[4]此之谓也。

"孝有三：大孝不匮，中孝用劳，小孝用力。[5]博施备物，可谓不匮矣。[6]尊仁安义，可谓用劳矣。[7]慈爱忘劳，可谓用力矣。[8]

"父母爱之，喜而不忘；父母恶之，惧而无怨；父母有过，谏而不逆；父母既殁，以哀祀之。[9]如此之谓礼终矣。"

【注释】

〔1〕此，指孝。 中，读去声，合也。 体，体验、实践。上"强"，刚强。 下"强"，勉强、竭力而行。 自，由、从。

〔2〕经，常、纲常。

〔3〕置，借为"竖"，竖立。 塞，充塞。 溥，敷、分布。横，横贯。 四海，全天下。 施，借为"延"，延续。 诸，

"之于"合音。　无朝夕，早晚、始终如一也。　放，安放、放置。准，平、合。

〔4〕思，借为"所"。　服，服从。

〔5〕匮，匮竭。　劳，功劳。　力，气力、体力。

〔6〕博，广。　备，储备。　物，物品。

〔7〕尊仁，被尊为仁者。　安义，安于行义。

〔8〕慈，谓慈于幼；　爱，谓爱于长。

〔9〕谏，劝谏、规劝。　逆，违抗。

【译文】

　　"所谓仁，就是爱这些的；义，就是宜这些的；忠，就是中这些的；信，就是信这些的；礼，就是体这些的；行，就是行这些的；强，就是强这些的。欢乐从顺应这些产生，刑罚从反对这些兴起。

　　"那孝，是天下最大的纲常。孝竖起来能充塞天地，横放下能横贯四海，施行于后世而始终如一；推广到东海也合，推而放到西海也合，推而放到南海也合，推而放到北海也合。《诗经》里说：'从西到东，从南到北，没有不服。'说的就是这个。

　　"行孝有三种：大孝不匮竭，中孝用功劳，小孝用气力。广为施舍并储备物品，可以叫不匮竭了。被尊为仁人并安于行义，可以叫用功劳了。慈幼爱长而忘记辛劳，可以叫用气力了。

　　"父母爱他，高兴而不忘；父母不爱他，惧怕而不怨；父母有过错，奉劝而不违逆；父母死了，以哀伤祭祀他。这样，就算是礼终了。"

【原文】

　　乐正子春下堂而伤其足。伤瘳，数月不出，犹有忧色。[1]门弟子问曰："夫子伤足，瘳矣，数月不出，犹有忧色，何也？"

　　乐正子春曰："善，如尔之问也。[2]吾闻诸曾子，曾子闻诸夫子曰：'天之所生，地之所养，人为大矣。^[3]父母全而生之，子全而归之，可谓孝矣；不亏其体，可谓全矣。^[4]故君子顷步之不敢忘也。'^[5]今予忘夫孝之道矣，予是以有忧色。故君子一举足不敢忘父母，一出言不敢忘父母。一举足不敢忘父母，故道而不径，舟而不游，不敢以先父母之遗体行殆也。^[6]一出言不敢忘父母，是故恶言不出于口，忿言不及于己，然后不辱其身，不忧其亲，则可谓孝矣。^[7]草木以时伐焉，禽兽以时杀焉。^[8]夫子曰：'伐一木，杀一兽，不以其时，非孝也。'"^[9]

【注释】

〔1〕堂，正屋。　古代皆高台建筑，故曰下堂。　瘳，瘉。

〔2〕善，犹言"是"。

〔3〕诸，"之于"合音。

〔4〕全，完整。　亏，缺、伤损。

〔5〕顷，借为"跬"，音亏，半步。

〔6〕道，大路。　径，小道。　舟，谓乘舟。　游，涉水。殆，险也。

〔7〕忿言，怨恨之言。　忧，谓使之担忧。

〔8〕以时，按时令。

〔9〕夫子，指孔子。

【译文】

　　乐正子春下堂屋台阶时伤其脚。伤痊愈后，几个月不出门，而且还有忧伤的表情。弟子们问："先生脚伤好了，几个月不出门，还有忧伤的表情，怎么回事呢？"

　　乐正子春说："问得好！就像你们所问的。我从曾子那里听说，曾子从孔夫子那里听说：'天所生的，地所养的，人最大。父母完整地生下他，子女完整地归还给他们，就可以叫孝了；不亏损他的身体，就可以叫完整了。所以君子走半步都不敢忘。'如今我忘记那孝道了，所以有忧色。君子一抬脚不敢忘父母，一说话不敢忘父母。一抬脚不敢忘父母，所以出门行大道而不走小路，坐舟船而不涉水，不敢以父母所遗留下的肉体去冒险。一说话不敢忘父母，所以恶言不出口，怨恨不及身，然后不辱没自身，不让父母担忧，就可以叫孝了。草木按时令斩伐，禽兽按时令宰杀。孔夫子说：'伐一棵树，杀一只兽，如果不按时令，就不是孝。'"

曾子事父母第五十三

【题解】
　　此篇记曾子因弟子单居离所问而讲事父母之道，故名。

【原文】
　　单居离问于曾子曰："事父母有道乎？"[1]

　　曾子曰："有，爱而敬。父母之行若中道，则从；若不中道，则谏；谏而不用，行之如由己。[2]从而不谏，非孝也；谏而不从，亦非孝也。孝子之谏，达善而不敢争辨；争辨者，乱之所由兴也。[3]由己为无咎，则宁；由己为贤人，则乱。[4]孝子无私忧、无私乐，父母所忧忧之，父母所乐乐之。[5]孝子惟巧变，故父母安之。[6]若夫坐如尸，立如齐，弗讯不言，言必齐色，此成人之善者也，未得为人子之道也。"[7]

【注释】
　　〔1〕单居离，曾子弟子。　　道，正确的方法。
　　〔2〕中，符合。　　行之，谓父母行之。
　　〔3〕达，致达、达到。
　　〔4〕由，为，为了。　　咎，过错。　　宁，安宁。　　贤人，贤于人。

〔5〕私，自己个人。

〔6〕惟，思也。　　巧变，巧于变化。

〔7〕若夫，至于。　　尸，受祭的替身，坐而不动。　　齐，读为"斋"，谓祭祀。　　讯，问。　　齐色，正色。　　成人，德才兼备之人。

【译文】

单居离向曾子请教说："事奉父母有正确方法吗？"

曾子说："有，就是爱和敬。父母的行为如果符合正道，就听从；如果不符合正道，就劝谏；劝谏了不接受，做了就像自己所做。所以说顺从而不劝谏，不是孝；劝谏而不听从，也不是孝。孝子劝谏，要达到效果而不敢争辩；争辩，是祸乱产生的根源。（所以，父母的行为由儿女自己。）由自己如果是为了没有过错，就安宁；由自己如果是为了成为贤人，就会有祸乱。孝子没有个人的忧愁，没有个人的欢乐，而要以父母的忧愁为忧愁，以父母的欢乐为欢乐。孝子想着巧于变化，所以父母心安。至于坐着就像受祭的替身那样端坐不动，立着就像祭祀时面对神灵，不经讯问不说话，说话必有正色，这些都是德才兼备的人里面的优秀者的行为，还不能作为普通当儿子的行为。"

【原文】

单居离问曰："事兄有道乎？"

曾子曰："有！尊事之，以为己望也，不遗其言。〔1〕兄之行若中道，则事之；兄之行若不中道，则养之。〔2〕养之内不养于外，则是越之也；养之外不养于内，则是疏之也。〔3〕是故君子内外养之也。"

【注释】

〔1〕望，所瞻望，榜样也。　　遗，忘也。

〔2〕养，借为"隐"。下同。

〔3〕内外，谓家庭内外。　　越，扬也。　　疏，疏远。

【译文】

单居离又问："事奉兄长有正确方法吗？"

曾子说："有！尊敬地事奉他，把他作为自己的榜样，不忘他说的话。兄长的行为如果符合正道，就把他当兄长事奉；如果不符合正道，就隐瞒它。但如果只在家里隐瞒而不在外面隐瞒，等于是宣扬它；如果只在外面隐瞒而不在家里隐瞒，就等于是疏远他。所以，君子内外都要隐瞒。"

【原文】

单居离问曰："使弟有道乎？"

曾子曰："有。嘉事不失时也。〔1〕弟之行若中道，则正以使之；弟之行若不中道，则兄事之。〔2〕诎事兄之道若不可，然后舍之矣。"〔3〕

曾子曰："夫礼，大之由也，不与小之自也。〔4〕饮食以齿，力事不让，辱事不齿，执觞觚杯豆而不醉，和歌而不哀。〔5〕夫弟者，不衡坐，不苟越，不干逆色，趋翔周旋，俛仰从命，不见于颜色，未成于弟也。"〔6〕

【注释】

〔1〕嘉事，指冠娶。

〔2〕正，谓正常。

〔3〕诎，尽也。　　舍，放弃。

〔4〕大，谓大者、兄长。　　由，用也。　　与，借为"谓"。小，小者，弟弟。　　自，亦由义。

〔5〕齿，年龄。　　力事，体力劳动。　　不让，争先也。　　辱事，辱身之事。　　不齿，不以年龄。　　觞、觚、杯、豆，泛指酒器。和，附和。

〔6〕衡，同"横"。　苟，随便。　越，谓越位。　干，犯。逆色，不悦之色。　趋，小步快走。　翔，张臂而行。　趋翔周旋，泛指各种行动。　俛仰，犹进退。　见，现见。　颜色，脸色。

【译文】

单居离又问："使唤弟弟有正确方法吗？"

曾子曰："有，首先是按时给他举行冠礼娶媳妇。再就是弟弟的行为如果符合正道，就正常使唤他；弟弟的行为如果不符合正道，就要行做兄长的责任。尽了做兄长的责任如果他还不听从，那就放弃他了。"

曾子又说："那礼，本来就是为老大所用，而不是为老小所用的。饮食按年龄，体力活争先，而有辱名声的事不按年龄。喝酒不喝醉，跟着唱歌不哀伤。做弟弟的不能横着坐，不能随便越位，不冒犯兄长不高兴，各种行动进退，听从兄长之命，而不表露在脸上，未成人的弟弟应该这样。"

卷五

曾子制言上第五十四

【题解】

此篇记曾子论行礼。制，是作的意思。因为纯是曾子所制之言，故名。下两篇性质相同，故以此为上篇。

【原文】

曾子曰："夫行也者，行礼之谓也。夫礼，贵者敬焉，老者孝焉，幼者慈焉，少者友焉，贱者惠焉。[1]此礼也，行之则仁也，立之则义也。[2]今之所谓行者，犯其上，危其下，衡道而强立之；天下无道，故若天下有道，则有司之所求也。[3]

"故君子不贵兴道之士，而贵有耻之士也。[4]若由富贵兴道者与，贫贱，吾恐其或失也；若由贫贱兴道者与，富贵，吾恐其赢骄也。[5]夫有耻之士，富而不以道则耻之，贫而不以道则耻之。

【注释】

〔1〕友，友爱。　　惠，给以好处。

〔2〕仁，关爱他人。　　立，树立。　　义，宜也。

〔3〕犯，触犯。　　上，君也。　　危，危害。　　下，民也。衡道，即横道，横行霸道也。　　立，谓立为规范。　　故，故意。

道，正确的思想主张、治理方法。　　有司，主管官员。

〔4〕兴，谓兴起、树立。　　道，指规范。　　耻，廉耻。

〔5〕由，从。　　与，及也。　　或，同"惑"，迷惑。　　失，谓失其道。　　赢，同"盈"，满也。　　赢骄，骄傲自满。

【译文】

　　曾子说："行，是指行礼。那礼，要求对尊贵的人尊敬，对老人要孝敬，对幼儿要慈爱，对少年要友爱，对贫贱的人要施惠。这些礼，行它就是行仁，立它就是树义。而如今所谓行礼的人，冒犯上司，危害下属，横行霸道而强立规范；天下本来无道，故意说成天下有道，就是主管官员们所追求的。

　　"所以君子不看重树立规范的士，而看重知道耻辱的士。因为如果是富贵时树立规范的，一旦贫贱，我担心他会失志；如果是贫贱树立规范的，一旦富贵，我担心他会骄傲自满。而知耻之士，富贵若不由正道就以为耻，贫贱若不因正道就以为耻。

【原文】

　　"弟子无曰'不我知也'。鄙夫鄙妇相会于廧阴，可谓密矣，明日则或扬其言矣。[1]故士执仁与义而不闻，行之未笃故也，胡为其莫之闻也？[2]杀六畜不当失亲，吾信之矣；使民不时，失国，吾信之矣。[3]

　　"蓬生麻中，不扶自直；白纱在涅，与之皆黑。[4]是故，人之相与也，譬如舟车然，相济达也，己先则援之，彼先则推之。[5]是故，人非人不济，马非马不走，土非土不高，水非水不流。[6]

　　"君子之为弟也，行则为人负，无席则寝其趾使之为夫。[7]人则否。近世无贾，在田无野，行无据旅，苟若此，则扶杖可因笃焉。[8]富以苟，不如贫以誉；生以辱，不如死以荣。〔9〕辱可避，避之而已矣；及其不可避也，君子视死若归。父母之雠，不与同生；兄弟之雠，不与聚国；朋友之雠，不与聚乡；族人之雠，不与聚邻。〔10〕良贾深藏若虚，君子有盛教如无。"〔11〕

【注释】
〔1〕鄙，陋也。　　鄙夫鄙妇，谓鄙陋无知的男女。　　廧阴，即墙阴，墙后也。
〔2〕闻，为人所闻知。　　笃，实也。　　胡，同"何"。
〔3〕当，恰当。　　失亲，失其亲也。
〔4〕蓬，蓬蒿。　　麻，亚麻，高而直。　　涅，黑色染料。与之，与涅也。
〔5〕相，谓一起。　　济，谓舟济；达，谓车达，皆到达。　　援，牵拉。
〔6〕走，跑也。　　马非马不走，马互相牵引竟逐也。
〔7〕人，谓兄。　　负，背东西。　　寝，谓伸展。　　趾，腿也。夫，借为"铺"，垫也。
〔8〕世，身所处。　　贾，商人。　　野，在田野劳作的人。据旅，住旅馆。　　扶杖，谓到老。　　因，依。　　笃，信。
〔9〕以，犹而。　　苟，苟且、随便。
〔10〕雠，仇人。　　聚，犹共也。
〔11〕虚，无也。　　盛，达也。　　教，谓教养。

【译文】
"弟子们不要说'不了解我'。鄙陋无知的男女在墙背后相会，可算是隐秘了，而第二天就会被到处传扬，因为他们真做了。所以一个士主张仁和义却不被人知道，是因为他没有实际执行，要不为什么会没有人知道呢？因为杀六畜不恰当而死了父母，这事我信；因为使役百姓不合时节而失了国家，这事我也相信。因为他们做的本来就不对。
"蓬蒿长在麻子地里，不扶自然直；白沙混在泥土里，就一起变黑。所以人和人在一起，就像乘坐车船，是相互济达，自己在前就拉后面一把，别人在前就推他一把。所以说，人没有人不济，马没有马不跑，土没有与土累积就不成高山，水没有与水相合就不成为长流。

"君子做人弟弟，行路就为哥哥背东西，休息时没有席子就伸长腿让他铺垫。而哥哥则不。哪怕近处没有商人，地里没有劳作的人，出门了没有旅馆。这样，到老来就可以依靠和信赖他了。富贵而苟且，不如贫穷而有美誉；活着受辱，不如死后光荣。羞辱可以避免，也只是避免而已。等到不可避免，君子会视死如归。父母的仇人，不和他同生；兄弟的仇人，不和他同在一国；朋友的仇人，不和他同在一乡；族人的仇人，不和他做邻居。好商人深藏财货如同一无所有，君子有隆盛的教化却好像没有才德一般。"

曾子制言中第五十五

【题解】

　　此篇记曾子论君子行身尊仁之道，亦曾子所制之言而在中篇，故名。

【原文】

　　曾子曰：“君子进则能达，退则能静。岂贵其能达哉？[1]贵其有功也。岂贵其能静哉？贵其能守也。夫唯进之可攻，退之可守，是故君子进退有二观焉。[2]故君子进则能益上之誉，而损下之忧；不得志，不安贵位，不怀厚禄，负耜而行道，冻饿而守仁，则君子之义也。[3]有知之，则愿也；莫之知，苟吾自知也。[4]

　　“吾不仁其人，虽独也，吾弗亲也。[5]故君子不假贵而取宠，不比誉而取食；直行而取礼，比说而取友；有悦我则愿也，莫我悦苟吾自悦也。[6]故君子无悒悒于贫，无匆匆于贱，无惮惮于不闻。[7]布衣不完，疏食不饱，蓬户穴牖，日孜孜上仁。[8]知我，吾无欣欣；不知我，吾无悒悒。[9]

【注释】

〔1〕达，通达。

〔2〕唯，同"为"，因为。　　观，可观瞻也。

〔3〕负，背。　　耜，农具。　　道，正确的思想主张。　　义，所宜也。

〔4〕愿，望也。

〔5〕仁，以为仁。　　虽，即使。　　独，孤独。　　亲，亲近。

〔6〕假，借也。　　宠，受宠幸。　　比，比较。　　取礼，求合礼也。　　说，所言说。

〔7〕悒悒，忧思貌。　　匆匆，匆忙貌。　　惮惮，恐惧貌。

〔8〕疏食，粗食。　　蓬户，柴门。　　穴，洞。　　牖，窗。孜孜，不懈之貌。　　上，尚也。

〔9〕欣欣，欣喜之貌。

【译文】

曾子说："君子前进就能达，后退就能安。难道是看重他能达吗？不是，是看重他能有功。难道是看重他能安吗？不是，是看重他能守。正因为前进就能达、后退就能守，所以君子进、退中有两处可观的地方。君子前进就能增加上司的荣誉，而减少下属的担忧。不得志，不安居贵位，不怀念厚禄，背着耒耜行路，挨冻受饿而坚守仁道，则是君子的义务。有人知道他，是他的愿望；没有人知道他，他自己知道就行了。

"如果我不认为他是仁人，即使他孤独，我也不亲近。所以君子不借助富贵取宠，不比较名誉取食。正直行事而求合礼法，比较言谈而选朋友；有人喜欢是我的愿望，没人喜欢我就姑且悦己。所以君子贫穷不忧思，低贱不匆忙，不出名不恐惧。哪怕粗布衣服不完整，粗茶淡饭吃不饱，草编的门户挖出的窗，而天天孜孜不倦地以行仁为上。别人知道我，我不欣喜；别人不知道我，我也不忧心。

【原文】

"是以君子直言直行，不宛言而取富，不屈行而取位。[1]仁之见逐，智之见杀，固不难；诎身而为不仁，宛言而为不智，则君子弗为也。[2]君子虽言不受必忠，曰道；虽行不受必忠，曰仁；虽谏不受必忠，曰智。[3]天下无道，循道而行，衡途而偾，手足不掩，四支不被，则此非士之罪也，有士者之羞也。[4]

"是故君子以仁为尊，天下之为富。[5]何为富？则仁为富也。天下之为贵。[6]何为贵？则仁为贵也。昔者舜匹夫也，土地之厚，则得而有之；人徒之众，则得而使之。[7]舜唯以仁得之也。是故君子将悦富贵，必勉于仁也。[8]昔者伯夷、叔齐，仁者也，死于济、浍之间，其仁成名于天下。[9]夫二子者居河、济之间，非有土地之厚、货粟之富也，言为文章，行为表缀于天下。[10]是故君子思仁义，昼则忘食，夜则忘寐，日旦就业，夕而自省，以殁其身，亦可谓守业矣。"[11]

【注释】

〔1〕宛，屈曲、不直。

〔2〕诎，同"屈"。

〔3〕不受，不被接受。　忠，谓尽忠心。　道，谓行正道。

〔4〕无道，谓秩序混乱。　循道，循正道、大道。　衡，同"横"。　途，小道。　偾，僵仆倒地。　掩，埋。　四支，即四肢。　被，覆盖。　有士者，君主也。

〔5〕之为富，谓之富也。

〔6〕之为贵，谓之贵也。

〔7〕匹夫，指平民。　厚，犹广。

〔8〕勉，努力。

〔9〕伯夷、叔齐，殷代孤竹国君之二子，兄弟二人相互让国而出走。济、浍，二水名

〔10〕河、济，黄河、济水。　文章，华美的图案。　表缀，仪

范、楷模。

〔11〕寐,睡觉。　　日旦,天亮。　　就业,谓学习。　　自省,
自我反省。

【译文】

"所以君子直言直行,不曲言求富,不屈行求位。仁人被驱
逐,智者被杀害,本来就很常见;但屈身行不仁,曲言装不智,
则君子不会那样做。君子即使言语不被接受,也一定忠,这叫道;
即使行为不被接受,也一定忠,这叫仁;即使劝谏不被接受,也
一定忠,这叫智。天下失去正道,而自己仍旧循着正道前进,即
使横倒在小路上死掉,手脚不被掩埋,四肢不被覆盖,这些都不
是士自己的罪过,而是士的主人的耻辱。

"所以只要君主以仁为尊,全天下都会让他富。为什么让他
富?因为仁为富。君主以仁为尊,天下就会贵他。为什么贵他?
因为仁为贵。从前,舜本来只是一介平民,后来却拥有了天下所
有的土地和人民,就是用仁得到的。所以君子如果喜欢富贵,就
一定要努力行仁。从前,伯夷和叔齐都是仁者,虽然死在济水和
洺水之间,而他们的仁德却闻名于全天下。那两个人,居住在黄
河与济水之间,并没有广大的土地和丰富的财产与粮食,却能让
自己的言语成为华美的图案,行为成为天下的楷模。所以君子只
要心里想着仁和义,白天忘记吃饭,夜晚忘记睡觉,天一亮就开
始工作,天一黑就自我反省,这样一辈子,也就可以称为能守
业了。"

曾子制言下第五十六

【题解】
　　此篇记曾子论君子行身处世之道，亦曾子所制之言而在下篇，故名。

【原文】
　　曾子曰："天下有道，则君子欣然以交同；天下无道，则衡言不革。[1]诸侯不听，则不干其土；听而不贤，则不践其朝。[2]是以君子不犯禁而入人境，不避患而出危邑，则秉德之士不诒（叛）矣。[3]故君子不诒富贵以为己悦，不乘贫贱以居己尊。[4]凡行不义，则吾不事；不仁，则吾不长。[5]奉相仁义，则吾与之聚群；向尔寇盗，则吾不与虑。[6]国有道，则突若入焉；国无道，则突若出焉，如此之谓义。[7]

【注释】
　　〔1〕道，指正常的社会秩序。　　交同，结交同道。　　衡言，常言。　　革，改变。
　　〔2〕听，谓听其衡言。　　干，犯、临。　　贤，以为贤。　　践，犹入。
　　〔3〕秉，持也。　　诒，当作"叛"，涉后误。

〔4〕乘，欺凌。　　居，处。　　　尊，尊严。

〔5〕事，事奉。　　不长，不以为长上。

〔6〕奉相，犹扶助。　　向尔，即向迩，接近也。

〔7〕突若，即突然，冲突之貌。

【译文】

曾子说："天下有道，君子欢欣地结交同道；天下无道，君子不改常言。诸侯如果不听其常言，就不进他的国土；虽然听但不贤明，就不上朝。所以君子如果不犯禁忌而进入他人国境，不为避患而走出危城，秉持道德的士也就不背叛了。所以君子不把奉承富贵作为自己的喜悦，不欺凌贫贱以居自己的尊贵。凡是行不义的，我就不事奉；不行仁的，我就不尊重。如果扶助仁，我就与他合群；接近盗寇，我就不与他合谋。国家有正道，我就冲突而入；国家无正道，我就冲突而出，这样才叫义。

【原文】

"夫世有义者栽，仁者殆，恭者不入，慎者不见使，正直者则迩于刑，弗违则殆于罪。〔1〕是故君子错在高山之上，深泽之污，聚橡栗藜藿而生食之，耕稼以老十室之邑。〔2〕是故昔者禹见耕者五耦而式，过十室之邑则下，为秉德之士存焉。"〔3〕

【注释】

〔1〕栽，同"灾"，谓遭受灾祸。　　殆，危也。　　恭，谦恭。入，纳也。　　慎者，行身谨慎之人。　　迩，近。　　违，离去。

〔2〕错，藏也。　　污，地形低。　　橡、栗，橡子和栗子，皆高山所产。　　藜、藿，皆湿地所生野菜。　　老，谓终老。　　十室之邑，谓小村落。

〔3〕耦，二人并肩翻地。　　五耦，十人。　　式，俯身手扶车轼，以示敬也。　　秉，持有。

【译文】

"那社会如果是讲义的人遭殃，行仁的人受危，谦恭的人不入，行身谨慎的人不被任用，正直的人不离开就被治罪，君子就会藏在高山之上，或者深泽泥淖之中，采橡子挖野菜为食，一辈子种地当农民，终老在只有近十户人家的小村子里。所以从前大禹看见偶耕翻地的十个人就俯身扶轼，经过只有十户人家的村子就下车步行，因为他知道里面有秉持美德的士。"

曾子疾病第五十七

【题解】
　　此篇记曾子临终对儿子曾元、曾申的遗言，主要讲所谓"君子之务"，包括立身、孝悌、交游等多个方面，篇名取开篇四字。

【原文】

　　曾子疾病，曾元抱首，曾申抱足。[1]

　　曾子曰："微乎！吾无夫颜氏之言，吾何以语汝哉！[2]然而君子之务，尽有之矣。[3]夫华繁而实寡者天也，言多而行寡者人也。鹰鹯以山为卑，而增巢其上；鱼鳖鼋鼍以渊为浅，而蹶穴其中，卒其所以得之者，饵也。[4]是故君子苟无以利害义，则辱何由至哉？[5]

　　"亲戚不悦，不敢外交；近者不亲，不敢求远；小者不审，不敢言大。[6]故人之生也，百岁之中，有疾病焉，有老幼焉，故君子思其不可复者而先施焉。[7]亲戚既殁，虽欲孝，谁为孝？老年耆艾，虽欲悌，谁为悌？[8]故孝有不及，悌有不时，其此之谓与？[9]

【注释】

　　〔1〕疾病，谓病危、病重。　　曾元、曾申，曾参二子。

〔2〕微乎，叹其气息微弱。　　颜氏，指颜渊。

〔3〕务，事。　　尽，全。

〔4〕鹰鹯，老鹰之类。　　鼋鼍，海龟之类。　　渊，深水。蹶，掘也。　　卒，终也。

〔5〕苟，如果。　　何由，即由何。

〔6〕亲戚，指父母。　　审，清楚。

〔7〕百岁，谓在世。　　复，重复。　　施，行也。

〔8〕耆艾，五六十岁的长者。　　悌，敬爱、顺从长者。

〔9〕不及，赶不上。　　不时，失时。

【译文】

　　曾子病危，大儿子曾元抱着头，小儿子曾申抱着脚。曾子给他们说："我气息微弱了！我没有颜氏所讲的那些话，我能告诉你们什么呢？不过有关君子之事，我这里则应有尽有。那花繁而果子少的，是自然现象；言语多而行动少的，是人的表现。老鹰以为山不够高，就在山顶上筑巢；鱼鳖海龟以为深渊太浅，就在里面挖洞。它们最终所得到的，也不过是食物。所以，君子如果不以利害义，那耻辱又从哪里来呢？

　　"父母不喜悦，不敢和外人交往；关系近的人不亲近，不敢求远的；小的不慎审，不敢说大的。人生在世百年之中，有疾病，有老人和孩子，所以君子想那些不可重复的事先做。等父母殁了，即使想行孝，孝谁呢？等到了五六十岁，即使想悌，悌谁呢？所谓行孝有赶不上的，悌有失掉时机的，说的就是这个吧！

【原文】

　　"言不远身，言之主也；行不远身，行之本也。[1]言有主，行有本，谓之有闻矣。[2]君子尊其所闻，则高明矣；行其所闻，则广大矣。[3]高明广大，不在于他，在加之志而已矣。[4]

　　"与君子游，苾乎如入兰芷之室，久而不闻，则与之化矣。[5]与小人游，�// 膱乎如入鲍鱼之次，则与之化矣。[6]是故君子慎其所去就。与君子游如长，日加益而不自知也。[7]与小人游如履薄冰，每履而下，几何而不陷乎哉？[8]吾不见好学而不衰者矣，吾不见好教如食疾子者矣，吾不见日省而月考之其友者矣，吾不见孜孜而求而改者矣！"[9]

【注释】

〔1〕远，脱离。　身，自身。

〔2〕有闻，有所听闻。

〔3〕尊，谓信奉之。　高明，就见解言。　广大，就事业言。

〔4〕加之志，存于心也。

〔5〕游，谓交游、交往。　苾，芬香。　兰、芷，皆香草名。化，谓同化。

〔6〕膱，油肉腐臭。　次，市场。

〔7〕加益，增长、增高。

〔8〕履，践、踩。　下，沉。　几何，几个。　而，能。

〔9〕不见，未见。　衰，减也。　食，喂养。　疾子，患病的孩子。　省，察看。　考，考察。　孜孜，不倦之貌。

【译文】

"说话不脱离自身，因为自身是言语的主人；行动不脱离自身，因为自身是行动的根本。做到言语有主人，行动有根本，就叫做有所听闻了。君子信奉自己所听闻的话，就高明了；做自己所听闻的事，就广大了。要想高明而广大，不在别的，在于记在心里而已。

"与君子交游，那芬香就像进了兰花房，时间久了就闻不出来，被他同化了；与小人交游，那腐臭就像进了鲍鱼市场，也被他同化了。所以，君子要谨慎他所接近的地方。

"与君子交游，就像天天长高，而自己不知道；与小人交游，就像脚踩薄冰，踩一下就沉一下，有几个不陷下去的？我没见过

好学像盛而不衰的，我没见过喜欢教育像喂养病孩子的，我没见
过天天省察而月月考察其朋友的，我没见过孜孜不倦地求着改进
自己的。"

曾子天圆第五十八

【题解】

  此篇记曾子因弟子单居离"天圆地方"之问，而讲天地阴阳以及自然与圣人之道。篇名"天圆"二字，取自单居离所问前二字。

【原文】

  单居离问于曾子曰："天圆而地方者，诚有之乎？"[1]

  曾子曰："离，而闻之云乎？"[2]

  单居离曰："弟子不察，此以敢问也。"[3]

  曾子曰："天之所生上首，地之所生下首。[4]上首谓之圆，下首谓之方。如诚天圆而地方，则是四角之不掩也。[5]

  "且来，吾语汝。[6]参尝闻之夫子曰：'天道曰圆，地道曰方。方曰幽，而圆曰明。明者，吐气者也，是故外景；幽者，含气者也，是故内景。[7]故火日外景，而金水内景。[8]吐气者施，而含气者化，是以阳施而阴化也。[9]阳之精气曰神，阴之精气曰灵。神灵者，品物之本也，而礼乐仁义之祖也，而善否治乱所由兴作也。[10]

阴阳之气各从其所，则静矣。[11]偏则风，俱则雷，交则电，乱则雾，和则雨。[12]阳气胜则散为雨露，阴气胜则凝为霜雪。阳之专气为雹，阴之专气为霰。[13]霰雹者，一气之化也。

【注释】

〔1〕单居离，曾子弟子。　　诚，真。

〔2〕而，同"尔"，你。

〔3〕察，弄清楚。

〔4〕上，在上。　　首，头。　　下，在下。

〔5〕掩，掩盖。

〔6〕语，告诉。

〔7〕尝，曾经。　　夫子，指孔子。　　幽，暗也。　　景，同"影"，照也。

〔8〕火日，火和太阳。　　金水，金属和水。

〔9〕施，向外释放。　　化，自内衍生。

〔10〕品物，众物。　　兴作，产生。　　治，治理得好、有条理。乱，与治相对。

〔11〕从其所，适当其所也。

〔12〕偏，谓偏胜。　　俱，谓俱胜。　　交，谓相交。　　乱，混乱。　　和，调和。

〔13〕专气，专一之气。　　霰，雪珠子。

【译文】

单居离问曾子："天是圆的地是方的，真有那么回事吗？"

曾子说："单居离，你是听人那么说的吧！"

单居离说："是，弟子不清楚，所以敢问。"

曾子说："凡是天所生的头在上，地所生是头在下。头在上的叫做圆，头在下的叫做方。如果真的天是圆的而地是方的，那么地的四角就会掩盖不住。

"你先过来，我告诉你！我曾经听孔夫子说过：'天道叫圆，地道叫方。方的叫暗，而圆的叫明。明是吐气的，所以向外照；

幽者含气的，所以向内照。所以火和太阳向外照，而金属和水向内照。吐气的向外释放，而含气的从内衍生，所以阳施予而阴化生。阳的精气叫神，阴的精气叫灵。神灵，是万物的根本，也是礼乐仁义的始祖，更是人类善恶与社会治乱产生的根源。

"阴阳两气平衡，就平静；偏盛，就刮风；都盛，就打雷；互相盛，就闪电；混乱，就起雾；调和，就下雨。阳气胜，就分散为雨露；阴气胜，就凝结为霜雪。专一的阳气为冰雹，专一的阴气为雪珠。雪珠和冰雹，都是单一之气所化成的。

【原文】

"毛虫毛而后生，羽虫羽而后生。毛羽之虫，阳气之所生也。[1]介虫介而后生，鳞虫鳞而后生。介鳞之虫，阴气之所生也。唯人为倮匈而生也，阴阳之精也。[2]毛虫之精者曰麟，羽虫之精者曰凤，介虫之精者曰龟，鳞虫之精者曰龙，[3]虫之精者曰圣人。[4]龙非风不举，龟非火不兆，凤非梧不栖，麟非薮不止。[5]此皆阴阳之际也。[6]兹四者，所以圣人役之也。[7]是故圣人为天地主，为山川主，为鬼神主，为宗庙主。

【注释】

〔1〕毛虫，长毛的动物。　羽虫，长翅膀的动物。

〔2〕介虫，即甲虫，长甲的动物。　鳞虫，长鳞的动物。

〔3〕倮匈，即倮胸、裸体。

〔4〕虫，动物。　精，灵也。

〔5〕举，高飞。　龟，谓龟甲。　兆，出现兆文。　梧，梧桐树。　栖，停歇。　麟，麒麟。　薮，水少而草木茂盛的湖泽。

〔6〕际，交际、回合。

〔7〕兹，此。　四者，指龙、龟、凤、麟。　役，使也。

【译文】

"长毛的动物长了毛以后才生，长翅膀的动物长了翅膀以后才生。长毛和长翅膀的动物都是阳气所生。长甲的动物长了甲以后才生，长鳞的动物长了鳞以后才生。长甲的动物和长鳞的动物都是阴气所生。只有人是裸体出生，是阴阳的精灵。长毛的动物的精灵叫麒麟，长翅膀的动物的精灵叫凤凰，长甲的动物的精灵叫乌龟，长鳞的动物的精灵叫龙，人的精灵叫圣人。龙没有风不高飞，龟甲没有火不显兆，这些都是阴阳的交际。所有这四种动物，圣人都能役使它们。所以，圣人是天地的主人，是山川的主人，是鬼神的主人，是宗庙的主人。

【原文】

"圣人慎守日月之数，以察星辰之行，以序四时之顺逆，谓之历。[1]截十二管以察八音之上下清浊，谓之律。[2]律居阴而治阳，历居阳而治阴，律历迭相治也，其间不容发。[3]

"圣人立五礼以为民望，制五衰以别亲疏；和五声以导民气，合五味之调以察民情；正五色之位，成五谷之名，序五牲之先后贵贱。[4]诸侯之祭，牲牛，曰太牢；大夫之祭，牲羊，曰少牢；士之祭，牲特豕，曰馈食。[5]无禄者稷馈，稷馈者无尸，无尸者厌也。[6]宗庙曰刍豢，山川曰牺牷。[7]割列禳瘗，是有五牲。[8]

"此之谓品物之本、礼乐之祖、善恶治乱之所由兴作也。"[9]

【注释】

〔1〕守，守候。　数，数目。　行，运行。　序，序排。　历，历法。

〔2〕察，谓弄清楚。　　八音，金、石、丝、竹、匏、土、革、木八种材质的乐器所发的声音。　　上下，高低。　　律，定音候气的仪器。

〔3〕居，处也。　　治，治理、管理。　　迭，交替。　　发，谓头发丝。

〔4〕五礼，包括吉礼、凶礼、宾礼、军礼、嘉礼。　　望，所瞻望。衰，音崔，差也。　　五衰，所谓斩衰、齐衰、大功、小功、缌麻五等亲属。　　五声，宫、商、角、徵、羽五个音阶。　　气，风气。五味，酸、苦、甘、辛、咸也。　　五色，青、赤、白、黑、黄也。五谷，黍、稷、麻、麦、菽也。　　序，按序排列。　　五牲，牛、羊、豕、犬、鸡也。

〔5〕牲，牺牲。　　特，独也。　　馈，送也。　　太牢、少牢、特豕、馈食，皆祭礼名。

〔6〕无禄者，普通百姓也。　　稷馈，不用牲也。　　尸，受祭的替身。　　厌，饱也。

〔7〕宗庙、山川，皆指其祭礼。　　曰，用。　　刍，指食草者。豢，豢养，人所饲养者。　　牺，牺牲。　　牷，全牲。

〔8〕禳，除恶之祭。　　瘞，埋牲而祭。

〔9〕本，根本。　　祖，所从出者。　　治，治理得好、有条理。乱，与治相对。

【译文】

　　"圣人谨慎地守候着月日的数次，以观察星辰的运行，以序排四季的顺序，叫做历。又截出十二根长短不同的竹管，以细察八音的高低清浊，叫做律。律属阴就治阳，历属阳就治阴，以求平衡。所以律与历交相治理，紧密衔接，中间没有一根头发丝的空隙。

　　"圣人制定五礼作为人所瞻望的东西，设制五服以区别人的亲疏，调和五声以引导人的风气，调合五味以观察民情；还正定五色的方位，确定五谷的名称，序排牛、羊、豕、犬、鸡五牲的先后贵贱。诸侯的祭祀用牛做牺牲，叫太牢；大夫的祭祀用羊做牺牲，叫少牢；士的祭祀用一只猪做牺牲，叫馈食；没有俸禄的人的祭祀没有牺牲，只用粮食做供品。只用粮食做供品的祭祀没有受祭的替身。没有受祭替身的祭祀叫"厌"，意思是凭鬼神自己吃饱。祭宗庙的牺牲叫刍豢，祭山川的牺牲叫牺牷。除恶的祭祀割列牲肉瘗埋，可以五牲全用。

　　"所以说神灵是万物的根本，礼乐仁义的祖宗，人类善恶与社会治乱产生的根源。"

卷六

武王践阼第五十九

【题解】

此篇记周武王即位三日而求教，太师姜尚为授丹书，武王因此而作戒书，以及戒书的具体内容，疑是后人伪托，篇名取开篇四字。

【原文】

武王践阼三日，召士大夫而问焉，曰："恶有藏之约、行之行，万世可以为子孙常者乎？"[1]诸大夫对曰："未得闻也！"然后召师尚父而问焉，曰："黄帝、颛顼之道存乎？意亦忽不可得见与？"[2]师尚父曰："在丹书，王欲闻之，则齐矣！"[3]

【注释】

〔1〕践阼，谓即位。　恶，音务，哪里。　约，简约。　行之行，后"行"谓通。

〔2〕师尚父，太师姜尚，父音辅，尊称。　黄帝、颛顼，五帝之二。　道，谓治国之道。　意，借为"抑"，还是。　忽，灭也。

〔3〕丹书，朱笔所书写的册书。　齐，同"斋"，沐浴而整洁身心。

【译文】

周武王即位第三天，召集士大夫问他们："哪里有藏起来简单、用起来流通，子孙万代可以常用的东西呢?"士大夫们回答说:"没有听说过!"随后又召太师姜尚而问他:"从前黄帝、颛顼的治国之道还留存着吗? 还是已经灭失不能见到了?"太师姜尚回答说:"在丹书中，大王如果想听它，就先斋戒!"

【原文】

　　王齐三日，端冕。[1]师尚父亦端冕，奉书而入，负屏而立。[2]王下堂，南面而立。师尚父曰:"先王之道，不北面!"[3]王西行，折而南，东面而立。[4]师尚父西面道书之言，曰:"敬胜怠者吉，怠胜敬者灭;义胜欲者从，欲胜义者凶。[5]凡事不强则枉，弗敬则不正。[6]枉者灭废，正者万世。[7]藏之约、行之行、可以为子孙常者，此言之谓也。且臣闻之，以仁得之，以仁守之，其量百世;以不仁得之，以仁守之，其量十世。[8]以不仁得之，以不仁守之，必及其世。"[9]

【注释】

　　[1]端冕，冕冠名。
　　[2]书，即前所谓丹书。　　负，背靠。　　屏，门内小墙。
　　[3]不北面，谓不面朝北授书。
　　[4]折，转也。
　　[5]道，讲也。　　敬，认真。　　怠，懈怠。　　吉，祥也。义，宜也。　　欲，个人欲望。　　从，顺也。　　凶，有灾祸。
　　[6]强，用力。　　枉，曲也。
　　[7]灭废，灭失或废止。
　　[8]量，数也。　　世，代。
　　[9]及，至也。

【译文】

武王斋戒了三天，戴着端冕上堂。太师姜尚也戴着端冕，捧着丹书走进王宫，背靠门屏站立。武王走下大堂，面朝南站立。太师姜尚说："这是先王的治国方略，你不能面朝南而听！"武王先向西，又折向南，然后转身面朝东站立，太师姜尚面朝西讲解丹书里的话说："认真胜过懈怠的吉祥，懈怠胜过认真的灭亡；合宜胜过欲望的顺利，欲望胜过合宜的凶险。做事，不用力就不直，不认真就不正。不直的会很快废灭，而正的会传承万代。藏起来简单、用起来流通，子孙万代可以做为常用的东西，指的就是这些话！而且臣下我还听说，以仁爱得到它，以仁爱守护它，可以传承一百代；以不仁得到它，以仁爱守护它，可以传承十代；以不仁得到它，以不仁守护它，必定当代灭亡。"

【原文】

王闻书之言，惕若恐惧，退而为戒书。[1]于席之四端为铭焉，于几为铭焉，于鉴为铭焉，于盥盘为铭焉，于楹为铭焉，于杖为铭焉，于带为铭焉，于履屦为铭焉，于觞豆为铭焉，于户为铭焉，于牖为铭焉，于剑为铭焉，于弓为铭焉，于矛为铭焉。[2]

席前左端之铭曰："安乐必敬"；前右端之铭曰："无行可悔"；后左端之铭曰："一反一侧，亦不可以忘"；后右端之铭曰："所监不远，视尔所代。"[3]

几之铭曰："皇皇惟敬！口口生敬，口口戕口。"[4]

鉴之铭曰："见尔前，虑尔后。"

盥盘之铭曰："与其溺于人也，宁溺于渊。[5]溺于渊犹可游也，溺于人不可救也。"

楹之铭曰："毋曰胡残，其祸将然；毋曰胡害，其祸将大；毋曰胡伤，其祸将长。"[6]

杖之铭曰："恶乎危？于忿疐。恶乎失道？于嗜欲。恶乎相忘？于富贵。"〔7〕

【注释】

〔1〕惕若，警惕貌。

〔2〕席，坐卧的席子。 铭，铭文。 几，小矮桌。 鉴，盛水以照人的铜盆。 盥盘，盥洗的铜盆。 楹，达柱。 带，衣带。 履屦，鞋子。 觞，饮酒器。 豆，盛放食物的高脚瓦器。 户，门。 牖，窗。

〔3〕敬，谓敬慎。 监，借鉴。 尔，你。 代，替代。

〔4〕皇皇，同"惶惶"，警惧貌。 戕，杀、灭，与"生"相对。

〔5〕溺，溺水、沉溺。 渊，深渊。

〔6〕毋，不要。 胡，何也。 残，伤也。 然，成也。长，增长。

〔7〕杖，老者所扶持的手杖。 恶乎，在哪里。 危，危险。忿疐，愤怒。 失道，迷失正道。 嗜欲，贪欲。

【译文】

武王听了丹书里的话，显得十分恐惧，退朝后作成戒书，分别在坐席的四端、在茶几上面、在盛水照人的铜盆上面、在盥洗的铜盘上、在柱子上、在手杖上、在腰里系的大带上、在鞋子上、在酒杯和瓦豆上、在门上、在窗户上、在刀剑上、在弓箭上、在长矛上，都作了铭文。

坐席左前端的铭文说："安乐必须敬慎"；右前端的铭文说："没有后悔药"；左前端的铭文说："转身不能忘"；右前端的铭文说："可鉴并不远，就看你取代的殷商。"

茶几上的铭文说："惶惶恭敬。口口生敬，口口灭敬。"

盛水照人的铜盆上的铭文说："看见你前面，考虑你后面。"

盥洗的铜盘上的铭文说："与其溺人海，不如溺深渊。深渊还可游，人海不可救。"

柱子上的铭文说："莫说有何残，祸患将出现。莫说有何害，祸患将长大。莫说有何伤，祸患将延长。"

手杖上的铭文说："哪里有危险？在愤怒中。哪里失正道？在贪欲里。哪里相忘记？在富贵时。"

【原文】

带之铭曰："火灭修容，慎戒必恭，恭则寿。"[1]

履屦之铭曰："慎之劳，劳则富。戒之憍，憍则逸"[2]

筋豆之铭曰："饮自杖，食自杖。"[3]

户之铭曰："夫名，难得而易失。无懃弗志，而曰我知之乎？无勤弗及，而曰我杖之乎？扰阻以泥之，若风将至，必先摇摇，虽有圣人，不能为谋。"[4]

牖之铭曰："随天之时，以地之财。敬祀皇天，敬（礼）以先时。"[5]

剑之铭曰："带之以为服，动必行德。行德则兴，倍德则崩。"[6]

弓之铭曰："屈伸之义，废兴之行，无忘自过。"[7]

矛之铭曰："造矛造矛，少间弗忍，终身之羞。"[8]

予一人所闻，以戒后世子孙。[9]

【注释】

〔1〕火灭，犹熄灯。　　修容，谓起床、打扮。　　慎，谨慎。戒，戒备。

〔2〕之，犹"其"。　　劳，劳动、勤劳。　　富，富裕。　　憍，骄泰。　　逸，安逸。

〔3〕杖，同"丈"，量也。

〔4〕名，谓好名声。　　懃，同"勤"，勤奋、努力。　　志，记也。　　而，同"能"。　　及，赶上。　　杖，持也。　　扰阻，谓严密堵塞。　　泥，用泥涂封。　　摇摇，摇晃貌。

〔5〕以，用也。　　礼，谓行礼、举行礼仪。　　先时，提前也。

〔6〕带，佩带。　　服，服饰。　　行德，行有德之事。　　倍，同"背"。　　崩，崩溃。

〔7〕屈伸，指弓弦说。　　义，宜。　　废兴，指用弓说。　　自过，自我所致过错。

〔8〕造，借为"操"，持也。　　少间，犹片刻。　　羞，耻也。

〔9〕一人，犹个人。

【译文】

　　衣带上的铭文说："熄灯、起床，慎戒必恭，恭就长寿。"

　　鞋子上的铭文说："谨慎辛劳，辛劳就富。戒除骄泰，泰就安逸。"

　　酒杯和瓦豆上的铭文说："饮酒自量，吃饭自量！"

　　门上的铭文说："美名难得而易失。没有勤奋不被记的，能说我知道？没有勤奋赶不上的，能说我独有？严密堵塞泥上它，就像大风将要来，必定预先摇晃晃，即使有圣人，不能为谋划。"

　　窗户上的铭文说："顺应天时，用地所产。敬祀皇天，提前行礼。"

　　剑上的铭文说："带它做服饰，动它必行德。行德就会兴，背德就会崩。"

　　弓上的铭文说："屈伸适宜，发射与否，莫忘自误。"

　　矛上的铭文说："造矛造矛，片刻不忍，终身蒙羞。"

　　武王说："这些都是我听说的，用来警告后世子孙。"

卫将军文子第六十

【题解】

此篇记卫将军文子问子贡孔子弟子谁为贤，而子贡作答之辞，篇名取开篇五字。

【原文】

卫将军文子问于子贡曰："吾闻夫子之施教也，先以《诗》《书》，导之以孝悌，说之以仁义，观之以礼乐，成之以文德。盖受教者七十有余人，闻之孰为贤也?"[1]

子贡对，辞以不知。

文子曰："吾子学焉，何谓不知也?"

子贡对曰："贤人无妄，知贤则难。故君子曰：'知莫难于知人。'此以难也。"[2]

文子曰："若夫知贤，人莫不难。吾子亲游焉，是敢问也。"[3]

子贡对曰："夫子之门人，盖三就焉。[4]赐有逮及焉，有未及焉，不得辩知也。"[5]

【注释】

〔1〕导，引导。　　说，讲说。　　成，成就、完成。　　文德，

艺文。　　盖，大概。　　孰，谁。

〔2〕无妄，不妄动。

〔3〕游，交游。

〔4〕三，谓多次。　　就，就近、到学。

〔5〕赐，子贡名。　　逮及，即及、赶上。　　辩，借为"遍"，全部。

【译文】

卫国的将军文子问子贡说："我听说孔夫子施教的时候，先教《诗》《书》，再用孝悌引导，然后用仁义讲解，最后观察不同的弟子，用文德成就他们。受教的大概有七十多人，你听说谁最贤明？"

子贡回答，推辞不知道。

文子说："您在那里学习，怎么能说不知道？"

子贡回答说："贤人不妄动，知贤就难，所以君子说：'没有比知人更难的。'所以很难。"

文子说："至于说一般知贤，没有人不难的；而您亲自跟他们交游，所以敢问。"

子贡回答说："孔夫子的门人，大概是分多次入学的；而我有赶上的，也有未能赶上的，所以不能全部知道。"

【原文】

文子曰："吾子之所及，请问其行也？"〔1〕

子贡对曰："夙兴夜寐，讽《诗》崇礼，行不贰过，称言不苟，是颜渊之行也。〔2〕孔子说之以《诗》云：'媚兹一人，应侯顺德。永言孝思，孝思惟则。'〔3〕故国一逢有德之君，世受显命，不失厥名，以御于天子。〔4〕以申之。〔5〕

"在贫如客，使其臣如藉；不迁怒，不探怨，不录旧罪,是冉雍之行也。[6]孔子曰:'有土君子,有众使也,有刑用也,然后怒;匹夫之怒,惟以亡其身。[7]《诗》云:"靡不有初,鲜克有终。"'[8]以告之。

"不畏强御,不侮矜寡。其言曰:'性都其富,哉任其戎。'是仲由之行也。[9]夫子未知以文也。《诗》云:'受小共大共,为下国恂蒙。何天之宠,傅奏其勇。'[10]夫强乎武哉,文不胜其质。"

【注释】

〔1〕行,谓行为。

〔2〕夙,早。 兴,起。 夜,晚。 寐,睡。 讽,诵。 崇,尊崇。 贰,重复。 称言,讲话。 苟,苟且、随便。

〔3〕说,评说。 媚,爱也。 兹,此。 一人,指武王。应侯,武王之子,封于应。 思,借为"嗣",继也。 则,原则、准则。 按此《诗经·大雅·下武》四章句,"孝思惟则"在三章。

〔4〕显,明也。 厥,其。 御,侍奉、用。

〔5〕申,告诫。

〔6〕如客,形容庄敬。 臣,仆人。 藉,同"借"。 迁,迁移、转移。 探,打探。 录,记也。

〔7〕惟,只。 亡,灭。

〔8〕靡,无。 初,开始。 鲜,少。 克,能。 按此《诗经·大雅·荡》首章之句。

〔9〕强御,强暴之人。 矜,即鳏,老而无妻之人。 寡,老而无夫之人。 性,借为"生"。 都,借为"储"。 哉,借为"财"。 戎,兵器。 仲由,即子路。

〔10〕共,借为"珙",玉璧。 恂,信。 蒙,覆。 宠,荣。 傅,同"敷",普。 奏,进、施展。 按此《诗经·大雅·长发》五章之句。

【译文】

文子说:"您所赶上的,请问他们的行为?"

子贡回答说："早起晚睡，诵《诗》崇礼，同样的错误不犯第二次，不随便乱说话，这是颜渊的行为。孔子引《诗》形容他：'"爱这王一人，应侯顺其德。永远讲孝道，孝道做法则。"所以国家一逢有德的君主，就会世代受显命，不失其美名，以御用于天子。'以告诫他。

"身在贫困之中而庄敬如客，使唤他的下属如借用；不迁转怒气，不打探怨恨，不记旧罪，这是冉雍的行为。孔子说：'有领土的君子，有众人可使，有刑罚可用，然后才怒；平民的怒，只会灭亡自身。《诗经》里说：无不有其初，很少能有终。'以告诫他。

"不畏强暴，不侮鳏寡。可以说是一生储其财富，用其兵器。这是仲由的行为。孔夫子没有用文辞形容他。《诗经》里说：'颁受大小璧，覆盖天下国。蒙受上天宠，全都进其勇。'可算是能强于武了，而文却不胜其质。

【原文】

"恭老恤孤，不忘宾旅，好学省物而勤，是冉求之行也。[1]孔子因而语之曰：'好学则智，恤孤则惠，恭老则近礼，克笃恭以天下。'[2]其称之也，宜为国老。

"志通而好礼，摈相两君之事，笃雅其有礼节，是公西赤之行也。[3]孔子曰：'礼仪三百，可勉能也；威仪三千，则难也。'[4]公西赤问曰：'何谓也?'孔子曰：'貌以摈礼，礼以摈辞，是之谓也。'[5]主人闻之以成。[6]孔子之语人也，曰：'当宾客之事则通矣。'[7]谓门人曰：'二三子欲学宾客之事者，于赤也。'

"满而不满，实如虚，过之如不及，先生难之；不学其貌，竟其德，敦其言，于人也无所不信；其桥大人也，常以皓皓，是以眉寿，是曾参之行也。[8]孔子曰：'孝，德之始也；悌，德之序也；信，德之厚也；忠，德之正也。参也，中夫四德者矣哉！'[9]以此称之也。

"美功不伐，贵位不喜，不侮可侮，不佚可佚，不
敖无告，是颛孙师之行也。[10]孔子言之曰：'其不伐则
犹可能也，其不弊百姓则仁也。[11]《诗》云："恺悌君
子，民之父母。"'[12]夫子以其仁为大也。

【注释】

〔1〕恭，敬。恤，抚恤。　　不忘，顾念也。　　省，察。　　懃，
同"勤"，勤奋。

〔2〕克，能。　　笃，厚。　　恭，敬。　　以，同"于"。

〔3〕志，心志。　　通，达。　　摈相，即傧相，赞礼者。　　笃
雅，不俗。

〔4〕礼仪，各种典礼仪式。　　勉，勉强。　　威仪，个人行身
之仪。

〔5〕貌，形貌、动作。　　摈，赞、辅助。　　辞，言辞。

〔6〕主人，谓公西赤。　　成，谓成其貌与礼。

〔7〕当，面对。　　通，通达。

〔8〕难，不易也。　　学，习也。　　竟，争也。　　德，德行。
敦，厚也。　　桥，同"娇"，撒娇。　　大人，指其父。　　皓皓，
明洁之貌，形容年轻。　　眉寿，长寿，指其父言。　　序，次序。

〔9〕中，合也。　　夫，此也。

〔10〕伐，自夸。　　佚，借为"轶"，越过。　　敖，同"傲"，
傲慢。　　无告，无所求告之人。

〔11〕弊，谓困顿之。

〔12〕恺悌，和乐简易。　　按此《诗经·大雅·泂酌》首章句。

【译文】

"尊敬老人、抚恤孤儿、顾念宾客，好学察物而勤奋，这是冉
求的行为。孔子因此而说他：'好学就有知识，恤孤就是慈惠，敬
老就接近礼，能受天下人厚爱。'称呼他，应该叫国老。

"心志通达而喜欢礼，能做两君相会的赞礼者，文雅不俗而有

礼节，这是公西赤的行为。孔子说：'大的礼仪三百条，可以努力全部做到；个人行为的小礼仪三千条，很难全都做到。'公西赤问他：'什么意思？'孔子说：'因为形貌可以辅助礼，礼可辅助言辞，就是这个意思。'公西赤听到后，完成了其形貌与礼的结合。孔子告诉外人的时候说：'面对宾客的事全通达了。'又告诉门人说：'你们有想学宾客之事的，就去公西赤那里。'

"满了而不自满，充实而如空虚，超过了如同没达到，先生也不容易做到。不学别人的外貌，而争其德行，敦厚其言辞；对人，没有不相信的；而在其父亲跟前撒娇，常以皓洁年轻，所以他的父亲长寿，这是曾参的行为。孔子曰：'孝，代表道德的开始；悌，代表德行的次序；诚信，代表德行的厚重；忠诚，代表德行的正当。曾参，合乎这四德了啊！'用这话称颂他。

"有大功不自夸，得高位不自喜；不欺侮可以欺侮的人，不越过可以越过的人；在无所求告之人面前不自傲，这是颛孙师的行为。孔子说他：'其不自夸尚且还能做到，其不困顿百姓则是仁爱。《诗经》里说："平易近人的君子，如同百姓的父母。"'老先生以他的仁德为大。

【原文】

"学以深，厉以断；送迎必敬，上友下交，银乎如断，是卜商之行也。[1]孔子曰：'《诗》云"式夷式已，无小人殆。'[2]而商也其可谓不险也。[3]

"贵之不喜，贱之不怒；苟于民利矣，廉于行己；其事上也，以佐其下，是澹台灭明之行也。[4]孔子曰：'独贵独富，君子耻之。'夫也中之矣。[5]

"先成其虑，及事而用之，是故不妄，是言偃之行也。[6]孔子曰：'欲能则学，欲知则问，欲善则详，欲给则豫。'当是如行，偃也得之矣。[7]

"独居思仁，公言言义；其闻《诗》也，一日三复

'白圭之玷',是南宫绦之行也。[8]夫子信其仁,以为异姓。[9]

【注释】

〔1〕以,同"而"。　　厉,严厉。　　断,果断。　　友、交,皆动词。　　垠,借为"垠",界限。

〔2〕式,用。　　夷,平。　　式已,犹则已。　　殆,危。按此《诗经·小雅·节南山》四章之句。

〔3〕险,危险。

〔4〕苟,如果。　　廉于行己,不贪也。　　佐,助也。

〔5〕夫,犹他。　　中,合也。

〔6〕成,完成。　　妄,胡乱行动。

〔7〕详,详审。　　给,供给。　　豫,同"预",提前预备。当是,谓恰当、合宜。　　如,同"而"。

〔8〕公,谓在公。　　闻,谓知。　　复,重复。　　白圭之玷,《诗经·大雅·抑》五章之句。原诗曰:"白圭之玷,尚可磨也;斯言之玷,不可为也。"意思是叫人说话要谨慎。　　南宫绦,即《论语》中之南容。《论语·先进》:"南宫三复'白圭之玷',孔子以其兄之子妻之。"

〔9〕异姓,姻亲也。

【译文】

"学习而深入,严厉而果断,送往迎来必定恭敬;与地位高的人为友,与地位低的人相交,界限分明,这是卜商的行为。孔子说:'《诗》云:"心平就可以,莫把小人危。"'卜商可谓不危了。

"你看重他他不欢喜,你贬低他他不生气;只要对百姓有利,他自己本人廉洁;事奉上级,以帮助他的下属,这是澹台灭明的行为。孔子曰:'个人独自富贵,君子以为耻辱。'澹台灭明算合乎这个了。

"事先完成他的谋虑,到了有事就用它,所以不妄为,这是言偃的行为。孔子说:'想要会做就学,想要知道就问,想要把事做

好就详审，想要有所供给就预备.'恰当地做事，言偃算是做
到了。

　　"一个人独居就想仁，在公共场合讲话就讲义；他懂得《诗
经》，一天多次重复'白圭之玷，尚可磨也；斯言之玷，不可为
也'的句子以警戒自己，这是南宫绦的行为。孔子相信他的仁德，
就把侄女嫁给了他。

【原文】

　　"自见孔子，入户未尝越屦，往来过人不履影；开
蛰不杀，方长不折；执亲之丧，未尝见齿，是高柴的行
为。[1]孔子曰：'高柴执亲之丧，则难能也；开蛰不杀，
则顺天道也；方长不折，则恕也，恕则仁也。汤恭以
恕，是以日跻也.'[2]此赐之所亲睹也，吾子有命而讯，
赐则不足以知贤."[3]

　　文子曰："吾闻之也，国有道则贤人兴焉，中人用
焉，百姓归焉。[4]若吾子之语审茂，则一诸侯之相也，
亦未逢明君也."[5]

【注释】

　　[1]越，跨越。　　屦，鞋子。　　履，踩踏。　　开，启、动。
蛰，冬眠的动物。　　方，正在。　　折，攀折。　　执，执行，服。
亲，父母。　　未尝见齿，不言笑也。

　　[2]恕，以自己之心推他人之心。　　汤，商王成汤。　　跻，升
也。《诗经·商颂·长发》："汤降不迟，圣敬日跻。"

　　[3]讯，问。　　赐，子贡字。

　　[4]中人，中正无邪之人。

　　[5]吾子，对人的尊称，犹今日称"您"。　　审，审慎。　　茂，
美也。　　相，辅助国君的人，即后世所谓宰相、丞相。

【译文】

"自从见了孔子,进门就再也没有跨越过别人的鞋子,走路经过人再也不踩人的影子;冬眠的动物苏醒后不杀,正在生长的草木不折;给父母服丧期间,从未看见过他的牙齿,这是高柴的行为。孔子说:'高柴给父母服丧的行为难以做到,而冬眠的动物苏醒后不杀则是天道。正在生长的草木不折,则属于以自己之心推他人之心的恕,恕就是仁;商汤谦恭而能恕,所以天天向上。'这些是我所亲眼所见的,因为您有命而讯问,我实在不足以知贤。"

文子说:"我听说过,一个国家有正确的指导思想和治理方法,贤人就会在那里兴起,中正无邪的人就会在那里被任用,老百姓就会归往那里。像您讲的那样审慎茂美,完全是一个诸侯国相的水平,只是未能碰上明君。"

【原文】

子贡既与卫将军文子言,适鲁,见孔子曰:"卫将军问二三子之行于赐也,不一而三。赐也辞不获命,以所见者对矣,未知中否,请尝以告。"〔1〕

孔子曰:"言之。"子贡以其质告。〔2〕

孔子既闻之,笑曰:"赐,汝伟为知人,赐!"〔3〕

子贡对曰:"赐也焉能知人,此赐之所亲睹也。"〔4〕

孔子曰:"是汝所亲也。〔5〕吾语汝耳之所未闻,目之所未见,思之所未至,智之所未及者乎。"

【注释】

〔1〕适,往。 二三子,犹称几位。 不一而三,一再也。尝,尝试。

〔2〕质,要点。

〔3〕伟,大、太。 知,了解。

〔4〕睹,见也。

〔5〕是，此、这些。

【译文】

子贡给卫国将军文子讲过之后，去到鲁国，见了孔子给他说："卫国的将军文子向我打问您那些弟子们的行为，而且一再地问，我推辞不过，就以我所见的那些回答了，不知道是否恰当，请您指点。"

孔子说："你先说说你怎么说的。"子贡把要点告诉了孔子。

孔子听完后笑着说："端木赐啊端木赐，你太能知人了！"

子贡回答说："我哪里能知人，这都是我亲眼所见。"

孔子说："这些是你亲眼所见，我再告诉你耳朵没有听过，眼睛没有见过，而且思虑没有到达，智慧未能达到的吧。"

【原文】

子贡曰："赐得，则愿闻之也。"〔1〕

孔子曰："不克不忌，不念旧恶，盖伯夷、叔齐之行也。〔2〕晋平公问于祁徯曰：'羊舌大夫，晋国之良大夫也，其行如何？'〔3〕祁徯对，辞曰：'不知也。'公曰：'吾闻汝少长乎其所，汝其阉知之。'〔4〕祁徯对曰：'其幼也恭而逊，耻而不使其过宿也；其为候大夫也悉善而谦，其端也。其为公车尉也，信而好直，其功也。至于其为和容也，温良而好礼，博闻而时出，其志也。'〔5〕公曰：'向者问汝，汝何曰弗知也？'祁徯对曰：'每位改变，未知所止，是以不知。'〔6〕盖羊舌大夫之行也。

"畏天而敬人，服义而行信，孝乎父而恭于兄，好从善而教往，盖赵文子之行也。〔7〕

"其事君也不敢爱其死，然亦不忘其身，谋其身不遗其友，君陈则进，不陈则行而退，盖随武子之行也。[8]

"其为人之渊泉也，多闻而难诞也；不内辞，足以没世；国家有道，其言足以兴；国家无道，其默足以容，盖桐提伯华之行也。[9]

【注释】

〔1〕得，可能。

〔2〕克，胜。　忌，同"嫉"，妒也。　伯夷、叔齐，商末孤竹国君之二子，二人让国之事世知，不念旧恶之事则未闻。

〔3〕晋平公，春秋时晋国国君，悼公之子，名彪。　祁傒，晋大夫祁午之父。　羊舌大夫，名肸，羊舌职之父。

〔4〕阉，借为"奄"，全部。

〔5〕耻，以为耻辱的过错。　宿，夜也。　悉，全部。　谦，敬也。　端，开端。　公车尉，掌公车者。　信，诚信。　直，正直无邪。　和容，官名。　时，时时、经常。　志，主意。

〔6〕每，每每、多次。　止，终止。

〔7〕服，事也。　教，同"效"，效法。　赵文子，晋大夫赵武。

〔8〕爱，爱惜。　遗，忘记。　陈，列也，谓列于班。　随武子，晋大夫范会。

〔9〕渊泉，形容深沉。　诞，欺骗。　内，读为"纳"，接受。　辞，言辞、闲话。　没世，终老。　兴，容，容身。　桐提伯华，即羊舌赤，桐提为其邑，伯华谓其字。

【译文】

子贡说："如果可能，我希望听到。"

孔子说："不求胜、不忌妒、不记旧仇，大概是伯夷、叔齐的行为。晋平公曾问祁傒说：'羊舌肸大夫，是晋国的好大夫，他的行为怎么样？'祁傒推辞说：'不知道。'晋平公说：'我听说你从小在他府里长大，你应该全都知道。'祁傒只好回答说：'他小时候谦恭有礼，丢人的事不用等到第二天就改正；他做候任大夫的时候，一切都做得好，而且很谦虚，只是其开端。他做公车尉的时候，讲诚信而喜欢正直，这是他的功劳。到了他做和容的时候，性格温良而喜欢礼，见识广博而且应对及时，这是他的志向。'晋平公说：'刚才问你，你怎么说不知道呢?'祁傒回答说：'因为他地位多次改变，我未能知道他所终止的地方，所以说不知道。'这大概就是羊舌肸大夫的行为。

"畏惧天而尊敬人，做义事而行忠信，孝父母而顺兄长，好从善而效法以往，大概是赵文子的行为。

"事奉君主既不敢惜死，又不忘自身，谋自身不遗忘朋友，君主用他他就进，不用他他就行而退，大概是随武子的行为。

"为人深沉，见识广博，难以受骗；不听闲话，足以终老；国家秩序正常，他说话足以发达自身；国家秩序不正常，他沉默足以包容自身，大概是桐提伯华的行为。

【原文】

"外宽而内直，自设于隐栝之中，直己而不直于人，以善存，亡汲汲，盖蘧伯玉之行也。[1]

"孝老慈幼，允德稟(秉)义，约货去怨，盖柳下惠之行也。[2]

"其言曰：君虽不量于臣，臣不可以不量于君，是故君择臣而使之，臣择君而事之，有道顺君，无道横命，盖晏平仲之行也。[3]

"德恭而行信，终日言不在尤之内，在尤之外，贫而乐也，盖老莱子之行也。[4]

"易行以俟天命，居下位而不援其上，观于四方也不忘其亲，苟思其亲不尽其乐，以不能学为己终身之忧，盖介山子推之行也。"[5]

【注释】

〔1〕隐栝，正曲木之木，以比正身之器。　　亡，无也。　　汲汲，急切之貌。

〔2〕允，用也。　　稟，当是"秉"字之误，秉，持也。　　约，俭约。　　货，财利。

〔3〕量，衡量。　　横，不从也。

〔4〕恭，谦敬。　　信，诚信。　　尤，指责。

〔5〕易，简易。　　俟，等待。　　援，攀援，以为助也。　　观，出观游览。　　亲，父母。　　介山子推，即介子推。

【译文】

"外宽内直，自己给自己设定正身的规范，正自己而不正别人；以善存身，没有急切的追求，大概是蘧伯玉的行为。

"孝敬老人，慈爱幼儿，应用道德，秉持正义，俭约财利，去除怨恨，大概是柳下惠的行为。

"他说：'君虽不衡量臣，臣不可以不衡量君，所以君择臣而使，臣也择君而事。君有道就顺从，君无道就抗命。'这是晏平仲的行为。

"德性谦敬而行为诚信，一整天讲话一句都不在被人指责的范围之内，而在被人指责的范围之外，贫穷而快乐，大概是老莱子的行为。

"以简易行身而等待天命，身居下位而不攀上司；出游四方而不忘父母，一旦想念父母就不尽情欢乐，又以不能学习为自己一辈子的忧愁，大概是介子推的行为。"

卷七

五帝德第六十二

【题解】

　　此篇记宰我问孔子五帝之事而孔子详细回答，重点讲其德行，故名。按第六十一篇阙，盖亦《礼记》所有，故未重。

【原文】

　　宰我问于孔子曰："昔者予闻诸荣伊，言黄帝三百年。[1]请问黄帝者人邪？亦非人邪？何以至于三百年乎？"

　　孔子曰："予，禹、汤、文、武、成王、周公，可胜观邪？[2]夫黄帝尚矣，汝何以为？[3]先生难言之。"[4]

【注释】

　　[1]荣伊，人名。　　按黄帝为氏族帝号，世代延续，故有三百年。
　　[2]予，孔子弟子宰我名，字我。　　胜，尽。
　　[3]黄帝，五帝之首。　　尚，上、远。
　　[4]先生，老人教学者。

【译文】

　　宰我问孔子说："从前我从荣伊那里听说，黄帝活了三百年。请问黄帝是人呢？还不是人？为什么能活三百年？"

　　孔子说："宰予，大禹、商汤、周文王、武王、成王、周公，这些都可以观看！那黄帝太遥远了，你为什么非要问他？老先生都很难讲清楚。"

【原文】

宰我曰："上世之传，隐微之说，卒业之辨，阍忽之意，非君子之道也，则予之问也固矣。"〔1〕

孔子曰："黄帝，少典之子也，曰轩辕。〔2〕生而神灵，弱而能言，幼而慧齐，长而敦敏，成而聪明。〔3〕治五气，设五量，抚万民，度四方；教熊罴貔豹虎，以与炎帝战于版泉之野，三战然后得行其志。〔4〕黄帝黼黻衣，大带黼裳，乘龙扆云，以顺天地之纪，幽明之故，死生之说，存亡之难。〔5〕时播百谷草木，淳化鸟兽昆虫，历离日月星辰；极畋（攻）土石金玉，劳勤心力耳目，节用水火材物。〔6〕生而民得其利百年，死而民畏其神百年，亡而民用其教百年，故曰三百年。"

【注释】

〔1〕卒，终；业，事。　卒业，形容长时间。　辨，争也。阍忽，昏暗不明。　固，应该。

〔2〕少典，古氏族名。《史记索隐》："少典者，诸侯国号，非人名也。黄帝本姓公孙，长居姬水，因改姬姓。居轩辕之丘，因以为名，又以为号。"按姬水在今陕西宝鸡。

〔3〕弱，谓弱小、婴儿之时。　幼，幼小。　长，长大。成，成年。　慧，睿智。　齐，疾速。　敦，厚。　敏，敏捷。聪明，耳聪目明。

〔4〕治，治理。　五气，即五行，金、木、水、火、土也。设，设置。　量，谓量器。五量，所谓龠、合、升、斗、斛也。抚，安也。　度，测度。　熊、罴、貔、豹、虎，皆猛兽也。炎帝，神农氏之后。　版泉，地名，亦名黄帝泉，在今河北涿鹿东。

〔5〕黼，白与黑相间之纹。 黻，黑与青相间之纹。 裳，下衣。 厎，借为"倚"，靠也。 纪，纲纪。 天地之纪，时令岁月也。 幽明之故，日月也。 说，理也。 难，危难。

〔6〕时，按时。 淳，和也。 历，逐一。 离，谓分别其位次。 历离日月星辰，盖谓制定历法。 极，尽。 敀，"攻"字之误。 攻，治也。 勤，动也。 节，节制、节约。

【译文】

宰我说："上辈人所传的事情，隐微不明的说法，长期争辨不休的事情，暗忽不明确的思想，都不是君子所要明白的，所以我应该问。"

孔子只好回答说："黄帝，是少典氏的儿子，名字叫轩辕。他一生下就有灵性，婴儿时就会说话，幼年时智慧疾速，长大后敦厚敏捷，成人后耳聪目明。他治理五行，设置五量，安抚万民，测量四方；训练熊罴貔豹和老虎，驱使它们与炎帝在版泉的旷野里交战，经过多次战斗以后，才得以实现自己的志向。黄帝上身穿白黑相间的衣服，腰系大带，下身穿黑青相间的短裙，骑着龙在天上飞，以顺应时令岁月，以及太阳月亮的出没、生死的原理、存亡的危难。又按时播种百谷草木，教化鸟兽昆虫，制定历法；攻治土石金玉，劳动心力耳目，节约水火材物。所以他活着百姓得其利一百年，死了百姓畏其神一百年，消亡后百姓用其教一百年，所以说三百年。"

【原文】

宰我曰："请问帝颛项？"〔1〕

孔子曰："五帝用记，三王用度。汝欲一日辨闻古昔之说，躁哉予也。"〔2〕

宰我曰："昔者予也闻诸夫子曰：'小子无有宿问。'"〔3〕

孔子曰："颛项，黄帝之孙，昌意之子也，曰高阳。^{〔4〕}洪渊以有谋，疏通而知事；养材以任地，履时以象天，依鬼神以制义；治气以教民，洁诚以祭祀。^{〔5〕}乘龙而至四海：北至于幽陵，南至于交趾，西济于流沙，东至于蟠木；动静之物，大小之神，日月所照，莫不底属。"^{〔6〕}

【注释】

〔1〕颛顼，五帝之二。

〔2〕记，同"纪"，纲纪。　　三王，夏商周之王。　　度，法度。辨，同"遍"。　　躁，急躁。

〔3〕小子，弟子也。　　宿，积、留。

〔4〕昌意，相传为黄帝之子，实亦氏族帝号。　　孙，所从出也。高阳，其号也。

〔5〕洪渊，深沉。　　疏通，睿达。　　材，材料，包括衣食住行所需。　　任，利用。　　履，谓遵循。　　鬼神，神灵。　　义，人所宜。　　气，即前所谓五气，五行也。　　洁，净。

〔6〕幽陵，即所谓幽都，在古雁门以北。　　交趾，在今越南。济，达也。　　流沙，居延海一带。　　蟠木，疑即扶桑，今日本也。底，致也。　　属，归属。

【译文】

宰我又说："请问颛顼帝的事？"

孔子说："五帝都用纲纪，三王都用法度。你想一天听遍古代的事情，急躁啊宰予！"

宰我说："从前我听先生说过：'学生不能把问题留到第二天。'所以我才问。"

孔子只好接着说："颛顼，是黄帝的孙子、昌意的儿子，名字叫高阳。他深沉而有谋略，睿达而知旧事；利用土地栽培衣食住行的材料，按照自然规律遵循时令，依照神灵制定人所适宜；修治金、木、水、火、土五气以教化百姓，洁净真诚地举行祭祀。又乘着龙到达四海：北边到达幽陵，南边到达交趾，西边到达流沙，东边到达蟠木，所有会动不会动的东西，大大小小的神灵，凡是太阳月亮所能照到的地方，无不归他所有。"

【原文】

　　宰我曰："请问帝喾?"〔1〕

　　孔子曰："元嚣之孙，蟜极之子也，曰高辛。〔2〕生而神灵，自言其名；博施利物，不于其身；聪以知远，明以察微；顺天之义，知民之急；仁而威，惠而信，修身而天下服。〔3〕取地之财而节用之，抚教万民而利诲之，历日月而迎送之，明鬼神而敬事之。〔4〕其色郁郁，其德嶷嶷，其动也时，其服也衷。〔5〕春夏乘龙，秋冬乘马，黼黻衣，执中而获天下；日月所照，风雨所至，莫不从顺。"〔6〕

【注释】

　　〔1〕帝喾，五帝之三。

　　〔2〕元嚣，亦氏族名，古以为黄帝之子，盖所从出也。　　蟜极，亦当是氏族名。　　高辛，帝喾之号。

　　〔3〕物，人也。　　　聪，耳聪。　　　明，目明。　　　义，所宜也。急，需也。　　威，有威严。　　惠，慈惠。　　信，诚信。

　　〔4〕节，有节度、节省。　　诲，教也。　　历，历象。　　事，谓祭祀。

　　〔5〕郁郁，有文采之貌。　　嶷嶷，高峻之貌。　　服，谓做事。衷，同"中"，适中。

　　〔6〕执中，持中道，不偏倚也。　　日月所照，全天下也。

【译文】

　　宰我又问："请问帝喾的事?"

　　孔子说："帝喾是元嚣的孙子、蟜极的儿子，名字叫高辛。他生下就有灵性，会叫自己的名字。他博施利人，而不利自己；耳聪能知远，目明能察微；顺从自然，知民所需；仁慈而有威严，惠爱而讲诚信，修行自身而天下服从。他取土地所生而节约使用，抚慰万民而用实利教诲他们。他迎送太阳月亮，了解它们的运行规律而制定历法，又明确天神人鬼而祭祀他们。他的表情很有文采，他的德行十分高峻。他的行动适时，他的服饰适中。他春夏两季乘龙，秋冬两季骑马。他身穿黄黑相间的衣服，手持着中而获得天下。凡是太阳月亮所照耀的地方，凡是有风有雨的地方，没有不从顺的。"

【原文】

宰我曰："请问帝尧?"[1]

孔子曰："高辛之子也，曰放勋。[2]其仁如天，其智如神；就之如日，望之如云；富而不骄，贵而不豫；黄黼黻衣，丹车白马。[3]伯夷主礼，龙、夔教舞，举舜、彭祖而任之，四时先民治之。[4]流共工于幽州，以变北狄；放驩兜于崇山，以变南蛮；杀三苗于三危，以变西戎；殛鲧于羽山，以变东夷。[5]其言不贰，其行不回。[6]四海之内，舟舆所至，莫不悦夷。"[7]

【注释】

〔1〕帝尧，五帝之四。

〔2〕高辛，氏族名。 放勋，尧名。

〔3〕就，就近。 望，远看。 骄，骄横。 豫，安乐。丹，红色。

〔4〕伯夷、龙、夔，皆臣名。 舜，即后之舜帝。 彭祖，疑即后世所传寿八百者。 四时，四季。 治，理也。

〔5〕《史记》"杀"作"迁"。流、放、杀（迁）、殛，皆谓流放之。共工、驩兜、三苗、鲧，所谓四凶也。 幽州，北地也。 变，以戒惧改变之。 北狄，当时北方未开化民族。 崇山，南方也，在

今湖南澧阳县南。 南蛮，当时南方未开化民族。 三危，西方地名，在今敦煌东南。 西戎，当时西方未开化民族。 羽山，东方地名，在徐州东境。 东夷，当时东方未开化民族。

〔6〕不贰，不改变。 不回，不邪曲。

〔7〕四海之内，全天下。 舟舆，舟车也。 夷，借为"怡"。悦怡，喜悦也。

【译文】

宰我又问："请问帝尧的事？"

孔子曰："帝尧是高辛氏的儿子，名字叫放勋。他的仁德像天那么大，他的智慧像神那么高；靠近他就像太阳那样温暖，仰望他就像云彩那样高大。他富而不骄横，贵而不安乐。他身穿黄黑相间的衣服，乘坐红车而驾白马。伯夷给他主礼，龙和夔替他教舞，从民间起用舜和彭祖，一年四季身先士民治理国家。他把共工流放到幽州，以改变北方少数民族的习俗；把驩兜流放到崇山，以改变南方少数民族的习俗；在三危斩杀三苗，以改变方西方少数民族的习俗；在羽山处死鲧，以改变东方少数民族的习俗。他说的话从不改变，他做的事从不邪曲。四海之内，凡是车和船所能到的地方，没有不喜悦的。"

【原文】

宰我曰："请问帝舜？"〔1〕

孔子曰："蟜牛之孙，瞽叟之子也，曰重华。〔2〕好学孝友，闻于四海；陶稼事亲，宽裕温良。〔3〕敦敏而知时，畏天而爱民，恤远而亲亲。〔4〕承受大命，依于倪皇；睿明通知，为天下王。〔5〕使禹敷土，主名山川，以利于民；使后稷播种，务勤嘉谷，以作饮食。〔6〕羲、和掌历，敬授民时；使益行火，以辟草莱；伯夷主礼，以节天下；夔作乐，以歌籥舞，和以钟鼓。〔7〕皋陶作士，忠信疏通，知民之情；契作司徒，教民孝友，敬政率经。[8]
其言不惑，其德不愿，举贤而天下平。[9]南抚交址、大
教，西鲜支、渠廋、氐、羌，北山戎、发、息慎，东长
夷、鸟夷、羽民。[10]舜之少也，恶頟劳苦，二十以孝闻
乎天下，三十在位嗣帝所。[11]五十乃死，葬于苍梧
之野。"[12]

【注释】

〔1〕帝舜，五帝之五。

〔2〕瞽，盲人。　瞍，老头。　重华，舜名。

〔3〕陶，制陶器。　稼，种庄稼。　宽裕，宽宏大量。　温
良，温和善良。

〔4〕敦敏，敦厚敏锐。　时，时机。　恤，体恤。　亲亲，
亲爱亲人。

〔5〕依，谓娶妻。　倪皇，即仪皇、娥皇，音相转，尧帝长女。
睿明，明智。　通，达也。　通知，谓知之达。

〔6〕敷，分也。　主，主管。　名，取名。　后稷，周人始
祖弃，在夏为后稷，主稷，故名。　务勤，致力、努力。　嘉，
美也。

〔7〕羲、和，羲氏、和氏四兄弟也。　历，历法。　时，时令。
益，人名，或云皋陶之子。　行火，四处纵火烧荒。　辟，开辟。
草莱，长满杂草之地。　伯夷，商末孤竹国人，契的后代。　礼，
礼仪。　节，节制。　乐，音乐、乐曲。　籥舞，文舞也。
和，协调。

〔8〕陶，旧音摇。　作，创作、制作。　士，掌刑狱之官。
疏通，谓调节民讼。　契，殷人祖先。　司徒，掌土地人民之官。
敬，谓遵从之。　政，政教。　率，循也。　经，常也。

〔9〕惑，疑惑。　愿，恶也。　平，平定。

〔10〕抚，安抚。　交址，南方古族。　大教，即大交，亦南方
民族。　鲜支、渠廋、氐、羌，皆西方古民族。　山戎、发、息慎，
皆北方古民族。　长夷、鸟夷、羽民，皆东方古民族。

〔11〕頟，同"瘁"，劳累。恶頟，形容极度劳累。　嗣，

继也。

〔12〕五十，谓五十岁。《舜典》之说疑不可信。　　苍梧，山丘名，在今广西壮族自治区梧州北。

【译文】

宰我又问："请问舜帝的事？"

孔子说："舜帝是蟜牛的孙子、瞽叟的儿子，名子叫重华。他好学而孝友，闻名于四海。他亲自制陶种庄稼，事奉自己的父母；性格宽裕而温良，敦敏而知时。他敬畏自然而爱护百姓，体恤疏远而亲爱亲人。他承受尧帝的大命继承君位，又娶了尧帝的长女倪皇。他睿智英明而知识渊博，为天下之冠。他让大禹划分国土，负责给山川命名，以方便百姓。他让后稷分发庄稼种子，努力种植嘉谷，以供饮食。他让羲氏、和氏掌管历法，认真地给人民颁授时令。他让益四处纵火烧荒，以开辟山野草地。他让伯夷负责礼仪，以节制天下。他让夔创作音乐，以表现乐舞，并用钟鼓伴奏。他让皋陶负责刑狱，以忠信调节民事诉讼，以知民情。他让契做负责土地人民的司徒，教导百姓孝顺友爱，遵守政教，率循常法。他的话不让人疑惑，他的德不含邪恶，并举用贤人而天下大为平定。他南抚交址、大交，西抚鲜支、渠庾、氐羌，北抚山戎、发人、息慎，东抚长夷、鸟夷和羽民。他小时候经常极度劳累辛苦，二十岁以孝闻名于天下，三十岁继承帝位。五十岁就去世了，葬在苍梧的荒野。"

【原文】

宰我曰："请问禹？"〔1〕

孔子曰："高阳之孙，鲧之子也，曰文命。〔2〕敏给克济，其德不回，其仁可亲，其言可信。〔3〕声为律，身为度，称以出；亹亹穆穆，为纲为纪。〔4〕巡九州，通九道，陂九泽，度九山。〔5〕为神主，为民父母。〔6〕左准绳，右规矩；履四时，据四海；平九州，戴九天；明耳目，治天下。[7]举皋陶与益以赞其身，举干戈以征不享、不庭、无道之民；四海之内，舟车所至，莫不宾服。"[8]

孔子曰："予！大者如说，民（吾）说至矣。[9]予也，非其人也。"

宰我曰："予也不足诫也，敬承命矣！"[10]

【注释】

〔1〕禹，继五帝者。

〔2〕高阳，高阳氏之君，颛顼之后。　孙，谓裔孙，或云五世孙。文命，尧名。

〔3〕敏给，敏捷。　克，能。　济，成。　回，邪。

〔4〕声为律，谓以自身不同声音定乐律。　身为度，谓以自己身体各部位为度量。　称，相称、相合。　出，发出、颁布。　亹亹，勤勉之貌。　穆穆，肃敬之貌。　纲，纲领。　纪，法度、准则。

〔5〕巡，巡视。　九州，冀州、兖州、青州、徐州、扬州、荆州、豫州、梁州、雍州。　九道，通九州之道。　陂，障也。　九泽，九州之大泽。　度，量也。　九山，九州之山镇。

〔6〕为神主，谓立九道、九泽、九山之神主，以祭祀之也。

〔7〕准绳，以量平直。　规矩，以划方圆。　左准绳，右规矩，谓一切都有了标准。　履，履行。　四时，四季。　据，谓跨有。　四海，全天下也。　平，定也。　戴，头顶。　九天，四面八方加中央之天。

〔8〕皋陶、益，皆臣名。　赞，助也。　干戈，兵器也。　征，征伐也。　享，献、进贡。　不庭，不来朝。　无道，谓不行正道。　宾服，顺服。

〔9〕大者，大致。　如说，如前说也。　至，尽也。

〔10〕不足，不值得。　诫，教也。　承命，承其"非其人"之命。

【译文】

宰我又问:"请问大禹?"

孔子说:"大禹是高阳的孙子、鲧的儿子,名字叫文命。他做事敏捷能够成事。他的道德不邪曲,他的仁爱可亲近,他的言语可信赖。他以声音为乐律,以身体为法度,相称就颁布。他勤勉肃敬,制定纲纪。他巡视九州,打通九道,陂障九泽,度量九山。他设置神主,作为百姓祭祀的对象。他左手拿着量平的准和画直的绳,右手拿着画方的矩尺和画圆的圆规,使一切都有标准。他遵守四季规律,跨有四海天下。他平定九州,头顶四面八方和中央之天,以灵敏的耳朵和雪亮眼睛观察治理整个天下。他举用皋陶和益以帮助自己,并拿起武器征伐那些不进贡、不来朝的方国和不行正道的百姓;结果四海之内,车船所通之处,没有不顺服的。"

孔子又说:"宰予!大致就是这样,我的话说完了。你宰予,不是那样的人。"

宰我说:"我不值得你讲那些是真的,可我敬受命了!"

【原文】

他日,宰我以语人。[1]有为道诸孔子之所。[2]孔子曰:"吾欲以颜色取人,于灭明邪改之;吾欲以语言取人,于予邪改之;吾欲以容貌取人,于师邪改之。"[3]

宰我闻之,惧,不敢见。

【注释】

〔1〕语人,告人。

〔2〕道,传、说。 诸,"之于"合音。

〔3〕颜色,脸色。 灭明,即澹台灭明,貌丑恶。 邪,同"也",语助词。 予,宰予,善言辞。 容貌,相貌。 师,颛孙师。

【译文】

　　改天，宰我把孔子的话告诉了别人，别人又告到了孔子那里。孔子说："我本想根据脸色取人，从澹台灭明那里改变了想法；我本想凭语言取人，从宰予那里改变了想法；我本想凭容貌取人，从颛孙师那里改变了想法。"

　　宰我听了很害怕，不敢去见孔子。

帝系第六十三

【题解】

　　此篇记上起黄帝下至大禹诸古帝王之世系，故名。

【原文】

　　少典产轩辕，是为黄帝。[1]

　　黄帝产玄嚣，玄嚣产蟜极，蟜极产高辛，是为帝喾。[2]

　　帝喾产放勋，是为帝尧。[3]

　　黄帝产昌意，昌意产高阳，是为帝颛顼。[4]

　　颛顼产穷蝉，穷蝉产敬康，敬康产句芒，句芒产蟜牛，蟜牛产瞽叟。[5]

　　瞽叟产重华，是为帝舜；及（又）产象敖。[6]

　　颛顼五世而产鲧，鲧产文命，是为禹。[7]

【注释】

　　〔1〕少典，古氏族部落名。　产，产生。　按此下之"产"，多谓继立者，非父子关系。　轩辕，黄帝名。《三代世表》："黄帝号有熊氏。"索隐曰："号有熊者，以其本是有熊国君之子故也。　都轩辕之丘，因以为名，又以为号。"《拾遗记》亦曰："轩辕出自有熊之国。"皇甫谧《帝王世纪》曰："黄帝姓公孙，长居姬水，因改姬姓。"

按"黄帝",亦其世袭并上溯之称号,非一代之名。

〔2〕玄嚣、蟜极,皆当是氏族名。 高辛,即所谓高辛氏,出姬姓。 喾,亦作"告"、"俊"、"逡",皆其名。

〔3〕放勋,尧的名字。

〔4〕按此为另一系。 昌意,亦古氏族名。 高阳,即所谓高阳氏。

〔5〕穷蝉、敬康、句芒、蟜牛,疑皆氏族名。 瞽叟,舜父之号,瞎眼老头。

〔6〕重华,舜号。 象,舜弟。 敖,本同"傲",傲慢,此连"象"作人名。

〔7〕文命,禹名。按"鲧产文命"之说,盖因误读《尚书·大禹谟》"大禹曰:文命敷于四海"为"大禹曰文命,敷于四海"而产生。

【译文】

少典氏生轩辕,轩辕就是黄帝。

黄帝生元嚣,元嚣生蟜极,蟜极生高辛,高辛就是帝喾。

帝喾生放勋,放勋就是帝尧。

黄帝又生昌意,昌意生高阳,高阳就是帝颛顼。

颛顼生穷蝉,穷蝉生敬康,敬康生句芒,句芒生蟜牛,蟜牛生瞽叟。

瞽叟生重华,重华就是帝舜。瞽叟又生了象,很傲慢。

颛顼又生鲧,鲧生文命,文命就是大禹。

【原文】

黄帝居轩辕之邱,娶于西陵氏。〔1〕西陵氏之子谓之嫘祖氏,产青阳及昌意。〔2〕青阳降居泜水,昌意降居若水。〔3〕

昌意娶于蜀山氏。〔4〕蜀山氏之子谓之昌濮氏,产颛顼。〔5〕

颛顼娶于滕奔氏。〔6〕滕奔氏之子谓之女禄氏,产老童。[7]

老童娶于竭水氏。[8]竭水氏之子谓之高緺氏，产重黎及吴回。[9]吴回氏产陆终。[10]

陆终氏娶于鬼方氏。[11]鬼方氏之妹谓之女隤氏，产六子：孕而不粥，三年，启其左胁，六人出焉。[12]其一曰樊，是为昆吾；其二曰惠连，是为参胡；其三曰籛，是为彭祖；其四曰莱言，是为云邹人；其五曰安，是为曹姓；其六曰季连，是为芈姓。[13]

【注释】

〔1〕轩辕之邱，《山海经·海外西经》："轩辕之邱在轩辕国北。"《西山经》："玉山西四百八十里曰轩辕之邱。"

〔2〕西陵氏，《江汉丛谈》："西陵氏之国在楚，即今夷陵地。"嫘祖氏，世以为黄帝正妻，疑亦氏族名。　青阳、昌意，皆古氏族名。产，氏族分化也。

〔3〕降，下也。　不为帝，故曰降。　泒水、若水，皆在今四川省境内。

〔4〕蜀山氏，四川境内古氏族名。

〔5〕昌濮氏，亦四川境内古氏族名。

〔6〕滕奔氏，《世本》作"胜坟氏"，其地无考。

〔7〕女禄氏，颛顼妻。　老童，颛顼子。

〔8〕竭水氏，《世本》作"根水氏"，其地无考。

〔9〕高緺氏，无考。　重黎，或以为即《尧典》之羲氏、和氏，《山海经》亦以为二人，然此似作一人名。《国语·楚语》："颛顼南正重司天以属神，火正黎司地以属民。"是其非颛顼之子可知。　吴回，疑亦非人名。

〔10〕陆终，疑为氏族名。

〔11〕鬼方氏，或即殷高宗所伐之鬼方，又称鬼国。《山海经》卷十二："鬼国在贰负之尸北。"

〔12〕粥，借为"育"，产也。　启，开也。

〔13〕樊，亦作"燔"。　昆吾，樊所封国名，地在今河南濮阳

境，至汤灭之。　　参胡，惠连所封国名，或谓其地在冯翊梁山之野。籛，亦作"剪"。　　彭祖，彭姓之祖。后世传言彭祖寿八百者以此，不知其非人名也。　　云郐，即妘郐，后世妘姓郐国人之祖。　　是为曹姓、是为芈姓，言其为后世曹姓、芈姓人之祖。

【译文】

黄帝居住在轩辕之丘，娶了西陵氏的女儿，叫做嫘祖，生了青阳和昌意。青阳下居泒水河畔，昌意下居若水河畔。

昌意娶了蜀山氏的女儿，名字叫昌濮，生了颛顼。

颛顼娶了滕奔氏的女儿，名字叫女禄，生了老童。

老童娶了竭水氏的女儿，名字叫高緺，生了重黎和吴回。吴回又生了陆终。

陆终娶了鬼方氏的妹妹，名字叫女隤，生了六个儿子。她怀孕的时候过期不生产，直到满三年，她的左胁才被打开，从里面掏出了六个儿子。其中老大叫樊，这就是昆吾；老二叫惠连，这就是参胡；老三叫籛，这就是彭祖；老四叫莱言，这就是云郐人的祖先；老五叫安，这就是曹姓的祖先；老六曰季连，这就是芈姓的祖先。

【原文】

季连产付祖氏。[1] 付祖氏产穴熊，九世至于熊渠。[2]

熊渠有子三人，其孟之名为无康，为句亶王；其中之名为红，为鄂王；其季之名为疵，为越章王。[3]

昆吾者，卫氏也；参胡者，韩氏也；彭祖者，彭氏也；郐人者，郑氏也；曹姓者，邾氏也；季连者，楚氏也。[4]

帝喾卜其四妃之子，而皆有天下。[5] 上妃有邰氏之女也，曰姜嫄氏，产后稷；次妃有娀氏之女也，曰简狄氏，产契；次妃曰陈丰氏，产帝尧；次妃陬訾氏，产帝挚。[6]

【注释】

〔1〕产，亦谓其后裔。　　付祖氏，《史记》作"附沮"。

〔2〕按《史记·楚世家》云："周成王之时，封熊绎于楚蛮。其后熊渠生子三人。"孔广森云："穴熊上距季连劣及千岁，所云产者，亦非父子继世。"

〔3〕孟，长子也。　　句亶，本地名。《汉书·地理志》："句亶，江陵南郡之县也，楚文王自丹阳徙都之。"中，同"仲"，次子也。季，少子也。　　红，即《楚世家》之挚红。　　疵，即《楚世家》之"挚疵"。

〔4〕卫氏、韩氏、彭氏、郑氏、邾氏、楚氏，皆指其始祖。

〔5〕按所谓帝喾四妃之说不可信。

〔6〕有邰氏之女姜嫄，周人始祖。　　有娀氏之女简狄，商人始祖。陈丰氏，即所谓庆都。　　陬訾氏，即所谓常仪。　　帝挚，代帝喾而立者，故称帝。

【译文】

季连生了付祖氏，付祖氏生了穴熊。九代到熊渠。

熊渠有三个儿子，老大名叫无康，后来做句亶王；老二名叫红，后来做鄂王；老三名叫疵，后来做越章王。

昆吾，是卫氏的始祖；参胡，是韩氏的始祖；彭祖，是彭氏的始祖；邻人，是郑氏的始祖；曹姓，是邾氏的始祖；季连，是楚氏的始祖。

帝喾占卜他四个妃子的儿子，都能有天下。长妃是有邰氏的女儿，名字叫姜嫄，生了后稷；次妃是有娀氏的女儿，名字叫简狄，生了契；三妃叫陈丰氏，生了帝尧；四妃叫陬訾氏，生了帝挚。

【原文】

帝尧娶于散宜氏。散宜氏之子，谓之女皇氏。[1]

帝舜娶于帝尧。帝尧之子，谓之女匽氏。[2]

鲧娶于有莘氏。有莘氏之子谓之女志氏，产文命。[3]

禹娶于涂山氏。涂山氏之子谓之女憍氏，产启。[4]

【注释】

〔1〕《太平御览》引《世本》云："女皇氏生丹朱。"

〔2〕按女匽氏，疑即女英。孔疏《檀弓》引《世纪》云："舜长妃娥皇无子，次妃女英生商均。"

〔3〕曰文命，盖误读《尚书·大禹谟》"大禹曰文命敷于四海"而出。

〔4〕涂山，在今寿春，或云在当涂。《尚书·大禹谟》："予创若时，娶于涂山，辛壬癸甲。启呱呱而泣，予弗子。"

【译文】

帝尧娶了散宜氏的女儿，叫做女皇氏。

帝舜娶了帝尧的女儿，叫做女匽氏。

鲧娶了有莘氏的女儿，叫做女志氏，生了文命。

大禹娶了涂山氏的女儿，叫做女憍氏，生了启。

劝学第六十四

【题解】

　　此篇文如其名，记君子劝人学习之言，多取自《荀子·劝学》。

【原文】

　　君子曰：学，不可以已矣。[1]青取之于蓝，而青于蓝；冰生于水，而寒于水。[2]木直中绳，輮而为轮，其曲中规，枯暴不复挺者，輮使之然也。[3]是故不升高山，不知天之高也；不临深溪，不知地之厚也；不闻先王之遗道，不知学问之大也。[4]干越戎貉之子生而同声，长而异俗者，教使之然也。[5]是故木从绳则直，金就砺则利。君子博学而日参己焉，故知明而行无过。[6]《诗》云："嗟尔君子，无恒安息。靖恭尔位，好是正直。神之听之，介尔景福。"[7]神莫大于化道，福莫长于无咎。[8]

【注释】

　　[1]已，停止。
　　[2]青，青色。　　蓝，蓝草、蓝色。

〔3〕中，合。　　绳，画直的墨线。　　輮，用火烤使之曲。规，画圆的器具。　　枯，朽。　　暴，同"曝"，晒。　　挺，直。

〔4〕遗道，所传遗的学说。

〔5〕干，用同"邗"，古国名，后为吴国所灭。　　越，亦国名。干、越，皆南方人。　　戎、貉，皆北方人。

〔6〕金，指金属刃器。　　砺，磨刀石。　　参，同"三"。参己，即所谓三省自身。　　知，知识。

〔7〕好，喜好。　　是，此。　　介，借为"匄"，音盖，给予。景，大也。　　按此今《诗经·小雅·小明》五章之句。

〔8〕神，神异。　　化，变化、改变。　　道，思想主张。　　长，长远、长久。　　无咎，无祸也。

【译文】

君子说：学习，不可以停止。青色从蓝草中提取，但比蓝草还蓝；冰由水结成，而比水还寒。木料本来直得像用墨绳打的，而一旦用火烤成车轮，就弯曲得像圆规画的，风吹雨晒不再挺直，这是火烤的原因。

所以不登高山，不知道天高；不临深渊，不知道地厚；不听先王传遗的学说，不知道学问广大。南方人和北方人的孩子，生下来哭声相同，长大后习俗各异，是教育的原因。

所以木料从墨绳就变直，金属就磨石就锋利。君子广博地学习而天天多次反省自己，所以智慧英明而行动没有过失。《诗经》里说："招呼你君子，不要常安息！敬供你职位，喜欢正直人。神若答应你，给你赐大福！"神没有比改变思想更大的，福没有比无灾祸更长的。

【原文】

孔子曰："吾尝终日思矣，不如须臾之所学也。"〔1〕吾尝跂而望矣，不如升高之博见也。〔2〕升高而招，非臂加长也，而见者远；顺风而呼，非声加疾也，而闻者著。〔3〕假车马者非利足也，而致千里；假舟楫者非能水也，而绝江海。[4]君子之性非异也，而善假于物也。

南方有鸟，名曰蜍鸠，以羽为巢，编之以发，系之苇苕，风至苕折，子死卵破，巢非不完也，所系者然也。[5]西方有木，名曰射干，茎长四寸，生于高山之上，而临百仞之渊，木茎非能长也，所立者然也。[6]蓬生麻中，不扶自直。[7]兰氏之根，怀氏之苞，渐之滫中，君子不近，庶人不服，质非不美也，所渐者然也。[8]是故君子靖居恭学，修身致志，处必择乡，游必就士，所以防僻邪而道中正也。[9]

【注释】

〔1〕须臾，片刻。

〔2〕跂，踮起脚后跟。

〔3〕著，显著。

〔4〕假，凭借。　利，快也。　绝，横渡。

〔5〕蜍鸠，即蒙鸠，又名鹪鹩。　苕，借为"芀"，芦苇花。

〔6〕射干，一种草药。　仞，一人身高之度。

〔7〕蓬，蓬蒿，草类植物。

〔8〕兰氏，即兰芷，一种香草。　怀，借为"槐"。　怀氏，即槐籽。　怀氏之苞，即今所谓槐米。　渐，泡。　滫，同"溲"，尿也。　庶人，普通人。

〔9〕靖，静。　恭，敬。　致，达。　处，居。　就，接近。　士，干事之人。　僻邪，不正。　道，行也。

【译文】

孔子说："我曾经一整天地想过，还不如片刻所学的多。"我曾经踮起脚跟远望过，还不如登高所见的广。登高招手，不是手臂延长了，而能看见的更远；顺风呼喊，不是他的声音加速了，而能听到的更显。凭借车马的，不是他的腿脚快，而能到达千里之外；凭借船桨的，不是他的水性好，而能渡过大江大海；不是君子的本性有差异，而是他善于凭借外物。

南方有一种鸟，名字叫鹪鹩，它用羽毛筑巢，用头发丝编连，用芦苇花系缀，结果大风一到芦苇花就折断，它的儿子就被摔死、卵被摔破。巢并非不完整，而是系缀的东西使它这样。西方有一种植物，名叫射干，茎只有四寸长，而生在高山顶上，下临百丈深渊，不是它的草茎能长，而是生长的地方使它这样。蓬蒿生在麻籽地里，不扶自然直。兰芷根和槐米苞泡在尿里，君子不接近，平民不服用，不是品质不美，而是所浸泡的材料使它这样。所以君子静居而敬学，修身以达志，定居必择乡，出游必就士，就是为了防止邪僻而执行中正。

【原文】

物类之从，必有所由；荣辱之来，各象其德。[1]肉腐出虫，鱼枯生蠹；殆敖忘身，祸灾乃作。[2]强自取折，柔自取束；邪秽在身，怨之所构。[3]布薪若一，火就燥；平地若一，水就湿。[4]草木畴生，禽兽群居，物各从其类也。[5]是故正鹄张而弓矢至焉，林木茂而斧斤至焉，树成荫而鸟息焉，醯酸而蚋聚焉。[6]故言有召祸，行有招辱，君子慎其所立焉。[7]

【注释】

〔1〕从，随也。　由，缘由。　德，德行。
〔2〕蠹，蛀虫。　殆，同"怠"，惰也。　敖，同"傲"，傲慢。　身，自身。　作，发生。
〔3〕邪秽，不正不洁之物。　构，结也。
〔4〕薪，柴。　若一，如一、相同。　就，靠近、接近。湿，低下潮湿之地。
〔5〕畴，类也。
〔6〕正鹄，射箭的靶子。　斤，大斧。　醯，醋。　蚋，蚊虫。

〔7〕立，处也。

【译文】

　　物类相随，一定有它的道理；荣辱到来，各象人自己的德行。肉腐烂了生蛆，鱼干枯了生蛀。怠傲忘记自身，灾祸就会发生。刚强自取折断，柔软自取束缚。自身不干净，就会结怨恨。同样摆上柴禾，而火接近干的；同样是平地，而水先流湿处。草木聚类而生，禽兽群居而处，万物各从其类。

　　所以只要张开靶子，箭头就会射到；林木一旦茂盛，斧头就会到达。树木一旦成荫，飞鸟就会在里面栖息；醋一旦酸了，蚊虫就会聚到那里。所以说言语会招祸，行动能招辱，君子应该谨慎自己所立处。

【原文】

　　积土成山，风雨兴焉；积水成川，蛟龙生焉。〔1〕积善成德，神明自得，圣心备矣。〔2〕是故不积跬步，无以致千里；不积小流，无以成江海；骐骥一跃，不能十步；驽马无极，功在不舍；锲而舍之，朽木不折；锲而不舍，金石可镂。〔3〕

　　夫螾无爪牙之利，筋脉之强，上食埃土，下饮黄泉者，用心一也。〔4〕蟹二螯八足，非蛇鳝之穴而无所寄托者，用心躁也。〔5〕是故无惽惽之志者，无昭昭之明；无绵绵之事者，无赫赫之功。〔6〕行歧途者不至，事两君者不容。〔7〕目不能两视而明，耳不能两听而聪。腾蛇无足而腾，鼫鼠五伎而穷。〔8〕《诗》云："鸤鸠在桑，其子七兮。淑人君子，其仪一兮。其仪一兮，心若结兮。"〔9〕君子其结于一也。

【注释】

〔1〕川，河流。　蛟龙，水中神物。

〔2〕神明，谓神异英明之心。　圣心，通达事理之心。　备，具备。

〔3〕跬步，古半步，今一步。　致，达。　骐骥，良马、千里马。　跞，音利，跨也。　驽马，劣马也。　极，尽头。　舍，舍弃、停止。　楔，刻也。　镂，镂空。

〔4〕蟮，蚯蚓。　晞土，干土。　黄泉，地下水。　一，专一。

〔5〕螯，蟹嘴两旁的大钳。　躁，急躁。

〔6〕愤愤，激奋之貌。　昭昭，显明之貌。　绵绵，细长之貌。　赫赫，显著之貌。

〔7〕歧途，岔路。　至，到达。　不容，不为所容。

〔8〕螣蛇，一种能腾跃的蛇。　鼫鼠，所谓五伎鼠，能飞、能缘、能游、能穴、能跑。　穷，尽、走投无路。　伎，同"技"。

〔9〕鸤鸠，音尸究，鸟名，即布谷鸟。　七，言其多。　淑，善也。　淑人，贤善之人。　君子，指统治者、君主。　仪，仪度、容止。　一，与七相对，形容单一、专一。　结，形容坚固、不松散。　按此《诗经·鸤鸠》首章之句。

【译文】

把土积累成山，风雨就会从那里兴起；把水汇积成河，蛟龙就会从里面生出；把善积累成德，神异英明之心自然就会得到，通达事理的圣心也就具备了。所以说不一步一步地积，就不能到达千里之外；不积小河流，就不能成就大江大海；良马跨一大步，也不能进十步；劣马到达无极远，功劳在于不放弃；刻一下就放弃，朽木头也断不了；而不放弃地刻，金石都可以镂空。

那蚯蚓没有锐利的爪子、牙齿和强壮的筋脉，而能上食干土，下饮黄泉的原因，就是用心专一。螃蟹长着两只大钳八条腿，而除非蛇鳝的洞穴就没有地方托身的原因，就是用心急躁。所以说没有激奋心情的人，不会有显著的英明；没有绵长事业的人，不会有显赫的功劳。走岔路的人到不了，事两君的人不被容；眼睛不能同时看清两样东西，耳朵不能同时听清两个人说话；螣蛇没有腿而能腾空，鼫鼠有五种技能却走投无路。《诗经》里说："鸤鸠在桑树上啊，它的儿子有七个。贤善君子啊，他的仪度有一个。仪度有一个啊，他的心思像绳结。"君子就结在一上面。

【原文】

昔者瓠巴鼓瑟而沉鱼出听，伯牙鼓琴而六马仰秣。[1]夫声无细而不闻，行无隐而不形；玉居山而木润，渊生珠而岸不枯。[2]为善而不积乎，岂有不闻哉？[3]

孔子曰："鲤！君子不可以不学，见人不可以不饰。"[4]不饰无貌，无貌不敬，不敬无礼，无礼不立。[5]夫远而有光者，饰也；近而逾明者，学也。[6]譬如洿邪，水潦灂焉，莞蒲生焉，从上观之，谁知其非源泉也？[7]

珠者，阴之阳也，故胜火；玉者，阳之阴也，故胜水。[8]其化如神，故天子藏珠玉，诸侯藏金石，大夫畜犬马，百姓藏布帛。[9]不然，则强者能守之，智者能秉之，贱其所贵而贵其所贱。[10]不然，矜寡孤独不得焉。

【注释】

〔1〕瓠巴，楚人，善鼓瑟。　鼓，弹奏。　伯牙，周代善鼓琴者。　六马，众马也。　秣，马料。　仰秣，抬头听也。

〔2〕闻，被听闻。　形，体现。

〔3〕枳，枳累、多也。

〔4〕鲤，孔子之子孔鲤。　饰，修饰、打扮。

〔5〕貌，仪表也。　立，谓立身。

〔6〕逾，更加。

〔7〕洿邪，低洼聚水之地。　灂，同"注"。　莞，草名，亦曰苻蓠。　蒲，蒲草。　源泉，有源之泉。

〔8〕火，指阳物。　水，指阴物。

〔9〕化，变化。　如神，非人所能及也。　畜，养也。　布，

麻布。　　　帛，丝织品。

〔10〕秉，持也。　　按此节疑是别处错简。

【译文】

　　从前瓠巴弹瑟，潜伏在水下的鱼游上来听；伯牙弹琴，旁边驾车的六匹马仰起头停止吃料。那声音再细微也能被听到，行为再隐蔽也能够被彰显；玉石在山里树木就温润，深渊里有珍珠崖岸就不干枯。所以说不被人听闻，就是因为你的善行没有积累吧。哪里有善行已经积累，而不被人听闻的呢？

　　孔子说："孔鲤！君子不可以不学习，见人不可以不修饰。"因为不修饰就没有仪表，没有仪表就不恭敬，不恭敬就没有礼貌，没有礼貌就不能在社会上立身。那远看有光彩的，是修饰；近看更显明的，是知识。譬如低洼的地方，水潦会注入里面，蒲草会生在里面，而从上面看，谁知道它不是源泉呢？

　　珍珠，是阴中之阳，所以能胜火；美玉，是阳中之阴，所以能胜水。其变化如神灵，所以天子藏珍珠美玉，诸侯藏黄金玉石，大夫养犬马，百姓藏布料。不然的话，强大的就能守珍珠美玉，有智慧的就能持黄金玉石，而看轻他本应该看重的，看重他本应看轻的；不然的话，孤寡老人和孤儿独子就得不到他们本应该得到的。

【原文】

　　子贡曰："君子见大川必观，何也？"〔1〕

　　孔子曰："夫水者，君子比德焉。遍与之而无私，似德；〔2〕所及者生，所不及者死，似仁；〔3〕其流行庳下，倨句皆循其理，似义；〔4〕其赴百仞之谷不疑，似勇；〔5〕浅者流行，深者不测，似智；〔6〕弱约微通，似察；〔7〕受恶不让，似苞裹；〔8〕不清以入，鲜洁以出，似善化；〔9〕至量必平，似正；〔10〕盈不求概，似度；〔11〕万折必以东，似意；〔12〕是以君子见大川必观焉。"

【注释】

〔1〕川，河。 德，德行。

〔2〕与，给也。 私，偏爱。 德，恩德。

〔3〕及，得到。 生，活。

〔4〕庳，低。 倨，直。 句，曲。 理，地理。 义，宜也。

〔5〕赴，奔赴。 百仞之谷，深谷也。 疑，迟疑。

〔6〕流行，流淌而行。 不测，不可测也。

〔7〕弱，柔弱、细小。 约，束也。 微，细微。 通，通达。 察，明察。

〔8〕苞裹，即包裹。

〔9〕善化，以善化之。

〔10〕至，及、到。 量，量器。

〔11〕盈，满也。 概，取平的器具。 度，法度。

〔12〕以东，朝东，前进也。 意，意志。

【译文】

子贡问："君子见了大河一定会观看，为什么？"

孔子说："那水，君子用它比德。因为它普遍地赐与而没有偏爱，像德；得到它的就活，得不到它的就死，像仁；向低处流，弯曲都顺着地理，像义；赴百丈深谷毫不迟疑，像勇；浅的流淌，深的不可测，像智；微弱的窄小而贯通，像明察；接受浑浊而不拒绝，像包裹；不清的流进，清洁的流出，像以善教化；装进量器一定平，像正；满了不求取平，像度；千回万折一定向东，像有意志，所以君子看到大河一定观看它。"

卷八

子张问入官第六十五

【题解】

　　此篇记弟子子张问入官而孔子答之，主论所谓"安身取誉"之道，当为孔门弟子所记，属古"记"。

【原文】

　　子张问入官于孔子，孔子曰："安身取誉为难也。"[1]

　　子张曰："安身取誉如何？"

　　孔子曰："有善勿专，教不能勿进，已过勿发，失言勿倚，不善辞勿遂，行事勿留。[2]君子入官，自行此六路者，则身安誉至，而政从矣。[3]

　　"且夫忿数者，狱之所由生也；[4]距谏者，虑之所以塞也；[5]慢易者，礼之所以失也；[6]惰怠者，时之所以后也；[7]奢侈者，财之所以不足也；专者，事之所以不成也；[8]历者，狱之所由生也。君子入官，除七路者，则身安誉至，而政从矣。[9]

【注释】

　　[1]入官，进身为官。

〔2〕善，利益、好处。　　专，独享。　　不能，不会者。　　进，冒进、速成。　　过，失误。　　发，举行。　　倚，依靠。　　"辞"字疑衍。　　遂，完成。　　行事，正在进行之事。　　留，稽留、迟滞。

〔3〕路，道、方。　　从，顺。

〔4〕忿，忿怒。　　数，音硕，频数。　　狱，牢狱、官司。

〔5〕距，借为"拒"，拒绝。　　虑，思虑。　　塞，堵塞。

〔6〕慢易，傲慢不庄重。　　失，错失。

〔7〕时，时机。　　后，落后、赶不上。

〔8〕专，谓独断专行。

〔9〕除，去除。　　政，所从之事。　　从，顺。

【译文】

　　子张向孔子问进身为官的事，孔子说："既能使自身平安，又能取得美誉最难。"

　　子张又问："那么怎样才能既能使自身平安，又能取得美誉呢？"

　　孔子说："有好处不要自己独享，教不会的不要冒进，已经失误的不要继续进行，说错了的话不要依赖，不好的事情不要完成，正在做的事情不要停滞。君子进身为官，只要做到这六点，就会既能使自身平安，又能取得美誉，而政事从顺了。

　　"况且频繁忿怒，是官司产生的根源；拒绝劝谏，是思虑阻塞的根源；傲慢不庄重，是失礼的根源；懈怠懒惰，是失掉时机的根源；奢侈浪费，是财物不足的根源；独断专行，是事情不成功的根源。纷扰不安，是讼狱产生的根源。君子进身为官，去除这七点，就会既使自身平安，又能取得美誉，而政事从顺了。

【原文】

　　"故君子南面临官，大诚而公治之，精知而略行之，合是忠信，考是大伦，存是美恶，而进是利，而除是害，而无求其报焉，而民情可得也。〔1〕故临之无抗民之志，胜之无犯民之言，量之无狡民之辞，养之无扰于时，爱之勿宽于刑。[2]若此，则身安誉至，而民自得也。

"故君子南面临官，所见迩，故明不可蔽也；所求迩，故不劳而得也；所以治者约，故不用众而誉至也。法象在内，故不远；源泉不竭，故天下积也；如木不寡短长，人得其量，故治而不乱。[3]故六者贯乎心，藏乎志，形乎色，发乎声，若此则身安誉至，而民自得也。[4]

"故君子南面临官，不治则乱至，乱至则争，争之至又反于乱。是故宽裕以容其民，慈爱以优柔之，而民自得也已。[5]故躬行者，政之始也；调悦者，情之道也。[6]善政行易则民不怨，言调悦则民不辨，法在身则民象之，明在己则民显之。[7]若乃供己而不节，则财利之生微矣；贪以不得，则善政必简矣；苟以乱之，则善言必不听矣；详以纳之，则规谏日至，烦以不听矣。[8]

"言之善者在所日闻，行之善者在所能为。故上者，民之仪也；有司执政者，民之表也；迩臣便辟者，群臣仆之伦也。[9]故仪不正则民失誓，表弊则百姓乱，迩臣便辟不正廉而群臣服污矣，故不可不慎乎三伦矣。[10]

"故君子修身反道察说，而迩道之服存焉。[11]故夫工女必自择丝麻，良工必自择资材，贤君良上必自择左右始。[12]故佚诸取人，劳于治事；劳于取人，佚于治事。[13]故君子欲誉则谨其所便，欲名则谨于左右。[14]故上者辟如缘木者务高，而畏下者滋甚。[15]六马之离，必于四面之衢；民之离道，必于上之佚政也。[16]故上者尊

严而危，百姓者卑贱而神；民而爱之则存，恶之则亡也。〔17〕

【注释】

〔1〕南面临官，居官、为官。　大城，至诚。　精，细密。略，简也。　合，结合。　是，此。　考，求也。　伦，理也。存，察也。

〔2〕临，面临、君临。　抗，对抗。　胜，屈也。　犯，伤害。　量，衡量。　狡，猜也。　扰，干扰。　时，农时。

〔3〕迩，近。　约，简约。　法象，准则。　内，心也。不远，指所求言。　源泉，民生也。　积，指财富言。　量，所需之量。

〔4〕贯，贯通。　志，内心深处。　形，体现。　色，容色。

〔5〕宽裕，宽松。　优柔，犹温柔。　《中庸》："宽裕温柔，足以有容也。"　已，用同"矣"。

〔6〕躬，亲身。　政，谓为政。　调悦，语调和悦。　情，谓传情。

〔7〕易，简易。　辨，辩争。　法，法度。

〔8〕节，节制、节约。　以，犹"而"。　得，用同"德"。简，少也。　苟，苟且。　详，借为"佯"，假装。　纳，采纳、接受。

〔9〕仪，仪表。　有司执政，各级官员。　表，表率。　便辟，同"便嬖"，善于迎逢而得宠的近臣。　伦，类。

〔10〕誓，承诺、诺言。　弊，倒、坏。　服，行。　污，秽。　伦，类。　三伦，上所谓仪、表、伦三者。

〔11〕反道，返归正道。　说，所言。　道，谓正道。服，行。

〔12〕工女，好织女。　资材，所资用之材。　左右，助手也。

〔13〕佚，同"逸"，安逸。　诸，"之于"合音。

〔14〕谨，严也。　便，便嬖。

〔15〕缘木，上树。　务，求也。　滋，更加。

〔16〕六马，一车所驾也。　离，分散。　四面之衢，十字路口。

〔17〕神，谓无危。　民而，"而"同"若"。

【译文】

"所以君子做官临民,如果能大诚大公,精知略行,结合忠信,考求大理,细察善恶,而进利除害,不求回报,就能得到民情了。如果临民没有抗民的思想,胜民没有犯民的言语,量民没有猜测的言辞,养民不干扰农时,爱民不放宽刑罚,这样,就能既使自身平安,又能取得美誉,自然也就能得到民心了。

"所以君子做官临民,所见的近,而英明不可遮蔽;所求的近,而能不劳而得;用来治理的方法简单,而能不用众人就有名誉。因为准则在自己心里,所以容易得到;财源不枯竭,所以天下财富积累,就像木材长短不缺,人人可得其需,所以治理而不混乱。所以只要那六点贯穿在心里,藏在思想深处,表现在脸面上,并用语言发布出来,就能既使自身平安,又能取得美誉,自然就能得到百姓了。

"所以君子做官临民,不治理就会有祸乱,有了祸乱就相争,争到极点又会返回祸乱。所以必须用宽松容纳他的百姓,用慈爱优柔他的百姓,自然就会得到百姓。所以亲身执行,是执政的开始;语调和悦,是传情的路径。好政策容易执行,百姓就不怨恨;说话语调和悦,百姓就不辩争;法度在自身,百姓就会效法;英明在自身,百姓就会彰显。如果不加以节制,那么财富的产生就会很慢;贪婪是得不到的,所以好的政策必须简单;如果烦乱,即使是好话也一定不被听从;如果假装采纳,即使天天有规谏,最终也会厌烦而不听。

"好话,在每天听到的话里面;好行为,在自己所能做到的事里面。上司,是百姓的仪表;执政者,是百姓的表率。近臣和善于迎逢谄媚的人,也属于群臣与仆人之类。仪表不正,百姓就违背承诺;表率坏了,百姓就会混乱,近臣和善于迎逢谄媚的人就会不正直、不廉洁,群臣的行为也就不干净了。所以不能不谨慎仪表及表率和臣仆。

"所以说君子只要能修养自身、回归正道、细察言辞,接近正道的事就会在里面了。好织女一定从选丝麻开始,好工匠一定从选材料开始,贤君良官一定从选身边的人开始。因为安逸于选人,就会劳累于治事;劳累于取人,就会安逸于治事。所以君子想要获得赞誉,就要小心那些善于迎逢谄媚的人;想要取得好名声,就要小心自己身边的人。求上进的人就像上树的人，越求上得高，就越使下面的人感到害怕。驾车的六马分离，一定是在十字路口；老百姓离开正道，一定是在上司不用心行政的时候。在上的人虽有尊严，而有危险；老百姓虽然卑贱，却没有危险。老百姓如果爱他，他就存在；厌恶他，他就灭亡。

【原文】

"故君子南面临官，贵而不骄，富而能恭，有本而能图末，修事而能建业，居久而不谭；情迩而及乎远，察一而关于多。[1]一物治而万物不乱者，以身为本也。故君子莅民，不可以不知民之性，而达诸民之情。[2]既知其性，又习其情，然后民乃从命矣。[3]故世举则民亲之，政均则民无怨。[4]故君子莅民，不临以高，不道以远，不责民之所不能。[5]今临以明王之成功，而民严而不迎也；道以数年之业，则民疾，疾者辟矣。[6]故古者冕而前旒，所以蔽明也；黈纩塞耳，所以弇聪也。[7]故水至清则无鱼，人至察则无徒。

"故枉而直之，使自得之；优而柔之，使自求之；揆而度之，使自索之。[8]民有小罪，必以其善以赦其过，如死使之生，其善也，是以上下亲而不离。故惠者，政之始也。[9]政不正，则民不可教也；教不习，则民不可使也。故君子欲言之见信也者，莫若先虚其内也；欲政之速行也者，莫若以身先之也；欲民之速服也者，莫若以道御之也。[10]故不先以身，虽行必遴矣；不以道御之，虽服必强矣。[11]故非忠信，则无可以取亲于百姓矣；外内不相应，则无可以取信者矣。四者，治民之

统也。"〔12〕

【注释】

〔1〕谭，停滞。

〔2〕达，通也。

〔3〕习，熟悉。　　情，实情。

〔4〕世，社会。　　举，立、安定。

〔5〕莅，临也。　　道，导也。　　责，求也。

〔6〕今，若。　　严，畏也。　　迎，欢迎。　　疾，患也。辟，同"避"，逃避。

〔7〕旒，冕前的垂珠，所谓繁露。　　黈纩，塞耳用的黄丝棉。弇，通"掩"，遮掩。　　聪，听力。

〔8〕枉，曲。　　优，犹宽。　　揆，估量。　　度，量也。索，探求。

〔9〕惠，爱也。

〔10〕内，内心。　　道，正确的方针、方法。　　御，驾驭、统领。

〔11〕遬，行走艰难。　　强，勉强。

〔12〕四者，指忠、信和外、内相应。　　统，纲领。

【译文】

"所以君子做官临民，必须尊贵而不骄横，富裕而能谦恭，有本而能图末，干事而能立业，居久而不停滞，情近而能达远。明确一件事而关乎多件事。一件事治理而万件事不乱的原因，是他以自身为根本。所以君子临民，不能不知民性，而上通民情。既知民性又熟悉民情，百姓就会从命了。所以说社会安定，百姓就亲近他；行政平均，百姓就没有怨恨。所以说君子临民，不能高高在上，不能引导从事长期才能完成的事，不能责求百姓所做不到的事。如果用明王成功的方法临民，百姓就畏惧而不欢迎了；引导他们干多年才能完成的事，百姓就担忧了。一旦担忧，就会逃避。所以古时候的国王所戴的冕前面挂着垂珠，就是为了遮蔽视力；用黄丝棉塞住耳朵，就是为了遮蔽听力。因为水太清就没有鱼，人太精就没有徒。

　　"所以弯曲就拉直他，使他自己获得；宽松就柔化他，使他自己寻求；大致地估量，使他自己探索。百姓有了小罪，必须以他的优点赦免他的过错。这样，就像死人又让他复活，他一定会感激主人的善良，一定能上下相亲而不背离。所以说，施惠是行政的开始。行政不正确，百姓就不可能被教化；教化不熟悉，百姓就不可能被役使。所以君子想让自己的话被百姓相信，最好是先空虚自我；想让自己的政策速行，最好是以身作则；想让百姓迅速服从，最好是用大道驾驭。如果不以身作则，即使行也走得艰难；不用大道驾驭，即使服也一定勉强。所以说除了忠心和诚信，就没有可以取亲于百姓的了；内心和外貌不相应，就没有可以取信于百姓的了。这四样，是治民的纲领。"

盛德第六十六

【题解】

　　此篇论所谓圣王之盛德及御政、御民之道，属政论文，文辞不晚，当是七十子之徒所论，亦可谓"记"。

【原文】

　　圣王之盛德，人民不疾，六畜不疫，五谷不灾，诸侯无兵而正，小民无刑而治，蛮夷怀服。[1]古者天子常以季冬考德，以观治乱得失。[2]凡德盛者治也，德不盛者乱也；德盛者得之也，德不盛者失之也。是故君子考德，而天下之治乱得失，可坐庙堂之上而知也。[3]德盛则修法，德不盛则饰政，法政而德不衰，故曰王也。[4]凡人民疾、六畜疫、五谷灾者，生于天道不顺。[5]天道不顺，生于明堂不饰。[6]故有天灾，即饰明堂也。

【注释】

　　〔1〕正，谓遵正道、从王命。　　治，谓治理得好。　　怀，心怀、归。　　服，服从。

　　〔2〕季冬，冬季最后一个月。　　考，考核。　　德，德行。

　　〔3〕庙堂，太庙与明堂、朝堂。

〔4〕饬，用同"饬"，整饬。后皆同。　　政，国政。　　法政，承上指修法饬政。

〔5〕天道，指自然环境、气候。

〔6〕明堂，天子布政的地方。

【译文】

圣王的盛德，就是人民不得病，六畜没疫情，五谷不受灾，诸侯不用兵就遵守正道，老百姓不用刑就能治理好，四方少数民族全都归服。古时候的天子常用冬季最后一个月自我考德，以观察治乱得失。凡是德盛的天下大治，德不盛的天下大乱；德盛的有所得，德不盛的有所失。所以君子考德，天下的治乱得失就可以坐在庙堂之上而得知。德盛就修法律，德不盛就饬国政。法律与国政正确，德就不衰，所以叫王。凡人民有疾病、六畜有瘟疫、五谷受灾害，都生于自然环境不顺；自然环境不顺，生于明堂不整饬。所以一旦有天灾，就要整饬明堂。

【原文】

凡民之为奸邪、窃盗、历法、妄行者，生于不足；不足，生于无度量也。[1]无度量，则小者偷惰，大者侈靡而不知足。[2]故有度量则民足，民足则无为奸邪、窃盗，历法、妄行者。故有奸邪、窃盗、历法、妄行之狱，则饬度量也。[3]

【注释】

〔1〕历，涉足、践踏。　　妄，胡乱。　　不足，指生活物资不足。度量，节度。

〔2〕小者，指普通百姓。　　偷惰，偷懒。　　大者，指贵族、富户。　　侈靡，奢侈浪费。

〔3〕狱，官司。

【译文】

凡是人民作奸、盗窃、违法、妄行的，都是因为生活物资不足；生活物资不足，是因为生活没有节度；生活没有节度，普通百姓就会偷懒，贵族就会侈靡而不知足。所以有了节度人民就会知足，人民知足就不会作奸、窃盗、违法、妄行，所以说有了奸邪、窃盗、违法、妄行的官司，就要整饬生活节度。

【原文】

凡不孝，生于不仁爱也。不仁爱，生于丧祭之礼不明。[1]丧祭之礼，所以教仁爱也。致仁爱，故能致丧祭。[2]春秋祭祀之不绝，致思慕之心也。[3]夫祭祀，致馈养之道也。[4]死且思慕馈养，况于生而存乎？故曰丧祭之礼明，则民孝矣。故有不孝之狱，则饰丧祭之礼也。

凡弑上，生于义不明。[5]义者，所以等贵贱、明尊卑。[6]贵贱有别，尊卑有序，民尊上敬长矣。[7]民尊上敬长，而弑者寡有之也。朝聘之礼，所以明义也。故有弑狱，则饰朝聘之礼也。[8]

凡斗辨，生于相侵陵也。[9]相侵陵，生于长幼无序而遗敬让。乡饮酒之礼，所以明长幼之序，而教以敬让也。故有斗辩之狱，则饰乡饮酒之礼也。[10]

凡淫乱，生于男女无别、夫妇无义。昏礼享聘者，所以别男女、明夫妇之义也。故有淫乱之狱，则饰昏礼享聘也。

【注释】

〔1〕丧祭，丧葬与祭祀。

〔2〕致，致达、做到。

〔3〕思慕，谓思慕先人。

〔4〕馈，赠送。　　养，奉养。　　道，方法。

〔5〕弑上，杀君杀父。　　义，所宜也。

〔6〕等，谓明等级。

〔7〕序，次序。

〔8〕朝，臣见君。　　聘，臣互见。

〔9〕斗辩，争斗也。　　侵陵，同"侵凌"，侵犯欺凌。

〔10〕昏礼，即婚礼。　　享，同"飨"，用酒食招待。　　聘，以财礼订婚。

【译文】

　　所有的不孝，都生于不仁爱；不仁爱，又生于丧葬祭祀之礼不明。丧葬祭祀之礼，是用来教人仁爱的。因为人有仁爱之心，才能完成丧葬祭祀之礼。春秋两季祭祀不绝，就是为了表达对先人的思慕之情。而祭祀，是用来教人馈赠奉养的。死了尚且思慕馈养，何况活着的时候？所以说丧葬祭祀之礼彰明，人民就懂得孝了。所以有了不孝的官司，就要修饬丧葬祭祀之礼。

　　所有的弑君杀父，都生于不明义。义，是用来区分贵贱、明确尊卑的。而一旦贵贱有别，尊卑有序，人民就会尊上敬长。人民一旦尊上敬长，弑君杀父的事情就少了。朝聘之礼，就是用来明义的。所以有了弑君杀父的官司，就要整饬朝聘之礼。

　　所有的打斗争辩，都生于相互侵陵；而相互侵陵，都生于长幼无序而遗失敬让。乡饮酒之礼，就是用来明长幼之序，而教人敬让的。所以有了打斗争辩的官司，就整饬乡饮酒之礼。

　　所有的淫乱，都生于男女不加区别、夫妇不知各自的义务。婚礼中用酒食招待客人的享礼和用财礼订婚的聘礼，就是用来区别男女、明确夫妇义务的。所以一旦有了男女淫乱的官司，就整饬婚礼及其享、聘之礼。

【原文】

　　故曰刑罚之所从生有源，不务塞其源而务刑杀之，是为民设陷以贼之也。[1]刑罚之源，生于嗜欲好恶不节。故明堂，天法也；礼度，德法也，所以御民之嗜欲好恶，以顺天法，以成德法也。[2]刑罚者，所以威不行德法者也。[3]故季冬听狱论刑者，所以正法也。[4]法正，论（令）吏公行之，[5]是故古者天子孟春论吏德行能功。能得德法者为有德，能行德法者为有行，能理德法者为有能，能成德法者为有功。[6]故论吏而法行，事治而成功。[7]季冬正法，孟春论吏，治国之要也。[8]

【注释】

〔1〕陷，陷阱。　贼，残害。

〔2〕御，驾驭、控制。

〔3〕威，畏、震慑。

〔4〕听，处理、判决。　论，评定。　下同。

〔5〕吏，官员、行政人员。　公行，谓依法执行。

〔6〕得，掌握。　行，执行。　理，谓理顺。　成，成就。

〔7〕治，理。

〔8〕要，关键。

【译文】

所以说刑罚的产生都有其根源，不致力于堵塞根源而致力于刑杀，就是给人民设陷阱陷害他们。刑罚的根源，产生于人的欲望与好恶不节制。所以说明堂，是自然的法度；礼节，是道德的法度，都是用来控制人的欲望与好恶，以顺应自然，以成就道德和法度的。而刑罚，是用来震慑不遵守道德法度的人。所以冬季最后一个月判狱定刑，就是为了正法。法正以后，再让官吏依法执行，所以古时候天子春季第一个月评论官吏的道德、品行、能力、功劳。能掌握德法的为有德，能执行德和法的为有行，能理顺德和法的为有能，能成就德和法的为有功。所以品评官吏，法律就能被执行，事情就能治理而成功。冬季最后一个月修正法律，春季第一个月品评官吏，是治国的关键。

【原文】

　　德法者，御民之衔勒也；史者，辔也；刑者，筴也；天子，御者；内史、太史，左右手也。[1]古者以德法为衔勒，以官为辔，以刑为筴，以人为手，故御天下数百年而不懈惰。[2]善御马者正衔勒，齐辔筴，均马力，和马心，故口无声，手不摇，筴不用，而马为行也。善御民者正其德法，饬其官而均民力，和民心，故听言不出于口，刑不用而民治，是以民德美之。[3]

【注释】

　　[1] 德法，德和法。　　衔，马嚼子。　　勒，马笼头。　　辔，马缰绳。　　筴，马鞭。　　御者，驾车人。　　内史、太史，左右史也。

　　[2] 官，官吏。　　人，指执法的人。

　　[3] 听言，听讼之言。　　德美，感德赞美。

【译文】

　　德和法，就像是驾御人民的嚼子和笼头；史官，就像缰绳；刑法，就像马鞭；天子，就像驾车的人；内史、太史，就像驾车人的左右手。古时候以德法为嚼子、笼头，以官吏为缰绳，以刑罚为鞭子，以人为手，所以统御天下几百年不懈惰。善于驾御马的人，戴正嚼子和笼头，整齐缰绳和鞭子，平均马力，调和马心，所以口不出声，手不动摇，不用鞭子，而马听他指挥。善于驾御人民的，端正自己的德法，整饬自己的官吏，而平均民力，调和民心，所以处理狱讼的话不出于口，刑罚不用而人民治理，所以人民感德并赞美他。

【原文】

夫民善其德，必称其人。[1]故今之人称五帝三王者，依然若犹存者，其法诚得，其德诚厚。[2]夫民思其德，必称其人，朝夕祝之，升闻于皇天，上帝歆焉，故永其世而丰其年。[3]不能御民者，弃其德法，譬犹御马弃衔勒，而专以筴御马，马必伤，车必败；无德法而专以刑法御民，民必走，国必亡。[4]亡德法，民心无所法循，迷惑失道，上必以为乱无道；苟以为乱无道，刑罚必不克，成其无道，上下俱无道。[5]故今之称恶者必比之于夏桀殷纣，何也？[6]曰：法诚不德，其德诚薄。[7]夫民恶之，必朝夕祝之，升闻于皇天，上帝不歆焉；故水旱并兴，灾害生焉。[8]故曰：德法者，御民之本也。

【注释】

〔1〕称，称颂。
〔2〕诚，实。　得，得当。　歆，享受、接受。　永，长。
〔3〕祝，祝愿。　歆，用鼻子闻、享受。
〔4〕走，远走他乡。
〔5〕法循，效法遵循。　克，战胜。
〔6〕称，称呼。
〔7〕诚，实。　不德，无德。
〔8〕祝，诅咒。

【译文】

人民认为谁的德行好，就一定会称颂他。所以现在人称颂五帝三王的，依然像他们还在世，因为他们的法规确实恰当，他们的德行确实厚重。人民思慕他们的德行，从心里面称颂他们，每天早晚祝愿他们。这种声音被老天爷听到，上帝享受，所以使他们世系永长，并使他们的庄稼丰收。而不能驾御人民的，却抛弃其道德和法规，就像驾御马的时候抛弃马嚼子和笼头，而专门用鞭子驾御，那么马就一定会受伤，车就一定会颠覆，没有道德和法规而专门用刑法驾御人，人民一定会逃走，国家一定会灭亡。没有道德和法规，人民心里没有可以效法遵循的，就会迷惑而亡失正道，而上边的人一定会以为他们是作乱无道。如果以为是作乱无道，刑罚一定会失去作用。这样，又成就了自己的无道，结果是上下均无道。所以如今称恶人的，一定把他与夏桀和殷纣王相比，为什么呢？因为他的法规确实没有德，而德行确实很浅薄。一旦人民厌恶他，就一定会早晚诅咒他。这种声音被老天爷听到，上帝就不享受，所以使他大涝大旱，发生灾害。所以说，道德和法规是驾御人民的根本。

【原文】

古之御政以治天下者，冢宰之官以成道，司徒之官以成德，宗伯之官以成仁，司马之官以成圣，司寇之官以成义，司空之官以成礼。[1]故六官以为辔，司会均人以为轴。[2]故曰御四马者执六辔，御天地与人与事者亦有六政。[3]是故善御者正身同辔，均马力，齐马心，惟其所引而之，以取长道；[4]远行可以之，急疾可以御。[5]天、地与人、事，此四者圣人之所乘也。[6]是故天子御者，太史、内史左右手也，六官亦六辔也。天子三公合以执六官，均五（六）政，齐五（六）法，以御四者，故亦惟其所引而之。[7]以之道则国治，以之德则国安，以之仁则国和，以之圣则国平，以之义则国成，以之礼则国安，此御政之体也。[8]

【注释】

〔1〕冢宰，天官；司徒，地官；宗伯，春官；司马，夏官；司寇，秋官；司空，冬官，所谓六官也。　道，路线。　天官，故成道。德，道德。　地官，故成德，厚德载物也。　仁，仁爱。　春官，故成仁，仁属木。　心明曰圣。　心，火也。　夏官，故成圣。义，金也。　秋官，故成义。《白虎通·礼乐》："礼，阴也。"　冬官，故成礼。

〔2〕司会，会计、掌会总者。　辔，驾驭牲口的缰绳。　均人，掌分配者。　轫，骖马内测的缰绳。

〔3〕六政，六官之政。

〔4〕同，等同。　均，均等。　齐，整齐。　引，牵拉。之，往。　长，远。

〔5〕急疾，骤驰。　御，驾驭、制止。

〔6〕乘，谓利用。

〔7〕执，掌也。　六政，同前。　六法，即前所谓道、德、仁、圣、义、礼。　四者，天、地、人、事也。

〔8〕之，往、行也。　体，主体、主干。

【译文】

古时候驾御行政以治理天下的，天官冢宰成就道，地官司徒成就德，春官宗伯成就仁，夏官司马成就圣，秋官司寇成就义，冬官司空成就礼。所以以这六官为驾车的辔绳，以掌会总的司会和掌分配的均人为向内侧转的缰绳。所以说驾御四马的有六辔，驾御天、地与人、事的也有六政。所以善于驾御的人，端正自身等齐六辔，平均马力整齐马心，任其牵引而往，以行长路；远行可以到达，疾奔可以控制。天、地与人、事，这四种都是圣人所利用的。所以天子相当于驾车的人，太史、内史相当于他的左右手，六官相当于六根辔绳。天子与三公结合以执掌六官，平均六政，整齐六法，以驾御天、地与人、事，所以也能任其所牵引而往，让它往正道上行国家就治理，让它往德行上行国家就富足，让它往仁德上行国家就和谐，让它往圣德上行国家就太平，让它往正义上行国家就成功，让它往礼仪上行国家就安定，这是驾御国政的主体方法。

【原文】

　　过，失也。[1]人情莫不有过。[2]过而改之，是不过也。是故官属不理，分职不明，法政不一，百事失纪，曰乱也；乱则饬冢宰。[3]地宜不殖，财物不蕃，万民饥寒，教训失道，风俗淫僻，百姓流亡，人民散败，曰危也；危则饬司徒。[4]父子不亲，长幼无序，君臣上下相乖，曰不和也；不和则饬宗伯。[5]贤能失官爵，功劳失赏禄，爵禄失则士卒疾怨，兵弱不用，曰不平也；不平则饬司马。[6]刑罚不中，暴乱奸邪不胜，曰不成也；不成则饬司寇。[7]百度不审，工事失礼，财务失量，曰贫也；贫则饬司空。[8]故曰：御者同是车马，或以取千里，或数百里者，所进退缓急异也；治者同是法，或以治，或以乱者，亦所进退缓急异也。[9]

【注释】

　　〔1〕过，过错、失误。

　　〔2〕情，实情。

　　〔3〕官属，属官。　　理，治。　　法政，政策。　　纪，绪。饬，同"敕"，诫也。

　　〔4〕地宜，土地所宜生者。　　殖，种植、繁殖。　　蕃，滋生、多。　　道，正确的方法。　　淫僻，淫乱邪僻。　　百姓，贵族。人民，老百姓。　　散败，流散败坏。

　　〔5〕乖，乖戾、不和。

　　〔6〕疾，憎恨。　　怨，怨恨。

　　〔7〕不中，有偏颇。　　不胜，不能胜。

　　〔8〕百度，诸度量。　　审，精审。　　失礼，不合法度。　　量，定量、计划。

　　〔9〕是，此。

【译文】

过，指过错。人的实情，没有不犯错的；错了就改，就不是过。所以下属官员不治理，分配职责不明确，政策不统一，办事没有头绪，叫做"乱"；一旦乱，就整饬冢宰。土地所适宜的不种植，财物不能滋生，百姓受饥寒，教育失正道，风俗淫乱不正，百姓流亡失所，人民离散败坏，叫做"危"；一旦有危，就整饬司徒。父子不相亲，长幼没有序，君臣上下相乖戾，叫做"不和"；一旦不和，就整饬宗伯。贤能失去官爵，有功劳得不到奖赏和俸禄，失去官爵和俸禄，士卒就会嫉恨怨望，致使兵弱不能用，叫做"不平"；一旦不平，就整饬司马。刑罚不公正，暴乱奸邪不能被制胜，叫做"不成"；一旦不成，就整饬司寇。度量不精审，工事不合法度，财务超过计划，叫做"贫"；一旦贫，就整饬司空。所以说：御手驾的是同样的车马，有的能行一千里，有的只行几百里，原因是掌握进退快慢不同；治国者用的是同样的法度，有的治理，有的大乱，原因也是掌握进退快慢不同。

卷九

明堂第六十七

此篇略记古名堂之制，本属《盛德》篇所附，故许慎《五经异义》引其文称《盛德记》。盖以《盛德》篇前有"天道不顺，生于明堂不饰；故有天灾，即饰明堂也"之文，故于此篇详说之，当是汉初礼家据传闻而作。

【原文】

明堂者，古有之也，凡九室：一室而有四户八牖，凡三十六户、七十二牖。以茅盖屋，上圆下方。[1]明堂者，所以明诸侯尊卑。外水曰辟雍，南蛮、东夷、北狄、西戎。[2]

【注释】

〔1〕明堂，古代天子布政的建筑。 古有之，谓非汉代始有。九室，四方各二加中央太室。 牖，窗。

〔2〕外水，明堂之外环形的水池。 辟雍，圆如璧而雍（壅）明堂之外，故名。 南、东、北、西，四方也。蛮、夷、狄、戎，对四方少数民族的称谓。

【译文】

明堂，自古就有。一共九间活动室：一室有四座门、八个窗户，一共三十六座门、七十二个窗户。用茅草覆盖屋顶，上圆下方。明堂，是用来彰明诸侯尊卑的。明堂外面的水池叫辟雍。辟雍四周，排列着四方少数民族，所谓南蛮、东夷、北狄、西戎。

【原文】

《明堂月令》：赤缀户也，白缀牖也。[1]二九四、七五三、六一八。[2]堂高三尺，东西九筵，南北七筵，上圆下方。[3]九室十二堂，室四户，户二牖，其宫方三百步。[4]在近郊三十里。[5]或以为明堂者，文王之庙也。[6]

【注释】

〔1〕缀，点缀。　户，单扇门。

〔2〕二九四、七五三、六一八，所谓九宫之数，三层叠之，横竖斜皆得十五之数。

〔3〕堂，谓大堂基座。　筵，一种粗席。

〔4〕九室，按此处所引，当为周制，则应为五室。　十二堂，十二月布政之所。　宫，谓围墙。　方，方圆。　步，两腿各迈一次的长度。

〔5〕郊，城外。　里，距离单位，汉代人谓三百步为里，一步合汉尺七尺。汉尺长约 23 厘米，一里约合 480 米。

〔6〕按《孝经》曰："宗祀文王于明堂。"故或以为明堂谓文王之庙。

【译文】

《明堂月令》里说：红色点缀门，白色点缀窗户。九宫之数为二九四、七五三、六一八相叠。堂基高三尺，东西铺九张筵席，南北铺七张筵席，上圆下方。一共九间室十二座堂，每间室四座门，每座门两个窗户。其围墙方圆三百步，在近郊三十里处。有人认为，明堂是文王庙。

【原文】

　　朱草日生一叶，至十五日生十五叶；十六日一叶落，终而复始也。[1]周时德泽洽和，蒿茂大以为宫柱，名蒿宫也。[2]此天子之路寝也，不齐不居其屋。[3]待朝在南宫，揖朝出其南门。[4]

【注释】

　　[1] 朱草，一种可以染红的草，古人以为瑞草。

　　[2] 洽，润也。　　蒿，草属植物，有茎。　　宫，指明堂。

　　[3] 路寝，正室。　　齐，同"斋"，祭祀前沐浴整洁身心，所谓斋戒。

　　[4] 待朝，将上朝之前。　　南宫，路寝南室。　　揖朝，上朝见公卿。

【译文】

　　可以染红的朱草每天长一片叶子，到第十五天长十五片叶子；第十六天落一片叶子，直至第三十天全部落完，这样终而复始。周朝的时候因为德盛泽洽，蒿草茂盛，大的用作房柱子，名叫蒿宫。这是天子的正室路寝，进去必须斋戒沐浴。平时等待官员朝拜在路寝南室，上朝接见公卿从其南门出。

千乘第六十八

【题解】

　　此下共七篇皆记鲁哀公与孔子问对，作"公曰""子曰"形式，并各取首句中二三字名篇。前人论之，咸以为此七篇即《七略》之"《三朝记》七篇"，当可信。

【原文】

　　公曰："千乘之国，受命于天子，通其四疆，教其书社，修其濯庙，建其宗主，设其四佐，列其五官，处其朝市，为仁如何?"[1]

　　子曰："不仁，国不化。"[2]

　　公曰："何如之谓仁?"

　　子曰："不淫于色。"[3]

【注释】

　　[1]公，鲁哀公。　乘，音剩，兵车单位。　千乘之国，拥有一千辆兵车的国家，即一个诸侯国。　受命，受封。　通，沟通。四疆，四境。　教，教化。　书社，乡间基层组织。　濯庙，即祧庙。《祭法》："远庙谓祧。"　建，立。　佐，辅臣。　五官，司徒、司马、司空、司寇、司工。　处，置也。　朝市，朝廷和市场。　为仁，讲究仁。

　　[2]化，为教所感化。

〔3〕淫，过度、荒淫。　　色，女色。

【译文】

鲁哀公问："诸侯受封于天子，沟通国家四境，教化乡间书社，修建远祖宗庙，设立宗主，设置前后左右四佐，安排司徒、司马、司空、司寇、司工五官，设置其朝堂和市场，这些已经够了，为什么还要讲仁？"

孔子说："不讲仁，人民不能被教化。"

哀公又问："怎么样才叫仁？"（以下当有脱文）

孔子说："不淫于女色。"

【原文】

子曰："立妃设如太庙然，乃中治。[1]中治，不相陵；不相陵，斯庶嫔遝；遝，则事上静；静，斯洁信在中。[2]朝大夫必慎以恭，出会谋事必敬以慎言，长幼小大必中度，此国家之所以崇也。[3]

"立子设如宗社，宗社先示威，威明显见，辨爵集德，是以母弟官子咸有臣志，莫敢援于外大夫，中妇私谒不行，此所以使五官治执事正也。[4]夫政以教百姓，百姓齐以嘉善，故蛊佞不生，此之谓良民。[5]国有道则民昌，此国家之所以大遂也。[6]

"卿设如大门，大门显美，小大尊卑中度。开明闭幽，内禄出灾，以顺天道，近者闲焉，远者稽焉。[7]君发禁，宰受而行之，以时通于地，散布于小理。[8]天之灾祥，地宝丰省，及民共飨其禄，共任其灾，此国家之所以和也。[9]

【注释】

〔1〕妃,谓嫡妻。　设如,犹如。　太庙,以次供奉祖宗牌位的地方。　中,内。　庶,众。　按上"朝大夫"至此"慎言"二十三字错简,于鬯疑当在"是以母弟官子咸有臣志"下。

〔2〕陵,同"凌",欺凌、凌驾。　斯,则。　嫔,嫔妃。　逹,用同"彰",显也。　洁,清洁、干净。　信,诚信。

〔3〕朝,谓在朝接见。　以,犹而。　出会,出国聚会。中,合。　度,法度。　崇,尊也。

〔4〕子,谓嫡子。　宗社,宗庙和社稷。　威,威严。　辨,别。　爵,爵位。　集,合。　母弟,同母弟。　官子,卿大夫之子。　咸,皆。　援,引。　中妇,谓内官。　谒,请也。按上"莫敢援于外大夫,中妇私谒不行"十三字与前所指二十三字互误,于鬯说。

〔5〕政,谓政教。　齐,齐心。　嘉,赞美。　蛊,害人者。佞,巧言者。

〔6〕道,指正常的方针政策。　昌,盛。　遂,通顺。

〔7〕内,纳。　禄,福。　闲,阻隔。　稽,留。

〔8〕禁,禁令。　时,时令。　通,达也。　地,谓所在之地、到处。　散布,分布。　小理,小事也。

〔9〕灾祥,灾害与吉祥。　地宝,土地所产。　丰,饶。省,减。　飨,享受。　任,承担。

【译文】

孔子说:"立正妻如同立太庙,内朝就会治理;内朝治理,就不相互欺凌;不相互欺凌,众嫔妃的地位就各自彰显了;地位彰显,事奉国君就安然无事了;安然无事,洁净和诚信就在里面了。

"立太子如同立社庙。立社庙先示威严,明威就会显见;辨别爵位集合德行,所以兄弟和卿大夫的子弟就都有为臣之心;朝廷大夫也一定会谨慎而恭敬,不论是出境盟会还是在朝谋事,一定会认真而慎重;不论长幼大小,一定会遵守法度。所以五官治政,就能执事公正。以正道教导百姓,百姓就会齐心赞美善政。所以害人的蛊虫与奸佞不产生,这就叫良民。国家有正道人民就昌盛,这就是国家之所以能够大顺的原因。

"卿士如同大门。大门高大漂亮，大小尊卑都合乎法度。大门打开就光明，关上就幽暗，纳福出灾，以顺自然，近的被阻隔在那里，远的停留在那里。君主发布禁令，宰臣接受并执行，按时传达到地方，分散到小事情上。不论大自然的灾害与祥瑞，土地所产的丰饶或减省，都与人民共享其福，同担其灾，这就是国家之所以和谐的原因。

【原文】

"国有四辅，辅卿也。[1]卿设如四体，毋易事，毋假名，毋重食。[2]凡事尚贤进能，使知事；爵不世，能之不愆。[3]凡民戴名以能，食力以时，成立以事，此所以使民让也。[4]民咸孝弟而安让，此以怨省而乱不作也，此国家之所以长也。[5]

"下无用，则国家富；上有义，则国家治；长有礼，则民不争；立有神，则国家敬。[6]兼而爱之，则民无怨心；以为典令，则民不偷。[7]昔者先王本此六者而树之德，此国家之所以茂也。[8]

"设其四佐而官之。司徒典春，以教民之不则时，不若令，成长幼老疾孤寡，以时通于四疆。[9]有阖而不通，有烦而不治，则民不乐生，不利衣食。[10]

"凡民之藏贮，以及山川之神明加于民者，发图功谋。[11]斋戒必敬，会时必节。[12]日历巫祝，执伎以守官，俟命而作，祈王年，祷民命，及畜谷蜚征庶虞百草。[13]

"方春三月，缓施动作，生育百物。于时有事，享于皇祖皇考，朝孤子八人，以成春事。[14]

【注释】

〔1〕四辅，即四佐，见前。

〔2〕四体，四肢。　毋，不要、不能。　易事，变换之。假，借。　重，厚。　食，福也。

〔3〕知，掌也。　世，谓世袭。　之，犹"则"。　愆，丧失、失掉。

〔4〕戴，犹负。　能，能力。　成立，成功立身。　让，谦让。

〔5〕咸，皆。　孝弟，即孝悌。　安，谓安于。

〔6〕下，贬抑之。　上，推崇之。　长，以之谓长上。　有神，谓神灵特异者。　兼，普遍。

〔7〕典令，典章法令。　偷，苟且。

〔8〕茂，美盛、兴盛。

〔9〕典，主。　则，法也。　时，时令。　若，顺也。

〔10〕阖，闭塞。　烦，谓令烦。　利，以为利。

〔11〕图，谋也。　谋功，谋犹成。

〔12〕会时，即时会，按时聚会。　节，节制。

〔13〕日，占日者。　历，掌历数者。　巫，巫师。　祝，掌祷祝者。　伎，技艺。　守官，守其官职。　俟，等待。　祈，求。　年，指在位之年。　祷，祈祷。　命，寿命。　蜚征，谓飞禽走兽。　庶，众。　虞，管理山泽的官。

〔14〕施，借为"弛"，松弛。　动作，指工程徭役。　事，指祭祀之事。　享，祭享。　皇，大。　祖，先祖。　考，先父。朝，在朝廷接见。　八人，其限额也。

【译文】

"国家有四位辅佐，辅佐就是辅卿。辅卿犹如人的四肢，不能变换，不能托名，不能只拿厚禄。干所有的事情都要尚贤进能，使他们知掌事务；爵位不世袭，有能力的则不失掉。所有的人都以才能得名誉，以劳动吃饭，以事务立身，这样使人民懂得礼让。人民都能孝悌并安心礼让，就会减少怨恨而不作乱，这是国家能够长久的原因。

"贬抑没用的东西，国家就富裕；崇尚合理的东西，国家就治理；以知礼的人为官，人民就不相争；立有灵验的神，国家就被尊敬；普遍地关爱，人民就没有怨恨之心；制定典章法令，人民就不苟且。从前先王以这六条为根本，并树立德行，这是国家之所以兴盛的原因。

"设立四佐，让他们分管事务。司徒负责春季，以教导百姓中不顺应时令和不听从号令的，成就长幼老疾孤寡，并按照时令贯彻于全国。如若闭塞不通，烦乱不治，人民就不安生，就不以衣食为利而为非作歹。

"凡是人民所藏贮的，以及山川神明所赋予的，都要想办法谋取。斋戒一定要认真，聚会一定要节制。所有占日的、掌历数的、巫师、祷祝，都要掌握技能而坚守职位，待命而行，以祷求国王的年寿、人民的命运，以及六畜、五谷、飞禽、走兽、林木、百草。

"春季三个月，动作要缓慢松弛，好让百物生育。这个时候天子要干的事，是祭享皇祖皇考，并在朝廷接受八名孤儿朝见，以成就春季之事。

【原文】

"司马司夏，以教士车甲。[1] 凡士执伎论功，循四卫，强股肱，质射御，才武聪慧，治众长卒，可以为仪缀于国。[2] 出可以为率，诱于军旅。[3] 四方诸侯之游士，国中之贤者与阅焉。[4]

"方夏三月，养长秀蕃庶物。[5] 于时有事，享于皇祖皇考，爵士之有庆者七人，以成夏事。

【注释】

〔1〕司马，掌兵马者。　士，士卒。　车，谓车战。　甲，谓披甲而战。

〔2〕循，借为"巡"。　四卫，四境。　股肱，身体也。质，美也。　仪缀，表率。

〔3〕率，同"帅"。　诱，导也。

〔4〕与，一起。　阅，观、审。

〔5〕长，生长。　　秀，开花。　　蕃，繁殖。

〔6〕爵，谓赏其爵位。　　有庆者，谓有功可赏者。

【译文】

"司马主管夏季，以教练士卒戴盔甲进行车战。士卒都要根据技能论功，并巡守四境。凡是体格强壮、射箭驾车的功夫好、聪明能干、善于领导和管理士卒、可以在全国为表率、出兵可以做统帅的，要把他们诱导到军队中。四方诸侯的游士，国中的贤者都可以参与审查。

"夏季三个月，万物生长，开花繁育。这个时候天子要干的事，就是祭享皇祖皇考，给有功劳的七个人赏赐爵位，以成就夏季之事。

【原文】

"司寇司秋，以听狱讼，治民之烦乱，执权变民中。〔1〕凡民之刑，萌本以要闲。作起不敬，以欺惑憧愚。〔2〕

"诈于财贿六畜五谷，曰盗。〔3〕诱居室家及幼子，曰不义。〔4〕子女专，曰妖。〔5〕饬五兵及木石，曰贼。〔6〕以中情出，小曰间，大曰谍。〔7〕利辞以乱属，曰谗。〔8〕以财投长，曰贷。〔9〕

"凡犯天子之禁，陈刑制辟，以追罔民之不率上教者。〔10〕夫是故，一家三夫道行，三人饮食，哀乐平，无狱。〔11〕

"方秋三月，收敛以时。于时有事，尝新于皇祖皇考，食农夫九人，以成秋事。〔12〕

【注释】

〔1〕权，法。　　变，变化。　　中，正。

〔2〕刑，谓受刑。　　萌，萌芽。　　要，求也。　　闲，不做事。作起，谓举动。　　憧愚，无定识之民。

〔3〕诈，诈取。　　财贿，财物。

〔4〕诱居室家，诱人妻妾也。

〔5〕专，擅也。　　妖，怪异、反常。

〔6〕饬，整治。　　五兵，泛指各种金属兵器。　　木石，指木质、石质兵器。　　贼，害人者。

〔7〕中情，内情也。　　大、小，以所出之事言。

〔8〕利辞，犹利口。　　属，众属。

〔9〕投，送也。　　长，上也。　　贷，借为"慝"，邪恶。

〔10〕陈，列。　　辟，法。　　罔，捕也。　　率，循也，谓循法。

〔11〕道行，谓在外奔波。　　饮食，谓在家享用。　　平，均也。

〔12〕新，谓新谷、新粮。　　食，音四，招待。

【译文】

"司寇主管秋季，处理刑狱诉讼，治理百姓的烦乱，以法辨别百姓的行为是否公正。凡是对百姓的刑罚，要从根本上或萌芽状态加以解决，以求无事。如果动作不认真，欺骗迷惑没有定见的百姓，[叫"某"]。窃取财物及六畜五谷，叫"盗"。诱人妻妾及幼儿，叫"不义"。子女擅自做主，叫"妖"。百姓私自制造各种金属兵器和木质、石质兵器，叫"贼"。打入敌人内部，小的叫"间"，大的叫"谍"。用巧言利辞惑乱下属，叫"谗"。以财物投送上司，叫"慝"。

"凡有犯天子禁令的，就列刑制法，以追捕不遵循上教的。这样，只要一家一个人在外奔波，三口人就有饭吃，而且哀乐平均，没有刑狱。

"秋季三个月，要按时收获。这个时候天子要干的事，就是让皇祖皇考尝新，并招待九个农夫，以成就秋季之事。

【原文】

"司空司冬，以制度制地事。[1]准揆山林，规表衍沃；畜水行，衰灌浸，以节四时之事。[2]治地远近，以任民力，以节民食。太古食壮之食，攻老之事。"[3]

公曰："功事不少，而馐粮不多乎?"[4]

子曰："太古之民，秀长以寿者，食也。[5]在今之民，赢丑以齿者，事也。[6]太古无游民，食节事时，民各安其居，乐其官，服事信上，上下交信，地移民聚。[7]在今之世，上治不平，民治不和，百姓不安其居，不乐其官；老疾用力，壮狡用财，于兹民游；薄事贪食，于兹民忧。[8]

"古者版书成男成女名属升于公门，此以气食得节，作事得时，民劝有功；夏服君事不及暍，冬服君事不及冻。[9]是故年谷不成、天之饥馑，道无殣者。[10]在今之世，男女属散，名不升于公门，此以气食不节，作事不时；天之饥馑，于时委民，不得以疾死。[11]

"是故立民之居，必于中国之休地，因寒暑之和，六畜育焉，五谷宜焉；辨轻重，制刚柔，和五味，以节食事。[12]

"东辟之民曰夷，精于侥，至于大远，有不火食者矣。[13]南辟之民曰蛮，信以朴，至于大远，有不火食者矣。西辟之民曰戎，劲以刚，至于大远，有不火食者矣。[14]北辟之民曰狄，肥以戾，至于大远，有不火食者矣。[15]及中国之民，曰五方之民，咸有安居和味，咸有实用利器，知通之，信令之。[16]

"及（乃）量地度居，邑有城郭，立朝市，地以度邑，以度民，以观安危。[17]距封后利，先虑久固；依固可守，为奥可久。能节四时之事，霜露时降。[18]

【注释】

〔1〕制度，法度。　　制，裁制。

〔2〕准揆，谓度其形势。　　规表，表其经界。　　水行，流水。衰，减也。　　灌浸，浸灌。　　节，调节。

〔3〕太古，上古。　　攻，治。

〔4〕功，劳动、工作。　　馈粮，粮食。

〔5〕秀，美。　　长，高。　　寿，长寿。

〔6〕羸丑，羸弱。　　殨，死于道路。

〔7〕官，所管、事业。　　交，交相、互相。　　地移民聚，民随地而聚也。

〔8〕狡，健也。　　用财，享受也。　　于兹，于是。　　扰，侵掠。

〔9〕版，小木板。　　书，记。　　名属，姓名与所属。　　升，进也。　　公门，官府。　　气，读"饩"，送人食物。　　劝，努力。喝，伤暑。

〔10〕殣，饿死的人。

〔11〕属散，无户籍也。　　委，弃也。　　不得以疾死，无疾而死、饿死也。

〔12〕中国，国土中央。　　休地，美地。　　轻重，谓民所轻重。刚柔，指民性言。

〔13〕辟，同"僻"，偏也。　　佻，虚伪。　　火食，熟食。

〔14〕劲，坚强。　　刚，刚烈。

〔15〕肥，肥壮。　　戾，暴戾。

〔16〕安居，所安之居。　　和味，所和之味。　　知，智慧。信，诚。　　令，可号令。

〔17〕度，量、规划。　　居，居邑。　　邑，城邑。"地以度邑"四字疑衍。

〔18〕距封，筑道路也。　　久固，长久坚固。　　奥，用同"墺"，可以久居之地。　　按"能节四时之事，霜露时降"，疑是错简衍文。

【译文】

司空主管冬季，以法度裁制土地事宜。包括揆度山林形势，规表衍沃经界；蓄积流水，减少浸泡，以调节四季旱涝；调治远近土地，以任用民力，以调节民食。上古的时候是吃壮年的饭，治老年的事。"

哀公说："那样的话，不就治事的太多，而粮食太少了吗？"

孔子说："上古的人秀美高大而长寿，是因为吃得饱；如今的人羸弱而饿死，是因为干事多。上古没有游民，饮食节制，干事适时，百姓乐业，信服上司，上下互相信任；领地迁到哪里，百姓聚在哪里。当今之世，上边的治理不平，下边的管理不善，老百姓不安其居，不乐其业；老弱病残用力，年轻力壮的享受，于是百姓四散游离；干事少的贪享受，于是百姓就相互侵掠。

"古时候把成年男女的姓名及其辖属写在木版上上交到官府，所以馈赠粮食有节度，兴事作业合时宜，老百姓努力而成功；夏季给公家做事不伤暑，冬季给公家做事不受冻；所以哪怕没有收成，遭受天灾人祸，路上也没有饿死的人。当今社会，男女没有户籍，姓名不报到官府，所以馈赠粮食没有节度，兴事作业不合时宜；遇上天灾人祸就抛弃人民，使他们冻饿而死。

"所以安置百姓的居址，必须是国土中央的好地方，并利用其寒暑调和，使六畜在那里繁育，五谷适宜在那里生长；然后区别百姓所轻所重，控制百姓性格的刚柔，调和五味，以节制民食，使他们适时任事。

"东方边远地区的人叫夷，性格虚伪；再往远处，就有生吃的了。南方边远地区的人叫蛮，性格诚实而质朴；再往远处，就有生吃的了。西方边远地区的人叫戎，性格坚强刚烈；再往远处，就有生吃的了。北方边远地区的人叫狄，体格肥壮而暴戾；再往远处，就有生吃的了。加上中国人，叫做五方之民，各自都有自认为安适的居所和滋味，都有实用的利器，智慧相通，诚信可号令。

"又丈量土地、规划城邑；城邑有内外城墙，设立早市，以安置百姓，以观察安危。修筑道路，以取后利；提前修筑长期可用的坚固壁垒，依靠它可以防守，作为可以长期驻扎的地方。总之，只要能调节四季活动，气候就不反常。

【原文】

"方冬三月，草木落，庶虞藏，五谷必入于仓。〔1〕于时有事，蒸于皇祖皇考，息国老六人，以成冬事。〔2〕

"民咸知孤寡之必不末也，咸知有大功之必进等也，咸知用劳力之必以时息也。〔3〕推而内之水火，入也弗之顾矣，而况有强适在前，有君长正之者乎？"〔4〕

公曰："善！"

【注释】

〔1〕落，凋落。　　庶虞，谓山林河泽之所有，鸟兽鱼鳖之类。
〔2〕蒸，冬祭名。　　息，宁也。　　国老，卿大夫之致事者。
〔3〕末，薄也。　　进等，晋爵提拔。
〔4〕内，纳也。　　适，借为"敌"。　　正，治也。

【译文】

"冬季三个月，草木凋落，所以鸟兽鱼鳖藏身，五谷也必须入仓。这个时候天子要干的事，就是对皇祖皇考进行冬祭，在朝廷上接见六名已经致事退休的老人，使安心休息，以成就冬季之事。

"老百姓都知道连孤寡老人都一定不会被慢待，都知道有大功一定能够晋爵提拔，都知道服劳役一定会按时休息。这样，就是把他们推进水火，他们也会义无反顾了，何况有强敌在前，有君长治理他们呢？"

哀公说："好！"

四代第六十九

【题解】

此篇为《七略》"《三朝记》七篇"之第二篇，主要记鲁哀公与孔子讨论四代之政刑，取开首二字为名。

【原文】

公曰："四代之政刑，论其明者，可以为法乎？"[1]

子曰："何哉！四代之政刑，皆可法也。"

公曰："以我行之，其可乎？"

子曰："否，不可。臣愿君之立知而以观闻也。[2]四代之政刑，君若用之，则缓急将有所不节；不节，君将约之；约之，卒将弃法；弃法，是无以为国家也。"[3]

【注释】

〔1〕公，指鲁哀公。　四代，虞、夏、商、周也。　政刑，政教刑法。　论，借为"抡"，选。　法，法范、被效法者。

〔2〕愿，望也。　立知，立其已知。　观闻，观其所听闻。

〔3〕节，节制。　约，简省。　卒，终。

【译文】

鲁哀公问："虞、夏、商、周四代的政教刑法，选其英明的，可以作为法范而效法吗?"

孔子说:"什么? 四代的政教刑法,都可以效法!"

哀公又问:"像我这样的人执行它,可以吗?"

孔子说:"不! 不可以。我希望您确立已知的,而观察所听到的。四代的政教刑法,您如果用它,将会缓急有所不节制;不节制,您就会减省它;减省它,最终就会抛弃所效法的;抛弃所效法的,就没有可以治理国家的了。"

【原文】

公曰:"巧匠辅绳而斫,胡为其弃法也?"[1]

子曰:"心未之度,习未之狎,此以数逾而弃法也。[2]夫规矩准绳钧衡,此昔者先王之所以为天下也。[3]小以及大,近以知远。今日行之,可以知古,可以察今,其此耶![4]水、火、金、木、土、谷,此谓六府,废一不可,进一不可,民并用之。[5]今日行之,可以知古,可以察今,其此耶! 昔夏、商之未兴也,伯夷为此二帝之眇。"[6]

【注释】

〔1〕辅绳,借助墨绳。　斫,砍。　胡,何。

〔2〕度,音夺,揣度。　狎,熟悉。　数,音硕,屡次。逾,越。

〔3〕规矩,画方圆者。　准,取平的器具。　绳,画直线者。钧衡,衡器。

〔4〕察,考察。　耶,同"也"。

〔5〕进,增加。

〔6〕伯夷,舜臣,为秩宗,典三礼。　此二帝,夏、商二帝。眇,细微。

【译文】

哀公说："巧匠都要借助墨绳砍斫，我怎么会抛弃所效法的呢？"

孔子说："心里未能揣度，习惯还不熟悉，所以屡次超越就会抛弃所效法的。那画圆的规、量方的矩、取平的准、画直的绳、称重的秤，这些都是从前先王为治天下而设置的。小可以到大，近可以知远。所谓今天实行它，既可以知古，又可以察今，大概就是这个吧！水、火、金、木、土、谷，这叫六府，废除一个不可以，增加一个也不可以，老百姓都用它。今天实行它，既可以知古，又可以察今，大概就是这个吧！从前夏、商两代尚未兴起的时候，伯夷就是这两代帝王的微眇化身。"

【原文】

公曰："长国治民恒干，论政之大体以教民辨，历天道以时（识）地性，兴民之阳德以教民事；上服周德之典以顺事天子，修政勤礼以交诸侯。[1]大节无废，小眇其后乎？"[2]

子曰："否，不可后也。《诗》云：'东有开明。'[3]于时鸡三号以兴庶虞，庶虞动，蜚征作。[4]啬民执功，百草咸淳，地倾水流之。[5]是以天子盛服朝日于东堂，以教敬示威于天下也。[6]是以祭祀，昭有神明；燕食，昭有慈爱；宗庙之事，昭有义；率礼朝廷，昭有五官；无废甲胄之戒，昭果毅以听。[7]天子曰崩，诸侯曰薨，大夫曰卒，士曰不禄，庶人曰死，昭哀。[8]哀爱无失节，是以父慈子孝，兄爱弟敬。[9]此皆先王之所先施于民也。[10]君而后此，则为国家失本矣。"[11]

【注释】

〔1〕长，读为"掌"，掌控。　　干，谓把握主干。　　论，研讨。
辨，别也。　　历，履、遵循。　　阳德，谓显见而乐成者。　　周德，
周人的德行。　　典，法也。　　修，修饰、整治。

〔2〕无废，不废。　　小眇，末节。　　后，晚。

〔3〕开明，启明星。　　按此《诗经·大东》六章之句，"开"本
作"启"，此避汉景帝之讳。

〔4〕兴，起。　　庶虞，鸟兽鱼鳖之类。　　蛰征，昆虫之类。

〔5〕啬民，农民。　　执功，干活。　　淳，厚、茂。　　倾，谓
解冻。

〔6〕朝日，日出之时祭拜太阳。

〔7〕昭，昭显、昭示。　　燕食，即宴食，用酒食招待人。　　率，
行也。　　五官，司徒、司马、司空、司士、司寇。　　戒，戒备。
听，服从。

〔8〕曰，谓死后称。

〔9〕哀，谓死后之哀。爱，谓生前之爱。

〔10〕施，加也。

〔11〕而，若也。

【译文】

哀公说："掌控国家治理民众，要永远把握主干；要研讨国政
的大体，以教导百姓进行辨别；遵循自然规律以认识土地性能，
提倡百姓显见而乐成的事以教百姓干事；服从体现周人德行的法
典，以顺事天子；整治国政勤修礼仪，以结交诸侯。大节不废止，
末节还会晚吗？"

孔子说："不！小节不可晚。《诗经》里面说：'东方升起启
明星。'这个时候鸡叫三遍，以唤醒所有的动物；动物开始活动，
昆虫开始动作；农民开始下地劳动，草木开始丰茂；大地解冻，
河水开始流淌。所以天子一大早穿盛装在明堂东堂朝拜太阳，以
教人恭敬，同时也向天下宣示威严。所以祭祀昭示有神明，宴会
昭示有慈爱，宗庙的事昭示有义务，在朝廷行礼昭示有五官，不
废戒装戒备以昭示果敢坚毅而服从。天子死了叫崩，诸侯死了叫
薨，大夫死了叫卒，士死了叫不禄，平民死了叫死，以昭示哀悼。

哀悼与疼爱不失节度，所以父慈子孝，兄爱弟敬。这些都是先王首先教给百姓的。国君如果把这些放在后面，治理国家就失去根本了。”

【原文】

公曰：“善哉！子察教我也。”[1]

子曰：“乡也君之言善，执国之节也。[2]君先眇而后善，中备。[3]以君之言，可以知古，可以察今，奂然而与民壹始。”[4]

公曰：“是非吾言也，吾一闻于师也。”[5]

子盱焉其色曰：“嘻，吾行道矣。”[6]

公曰：“道邪？”

子曰：“道也！”

公曰：“吾未能知人，未能取人。”

子曰：“君何为不观器视才？”[7]

公曰：“视可明乎？”

子曰：“可以表仪。”[8]

公曰：“愿学之。”

【注释】

〔1〕察教，察情而教。

〔2〕乡，同“向”，刚才。 节，关节、要害。

〔3〕眇，微。 备，完备。

〔4〕奂然，同“焕然”，新貌。 壹，皆。 始，更始。

〔5〕一，同“壹”，皆、全部。 师，指孔子。

〔6〕盱焉，即“盱然”，张目惊视之貌。 嘻，赞美声。

〔7〕器，器识、器用。 才，才能。

〔8〕表，从外表。 仪，揆度。

【译文】

哀公说:"好啊!您简直是察情而教我。"

孔子说:"刚才君说得好,那是执掌国家的关键。国君先微眇而后完善,中间充实。按君说的,既可以知古,也可以察今,可以焕然与百姓重新开始了。"

哀公说:"这不是我自己的话,我全是从老师您那里听说的。"

孔子吃惊地睁了大眼睛,说:"嘻!我行道了。"

哀公问:"是道吗?"

孔子说:"是道。"

哀公说:"可是我还不能知人,也不能取人,怎么办呢?"

孔子问他:"国君为什么不通过观察器识而识别人才呢?"

哀公问:"这样能识别得准吗?"

孔子说:"还可以从外表进行揆度。"

哀公说:"我愿意学它。"

【原文】

子曰:"平原大薮,瞻其草之高丰茂者,必有怪鸟兽居之。[1]且草可财也,如又而夷之,其地必宜五谷;高山多林,必有虎豹蕃孕焉;深渊大川,必有蛟龙焉。[2]民亦如之,君察之,可以见器见才矣。"

公曰:"吾犹未也。"

子曰:"群然,戚然,颐然,罩然,蹜然,柱然,抽然,首然,金然,湛然。[3]渊渊然,淑淑然,齐齐然,节节然,穆穆然,皇皇然。[4]见才(采)色修声不视闻,怪物怪命不改志,舌不更气。[5]见之举也,得之取也,有事事也。[6]事必与食,食必与位,无相越逾。[7]昔虞舜天德嗣尧,取相十有六人如此。"[8]

【注释】

〔1〕薮，草木茂盛的湖泽。　　瞻，从上看。

〔2〕财，同"材"，材料。　　乂，同"刈"，割。　　夷，同"薙"，亦割。　　蕃，同"繁"。　　蛟龙，传说中一种凶猛的水兽，盖鳄鱼之类。

〔3〕群然，合群之貌。　　戚然，相亲之貌。　　颐然，安适之貌。罩然，即"怿然"，喜乐之貌。　　踏然，行动敏捷之貌。　　柱然，站立笔直之貌。　　抽然、首然，皆出众之貌。　　金然，祥和之貌。湛然，沉静之貌。

〔4〕渊渊然，深沉之貌。　　淑淑然，良善之貌。　　齐齐然，整洁之貌。　　节节然，有节度之貌。　　穆穆然，恭敬之貌。　　皇皇然，正大之貌。

〔5〕采色，即彩色，华美的颜色。　　修声，长美之声。　　怪，奇怪、少见。　　怪命，异说也。　　更，改也。　　舌不更气，谓不改前言。

〔6〕有事事，有事则任其事也。

〔7〕与，给。　　食，谓俸禄。　　位，地位、爵位。

〔8〕天德，大德。　　嗣，继也。　　相，辅相。

【译文】

孔子说："高平的大原和水草茂盛的沼泽，从上往下看凡是草木高茂的，里面必定有怪异的鸟兽，而草木可以当材料；如果割去水草，那地一定适宜五谷生长。高山多林木，必定有虎豹在里面繁育；深渊大河，里面必定有蛟龙。人也是这样，国君观察他，就可以看到有器识有才能的了。"

哀公说："我还没有那样做。"

孔子说："凡是能够合群、相亲、安适、喜乐、行动敏捷、站立笔直、出类拔萃、祥和、沉静、深沉、良善、整洁、有节度、恭敬、正大的；以及有华美的颜色不去看、有长美的声音不去听，遇见奇异的东西、听见怪异的说法不改志，并且不改前言的，看见他就推举，能得到就取用，有事情就让他做。做事必须给他俸禄，有俸禄必须给他爵位，而且不要相互逾越。从前虞舜以大德继承尧帝，还取用了十六名辅佐。"

【原文】

公曰："嘻，美哉！子道广矣，吾恐惛而不能用也。〔1〕何以哉？"

子曰："由德径径。"〔2〕

公曰："请问图德何尚？"〔3〕

子曰："圣，知之华也；知，仁之实也；仁，信之器也；信，义之重（钟）也；义，利之本也。〔4〕委利生孽。"〔5〕

公曰："嘻，言之至也！道天地以民辅之，圣人何尚？"〔6〕

子曰："有天德，有地德，有人德，此谓三德。三德率行，乃有阴阳；阳曰德，阴曰刑。"〔7〕

公曰："善哉，再闻此矣！阳德何出？"〔8〕

子曰："阳德出礼，礼出刑，刑出虑；虑则节事于近，而扬声于远。"〔9〕

公曰："善哉！载事何以？"〔10〕

子曰："德以监位，位以充局，局以观功。功以养民，民于此乎上。"〔11〕

【注释】

〔1〕惛，心昏、糊涂。

〔2〕由，率、循。　　径径，径直、快捷貌。

〔3〕图，谋也。　　尚，崇尚、以为上。

〔4〕知，读"智"。　　下同。　　华，同"花"。　　实，果实。器，容器。　　钟，犹府。

〔5〕委，抛弃。　　孽，罪、灾祸。

〔6〕道，言、说。　　辅，佐。

〔7〕率，犹并。

〔8〕出，产生。

〔9〕虑，思虑。　　节，节制。

〔10〕载，成也。　　以，用也。

〔11〕监，自上临视。　　位，指君位。　　充，备。　　局，谓局部、部分。　　上，尚。

【译文】

哀公说："啊，好啊！您的思想太弘大了，可我恐怕已经昏昧不能用了，怎么办呢？"

孔子曰："用德就很快。"

哀公问："请问谋德应该崇尚什么？"

孔子说："圣，是智慧的花朵；智，是仁爱的果实；仁，是诚信的容器；信，是义的府库；义，是利的根本。抛弃利，会生灾祸。"

哀公说："嘻，说得太好了！说天地而以人为辅。那么圣人崇尚什么？"

孔子说："世上有天德，有地德，有人德，这叫三德。三德并行，才有阴阳；阳叫德，阴叫刑。"

哀公说："好啊，已经两次听到这话了！那么阳德从哪里产生？"

孔子说："阳德出自礼，礼出自刑，刑出自思虑。思虑就能节制近处的事，而声名传扬到远处。"

哀公说："好啊！那么成事用什么？"

孔子说："以德临君位，以位充局部，以局部观功劳。以功劳养万民，万民就会崇尚功劳而事成。"

【原文】

公曰："禄不可后乎？"

子曰："食为味，味为气，气为志。[1]发志为言，发言定名，名以出信，信载义而行之，禄不可

后也。"〔2〕

公曰："所谓民与天地相参者，何谓也?"〔3〕

子曰："天道以视，地道以履，人道以稽。〔4〕废一曰失统，恐不长飨国。"〔5〕

公愀然其色。〔6〕

子曰："君藏玉惟慎，用之惟慎，敬而勿爱。〔7〕民亦如之。〔8〕执事无贰，五官有差，喜无并爱，卑无加尊，浅无测深，小无招大，此谓楣机；楣机宾荐不蒙。〔9〕昔舜征荐此道于尧，尧亲用之，不乱上下。"〔10〕

【注释】

〔1〕志，心志、思想。

〔2〕发，发出。　信，诚信。　载，装载、运载。

〔3〕相参，相配而为三。

〔4〕以，可以。　履，践。　稽，考。

〔5〕废，犹失。　飨，享。

〔6〕愀然，变容之貌。

〔7〕慎，谨慎。　敬，重视。　爱，惜、吝啬。

〔8〕如之，如玉也。

〔9〕贰，重叠。　五官，人之五官。　差，别。　并，一并、同时。　加，犹临。　测，探测。　招，同"召"，求也。楣机，即门楣，喻显见。　宾，敬也。　荐，举也。　蒙，蔽也。

〔10〕征，验证、证明。

【译文】

哀公又问："俸禄不能放在最后吗?"

孔子说："食物就是味，味就是气，气就是心志。心志发出来就是言语，言语发出来可以定名。名可以产生诚信，诚信载着义行，所以俸禄不能放在最后。"

哀公又问："所谓民与天地相参配，是什么意思?"

孔子说:"天道是仰视的,地道是践行的,人道是稽考的。废除一个叫失统,恐怕就不能长久享有国家。"

哀公脸色为之一变。

孔子又说:"国君珍藏玉器很谨慎,使用它也很谨慎,重视而不吝啬。对百姓也要这样。做事不重叠,五官有差等,喜欢的不同时爱,卑贱的不临驾尊贵,浅的不测深的,小的不求大的,这相当于门楣。门楣要恭敬地高高悬起而不遮蔽。从前虞舜通过验证把这种方法推荐给尧帝,尧帝亲自用它,使得上下不乱。"

【原文】

公曰:"请问民征?"〔1〕

子曰:"无以为也,难行。"

公曰:"愿学之,几必能。"〔2〕

子曰:"贪味不让,妨于政。〔3〕愿富不久,妨于政。〔4〕慕宠假贵,妨于政。〔5〕治民恶众,妨于政。〔6〕为父不慈,妨于政。为子不孝,妨于政。大纵耳目,妨于政。〔7〕好色失志,妨于政。好见小利,妨于政。变徙无节,妨于政。〔8〕桡弱不立,妨于政。〔9〕刚毅犯神,妨于政。〔10〕鬼神过节,妨于政。〔11〕幼勿与众,克勿与比,依勿与谋,放勿与游,微勿与事。〔12〕

"臣闻之弗荐,非事君也。〔13〕君闻之弗用,以乱厥德,臣将荐其简者。〔14〕盖人有可知者焉:貌色声众有美焉,必有美质在其中者矣;貌色声众有恶焉,必有恶质在其中者矣。〔15〕此皆伯夷之所后出也。〔16〕伯夷曰:'建国建政,修国修政。'"〔17〕

公曰:"善哉!"

【注释】

〔1〕征，征验。

〔2〕几，几乎、接近。

〔3〕味，美味。　　不让，不辞。　　妨，害也。　　政，国政。

〔4〕愿，希望。　　久，借为"疚"，贫也。

〔5〕宠，宠幸。　　假，借。

〔6〕恶，厌。　　众，人多。

〔7〕纵，谓纵其欲。

〔8〕变徙，变化。　　节，节操。

〔9〕桡，屈也。　　立，树立。

〔10〕神，神灵。

〔11〕过节，过于节制。

〔12〕聚，共也。　　克，胜也，谓好胜者。　　比，亲比。
依，依从。　　放，放纵。　　徼，侥幸。

〔13〕之，指贤人。

〔14〕厥，其。　　简，选也。

〔15〕众，多也。

〔16〕伯夷之后所出，伯夷之时尚未有者。

〔17〕建，立也。　　修，治也。

【译文】

哀公说："再请问什么是民征?"

孔子说："这个不要问，很难实行。"

哀公说："我希望学它，差不多一定能做到。"

孔子说:"贪美味不让人，妨碍国政。希望富裕不受穷，妨碍
国政。喜欢宠臣借助富贵，妨碍国政。治理百姓厌恶人多，妨碍
国政。为父不仁慈，妨碍国政。为子不孝顺，妨碍国政。大纵耳
目之欲，妨碍国政。好色丧失意志，妨碍国政。喜欢见小利，妨
碍国政。变迁没有节度，弱者不予树立，妨碍国政。刚毅冒犯神
灵，妨碍国政。过于节制鬼神，妨碍国政。不要与幼儿在一起聚，
不要与好胜者相亲比，不要与依附者一起谋事，不要与放纵者一
起出游，不要与侥幸者一起共事。

"臣听到而不推荐，不是事君之道。君听到而不任用，以乱其

德行，臣就会推荐自己所选的。人有可知的：容貌声音美好的，内心一定有美好品质；容貌声音丑陋的，内心一定是恶劣品质。这些都是伯夷以后提出的。伯夷说：‘建国必须建政，修国必须修政。’"

哀公说："好啊!"

虞戴德第七十

【题解】
　　此篇为《七略》"《三朝记》七篇"之第三篇，主要记鲁哀公与孔子讨论国君以何戴德、深虑何及、高举安取等事，取首句三实词名篇。

【原文】

　　公曰："昔有虞戴德何以？深虑何及？高举安取？"[1]

　　子曰："君已闻之（者），唯丘无以更也。[2]君未闻而成者，《黄帝慕修子》曰：'明法于天，明开施教于民。'[3]行此以上明天化，地物毕起，是故民听命而弗改也。"[4]

【注释】
　　[1] 有虞，舜帝。　戴，犹载。　以，因。　何以，何所因。何及，何所及。　举，举动。　安取，何所取。
　　[2] 更，改也。
　　[3] "明开"二字疑衍。　成，成功。　黄帝慕修子，书名。《汉书·艺文志》多有所谓黄帝之书。
　　[4] 天化，自然化育之道。　地物，土地所产。　起、兴、茂。毕，尽。

【译文】

鲁哀公问:"从前有虞氏靠什么戴的德?深虑到什么程度?高尚的举动又是从哪里资取的?"

孔子说:"国君已经听到的,我孔丘也没有要更改的;国君还没有听到而成功的,就像《黄帝慕修子》里说的:'明法于天,施教于民。'实行这些就可以上明自然化育之道,土地上的万物就一定会兴茂,所以百姓服从号令而不改。"

【原文】

公曰:"善哉!以天教于民,可以班乎?"[1]

子曰:"可哉!虽可而弗由,此上知所以行斧钺也。[2]父之于子,天也。[3]君之于臣,天也。有子不事父,有臣不事君,是非反天而倒行耶?故有子不事父,必顺;有臣不事君,必刃。[4]顺天作刑,地生庶物。[5]是故圣人之教于民也,率天而祖地,能用民德。[6]是以高举不过天,深虑不过地,质知而好仁,能用民力,此三常之礼明而名不蹇。[7]

礼失则坏,名失则愍。[8]是故上直不讳,正天名也;[9]天子之宫四通,正地事也;天子御斑,诸侯御荼,大夫服笏,正民德也。[10]敛此三者而一举之,戴天履地,以顺民事。[11]天子告朔于诸侯,率天道而敬行之,以示威于天下也。[12]诸侯内贡于天子,率名敦地实也,是以不至必诛。[13]诸侯相见,卿为介。[14]以其教士毕行,使仁者守,会朝于天子。[15]

【注释】

〔1〕班,借为"遍",全也。

〔2〕由，行也。　　上知，即上智。　　斧钺，刑具。

〔3〕天，言其大。

〔4〕顺，训。　　刃，杀。

〔5〕庶，众。

〔6〕率，遵循。　　祖，法。　　用民德，从民心也。

〔7〕质，本质。　　知，智。　　三常，天、地、人也。　　蹇，难也。

〔8〕坏，败。　　惛，乱。

〔9〕直，正直、不曲。　　讳，忌讳。

〔10〕御，用也。　　珽，大圭，下直而上尖。　　荼，借为"舒"，一种前取后直的玉质礼器。　　符，佩。　　笏，记事的竹质手板。

〔11〕敛，聚、合。　　戴，头顶。　　履，脚踩。

〔12〕告朔，颁告朔日、历法。　　率，循也。　　示，昭示。

〔13〕内，纳。　　敥，献。　　地实，土地所产。

〔14〕介，辅宾者。

〔15〕教士，有教养之士。　　毕，全部。　　守，守国也。

【译文】

哀公说："好啊！那么根据自然而教百姓，可以全面吗？"

孔子说："可以！虽然可以而百姓不服从，这就是有上等智慧的君主用刑罚的缘故。父亲对于儿子来说，就是天。君主对于臣下来说，也是天。如果儿子不伺奉父亲，臣下不事奉君主，这不是逆天而倒行吗？所以有儿子不事奉父亲的，必须教训；有臣下不事君主的，必须诛杀。君主顺天作刑，地产百物，所以圣人教导百姓遵循天道而效法大地，就能顺应民心。所以说高举高不过天，深虑深不过地。本质聪慧而喜欢仁，能使用民众的力量，明白这天地人三常之礼，就不难得名。

"失掉礼国家就败坏，失掉名君主就昏乱。所以上面的人正直不忌讳，就是为了正天名；天子的官殿四面通透，就是为了正地事；天子用大圭，诸侯用玉舒，大夫佩笏版，就是为了正民德。把这三者聚在一起举起来，头顶着天脚踩着地，就可以顺应民事。天子向诸侯颁告每个月的朔日，遵循自然而认真执行，以向天下昭示威严。诸侯向天子缴纳贡品，是根据自己的名分进献土产，所以不到必诛。诸侯相互会见，卿做辅宾。诸侯让所有有教养的士全部随行，使仁者守国，去朝廷会见天子。

【原文】

"天子以岁二月为坛于东郊，建五色，设五兵、具五味、陈六律吕、奏五声，听明教。[1]置离(帷)，抗大侯，规鹄，坚物。[2]

"九卿佐三公，三公佐天子。天子践位，诸侯各以其属就位，乃升诸侯之教士。[3]教士执弓挟矢，揖让而升，履物以射。其心端，色容正，时以敉伎。[4]时有庆以地，不时有让以地。[5]

"天下之有道也，有天子存；国之有道也，君得其正；家之不乱也，有仁父存。[6]是故圣人之教于民也，以其近而见者，稽其远而明者。[7]

"天事曰明，地事曰昌，人事曰乐，比两以庆。[8]违此三者，谓之愚民。愚民曰奸，奸必诛。[9]是以天下平而国家治，民亦无贷。[10]

"居小不约，居大则治。[11]众则集，寡则缪；祀则得福，以征则服。此唯官民之上德也。"[12]

【注释】

〔1〕岁二月，仲春也。　建，立也。　五色，谓五色旗。五兵，弓、矢、矛、戈、戟。　具，备。　五味，酸、苦、甘、辛、咸。　陈，列。　六律吕，六阳律六阴律。　五声，宫、商、角、徵、羽五音。

〔2〕帷，帷幔。　抗，张。　规，画圆。　侯，靶子。

鹄，靶心的鸟形。《小尔雅·广器》："射有张布谓之侯，侯中者谓之鹄。"　　坚，固。　　物，射箭时脚下所踩者。

〔3〕践，走上。　　属，所属爵位。

〔4〕挟，夹在腋下。　　揖让，行礼也。　　履，踩。　　端，正。时以，于是。　　教，献。

〔5〕时，善也，谓射中者。　　不时，谓未射中者。　　庆，封赏。让，责削。

〔6〕有道，谓秩序正常。　　存，在。　　仁，爱人、心地良善者。

〔7〕稽，考也。

〔8〕比，并也。　　两，谓三者之二。　　庆，庆幸。

〔9〕诛，谴责。

〔10〕平，太平。　　国，诸侯国。　　家，大夫家。　　治，理也。　　贷，借为"忒"，恶也。

〔11〕居，谓身居。　　小大，指官职言。　　约，困也。

〔12〕集，团结。　　缪，借为"穆"，和睦。　　唯，为。　　官民，为官于民。　　上德，最好方法、德行。

【译文】

"天子以每年二月在东郊筑坛，插五色旗，布设兵器，陈列六律，演奏五声，以倾听明教。又设置帷幔，张开靶心画有鹄鸟的圆形大靶，设置射者脚下所踩的墩子。九卿辅佐三公，三公辅佐天子。天子走上主位，诸侯各率自己的随从就位之后，就让诸侯的教士上前。教士们手拿着弓，腋下夹着箭，相互作揖礼让然后上前，脚踩着已经设置好的墩子，等到心定容正，于是献技。射中的封赏土地，射不中的消减封地。

"天下秩序正常的时候，是因为有天子存在；国家秩序正常的时候，是因为有正直的国君存在；家庭不生乱，是因为有仁父存在。所以圣人教导百姓的时候，以其近而可见的，考其远而显明的。

"天上的好事叫明，地上的好事叫昌，人间的好事叫乐，有两种就值得庆贺。违背这三者，叫做愚民。愚民就叫奸，有奸必须诛。所以天下太平而国家治理，百姓也没有邪恶。

"身居小位不穷困，身处大位就能治；人多就团结，人少就和睦；祭祀就能得福，征伐就会归服。这是君主管理百姓的最好德行。”

【原文】

公曰：“三代之相授，必更制典物，道乎？”[1]

子曰：“否，猷德保。[2]保（大）惛乎前，以小继大，变民视也。”[3]

公曰：“善哉！子之察教我也。”[4]

子曰：“丘于君唯无言，言必尽，于他人则否。”

公曰：“教他人则如何？”

子曰：“否，丘则不能。昔商老彭及仲傀，政之教大夫，官之教士，技之教庶人；[5]扬则抑，抑则扬；缀以德行，不任以言。[6]任庶人以（之）言，犹以夏后氏之裌怀袍褐也，行不越境。”[7]

公曰：“善哉！我则问政，子事教我！”[8]

子曰：“君问已参黄帝制制之大礼也。”[9]

公曰：“先圣之道，斯为美乎？”[10]

子曰：“斯为美。虽有美者必偏，属于斯。[11]昭天之福，迎之以祥；作地之福，制之以昌；兴民之德，守之以长。”[12]

公曰：“善哉！”

【注释】

〔1〕更，改。　典物，典章法物。　道，规律。

〔2〕猷，同“由”，用也。　保，定也。

〔3〕大，谓前朝。　惛，同“昏”，乱也。　视，所见也。

〔4〕察，明、细。

〔5〕仲傀，即仲虺。 老彭、仲傀，皆商贤大夫。 之，犹"则"。

〔6〕缀，连结。 任，听信、凭借。

〔7〕袾，盛服。 怀，包裹。 袍褐，贱人之粗服。 越境，出门。

〔8〕事，从事。

〔9〕制制，制定制度。

〔10〕斯，这。

〔11〕属，从属。

〔12〕昭，明也。 作，造也。 昌，盛大。

【译文】

哀公问："夏商周三代更替，一定要改制典章法物，这是规律吗？"

孔子说："不是！是由德所定。因为大的昏乱在前，以小的继承大的，就必须改变百姓的视听。"

哀公说："好啊！您明确地教导我了。"

孔子说："我对国君要么不讲，要讲就讲详细，对别人就不这样。"

哀公问："教别人怎么教？"

孔子说："不，我不能讲。从前商代的老彭和仲傀，是掌管教育的大夫。他们教士如何做官，教平民如何掌握技能；高起的就压低，压抑的就扬起；用德行连缀，不凭言语。如果听用普通百姓的话，就像用夏代的盛服包裹贱民的粗衣，出不了门。"

哀公说："好啊！我只是问政，您用历史教我！"

孔子说："国君所问的已经掺杂着黄帝制定制度的大礼。"

哀公说："那么先圣王的思想，这是最好的吗？"

孔子说："这是最好的。所谓即使是最好的也一定会有偏颇，就属于这一类。所以昭明天福，必须用祥善迎接；创造地福，必须用昌盛裁制；振兴民德，必须用长久坚守。"

哀公说："好啊！"

诰志第七十一

【题解】

    此篇为《七略》"《三朝记》七篇"之第四篇，主要记鲁哀公与孔子讨论如何诰告君主意志等以减少怨恨、远离灾祸，取哀公所问首二字为名。

【原文】

    公曰："诰志无荒，以会民义，斋戒必敬，会时必节，牺牲必全，齐盛必洁，上下禋祀，外内无失节，其可以省怨远灾乎？"[1]

    子曰："丘未知其可以省怨也。"

    公曰："然则何以事神？"

    子曰："以礼会时。夫民见其礼则上下援，援则乐，乐斯无忧。[2]以此省怨，而乱不作也。夫礼会其四时，四孟四季五牲五谷顺至，必时其节也，丘未知其可以为远灾也。"[3]

    公曰："然则为此何以？"[4]

【注释】

    〔1〕诰，诰告。   荒，荒废。   会，合也。   敬，认真。

会时，同时会，以时聚会。　　节，节度。　　牺牲，祭品。　　齐，音资。齐盛，祭祀用的粮食。　　禋，所谓精义以享。　　节，节度。省，减也。

〔2〕援，助也。　　斯，则。

〔3〕四孟，所谓孟春、孟夏、孟秋、孟冬，四季的头一个月。四季，季春、季夏、季秋、季冬，四季的最后一个月。　　五牲，用作祭品的五种动物，包括牛、羊、豕、犬、鸡。　　五谷，黍、稷、菽、麦、稻。　　顺至，顺时而至。　　时，合时。

〔4〕为此，谓远灾。　　何以，以何也。

【译文】

　　鲁哀公问："诏告君主的意志不荒废，以合民义；祭祀之前的斋戒一定很认真，时令聚会一定有节制，祭祀的牺牲一定很完整，祭祀的粮食一定很洁净，上下神灵都精诚祭享，外内不失节度，就可以减少怨恨、远离灾祸了吗？"

　　孔子说："我还不知道那样可以减少怨恨。"

　　哀公说："那么怎样事神呢？"

　　孔子说："应该按礼举行时令聚会。老百姓看见那礼，就会上下相互援助，得到援助就会快乐，快乐就没有忧愁。用这个来减少怨恨，动乱就不发生。行礼要合乎时令，每一季度的头一个月和最后一个月的祭祀，五牲五谷都按时令供奉，而且一定合乎节度，我不知道这样能不能远离灾祸。"

　　哀公说："那么怎样远离灾祸呢？"

【原义】

　　子曰："知仁合则天地成，天地成则庶物时，庶物时则民财致，民财致则时作，时作则节事。〔1〕节事以动众，动众则有极；有极以使民则劝，劝则有功；有功则无怨，无怨则嗣世久，世久唯圣人。〔2〕是故政以胜众，非以陵众；众以胜事，非以伤事；事以靖民，非以惩民；故地广而民众，长之禄也。[3]

"丘闻周太史曰：'政不率天，不由人，则凡事易坏而难成。'[4]虞史伯夷曰：'明，孟也。幽，幼也。明幽，雌雄也。雌雄迭兴而顺，至正之统也。[5]日归于西，起明于东；月归于东，起明于西。'[6]虞夏之历，正建于孟春。[7]于时冰泮发蛰，百草权舆，瑞雉先释。[8]物及岁俱生于东，以顺四时，卒于冬方。[9]于时，鸡三号平明。[10]载于青色，抚十二月节，卒于丑。[11]日月成岁历，再闰以顺天道，此谓岁虞叶月。[12]

"天曰作明，日与，惟天是戴。[13]地曰作昌，日与，惟地是事。[14]人曰作乐，日与，惟民是嬉。[15]民之动能，不远厥事；民之悲色，不远厥德。[16]此谓表里时合，物之所生，而蕃昌之道如此。[17]

"天生物，地养物。物备兴而时用常节曰圣人，主祭于天曰天子。[18]天子崩，涉于四川，伐于四山，卒葬曰帝。[19]

"天作仁，地作富，人作治。[20]乐治不倦，财富时节，是故圣人嗣则治。[21]

"文王治以俟时，汤治以伐乱；禹治以移众，众服，以立天下；尧贵以乐治时，举舜；舜治以德使力。[22]

"在国统民如帤，在家抚官如国。[23]安之勿变，劝之勿沮，民咸废恶而进良，上诱善而行罚，百姓尽于仁而遂安之，此古之明制（主）之治天下也。[24]

【注释】

〔1〕知，同"智"。　　合，结合。　　成，成熟、调和。　　时，谓应时。　　致，至、达。　　以时，按时。　　作，劳作。　　节事，节制闲事。

〔2〕动，劳动。　　极，终点、目标。　　劝，努力。　　嗣，继。

〔3〕政，政权。　　陵，同"凌"，凌驾、欺凌。　　靖，安。惩，惩处。　　长，君。　　禄，福。

〔4〕率，循也。　　由，从也。

〔5〕虞，虞夏。　　史，史官。　　迭，交替。　　兴，起、升。统，纪也。

〔6〕起，始生。　　月归于东，晦日之晨月在东也。

〔7〕历，历法。　　正，正月。　　建，立。

〔8〕泮，解散。　　发蛰，即启蛰，冬眠的动物发动也。　　权舆，始生也。　　瑞雉，野鸡。　　释，发声也。

〔9〕物，百物。　　岁，岁星、木星。　　卒，终。　　冬方，北方也。

〔10〕号，长鸣。　　平明，日将出时。

〔11〕载，始。　　抚，巡。　　丑，夏正建寅，故终于丑。

〔12〕岁历，年历。　　再闰，两闰。　　虞，余。　　叶，同"协"，合也。

〔13〕作，生也。　　日，日日、天天。　　与，在一起。戴，顶。

〔14〕事，从事。

〔15〕嬉，嬉戏。

〔16〕能，读为"态"，古借字。　　厥，其。　　德，心也。

〔17〕时合，时时结合。　　蕃昌，昌盛。

〔18〕备，全部。　　兴，兴盛。　　时用，日常所用。　　常，时常。　　节，节约、有节制。

〔19〕涉，跋涉。　　四川、四山，指境内四方的大川大山。

〔20〕作，生。　　治，国际治理。

〔21〕时，按时。　　节，节制。　　嗣，继。

〔22〕俟，等待。　　移，转移。　　乐，音乐。　　时，时政。

〔23〕帑，同"孥"，儿子。　　抚，执。

〔24〕安，安定。　　变，变动。　　劝，劝勉。　　沮，阻止、终止。　　咸，皆。　　诱，诱导。　　遂，终于。

【译文】

孔子说:"智慧与仁德结合,天地就调和;天地调和,万物就应时;万物应时,百姓就会得到财富;百姓得到财富,就会按时劳作;按时劳作,就会节制闲事。节制闲事而劳动民众,民众就有目标;有目标再使役百姓,百姓就会努力,努力就会有功绩;有功绩就不怨恨,没有怨恨就继世长久,继世长久就是圣人。所以说政权是用来战胜民众的,不是用来欺凌民众的;民众是用来胜任事业的,不是用来伤害事业的;事业是用来安定百姓的,不是用来惩罚百姓的。所以地广人多,是君主的福。

"我听周太史说过:'国政不遵循天道,不服从人事,所有的事都会容易败坏而难以成功。'夏代的史官伯夷说过:'明,是老大;幽,是老小。明幽,就是雌雄。雌雄交替兴起而和顺,是最正确的纲纪。太阳回归在西方,生明在东方;月亮回归在东方,生明在西方。'夏代的历法,正月定在春季第一个月。这个时候春暖冰散,冬眠的动物开始活动,草木开始生长,祥瑞的野鸡率先发声。万物和岁星都从东方开始升起,以顺应四季,而终至于北方。这个时候,鸡叫三遍天就亮。始于子,巡行十二个月,终于丑。根据太阳月亮的运行成就年历,安排两个闰月以顺合天道,这叫做岁余合月。

"天叫做生明。人和天天天在一起,头顶着天。地叫做生昌。人和地天天在一起,只做地上的事。人叫做作乐。君主和人民天天在一起,只与人民嬉戏。人民的所有动作,都与其事不远;人民的悲色,都与其德不远。这叫做表里时时结合。所有的财富,其蕃昌之道都是这样。

"天生百物,地养百物。百物全兴而日用常省,叫圣人。主持祭天的,叫天子。天子去世后,跋涉境内四方大川,砍伐四方大山上的树木而最终完成丧葬的,叫帝。

"天生仁,地生富,人生治。乐于治理而不知疲倦,财富按时令节制,所以圣人继位,国家就会大治。

"文王治理好自己的邦国以等待时机,商汤治理好自己的国家以伐暴乱。大禹修治好自己的事业以转移民心,民众服从之后以成就天下。尧看重用音乐治理时政,所以举用舜。舜治理天下,用道德役使体力。

"在国统治人民像儿子，在家做官像在国。安定而不改变，劝勉而不阻止，人民都废恶进善。君诱导行善而执行惩罚，百姓尽力行仁，国家就终于安定。这是古代的明主治理天下的方法。

【原文】

"仁者为圣，贵次，力次，美次，射御次，古之治天下者必圣人。[1]圣人有国，则日月不食，星辰不损，勃海不运，河不满溢，川泽不竭，山不崩解，陵不阤谷，川谷不虚，深渊不涸。[2]于时龙至不闪，凤降忘翼，鸷兽忘攫，爪鸟忘距，蜂虿不螫婴儿，蚊虻不食夭驹，洛出符，河出图。[3]自上世以来，莫不降仁。[4]国家之昌，国家之臧，信仁。[5]是故不赏不罚，而民咸尽力；车不建戈，远迩咸服；允使来往，地滨毕极；无怨无恶，率惟懿德。[6]此无空礼，无空名，贤人并优，残毒以时省；举良良，举善善，恤民使（施）仁，日敦仁实也。"[7]

【注释】

〔1〕圣，圣人、无所不知不能之人。　　力，功。　　美，善。
〔2〕食，同"蚀"，日食、月食。　　损，借为"陨"，陨落。勃，大也。　　运，动、海啸。　　解，分解。　　阤，小崩。　　川泽，河流湖泊。　　渊，深水。
〔3〕闪，《说文》："窥头门中也。"　　翼，飞也。　　鸷兽，猛兽。攫，搏也。　　爪鸟，猛禽。　　距，爪子。　　食，叮咬。　　夭，幼也。　　洛，洛水。　　符，所谓地符。　　图，一种有图画的书。
〔4〕上世，上古之世。
〔5〕臧，善。　　信，诚。
〔6〕建，立。　　迩，近。　　咸，皆。　　允，《尔雅·释诂》："继也。"　　地滨，极远之地。　　毕，皆、尽。　　及，至。　　率，

遵从。　　懿，美。

〔7〕无空，有实也。　　优，优待。　　省，音醒，察也。　　良良，良者。　　善善，善者。　　恤，抚恤。　　施，行也。　　敩，献也。　　实，实际。

【译文】

"有仁德的人为圣人，高贵的人次一等，有功劳的人再次一等，有美质的人再次一等，善射御的人再次一等。古代治天下的，一定是圣人。圣人治国，不发生日食月食，星辰不陨落，大海不波动，江河不满溢，沼泽不枯竭，高山不崩塌，丘陵不溃陷，河谷不空虚，深渊不干涸。这个时候龙来了不向门里探头，凤凰降下忘记飞走，猛兽忘记攫取，猛禽忘用爪子，野蜂毒虫不螫婴儿，蚊子牛虻不叮幼驹。洛河出地符，黄河出图书。自从上世以来，没有不降仁的。国家的昌盛与和善，确实都因为仁。所以不赏不罚，百姓就都尽力；兵车上不树兵器，远近全都归服；使者来往不绝，边远地区的人全都来朝；没有怨恨也没有厌恶，全都遵从美德。天下没有空礼，没有空名，贤人全部优待，残暴恶毒因此减少；又举用良善，抚恤百姓，施行仁爱，每天都效献实际的仁。"

卷十

文王官人第七十二

【题解】

此篇记周文王为太师姜尚讲陈所谓"官(观)人"之法，故名。文亦见《逸周书·官人》，内容大致相同，唯少末两小段。

【原文】

王曰："太师：慎维深思，内观民务，察度情伪，变(遍)官民能，历其才艺，汝维敬哉！[1]汝何慎乎非论?[2]论有七属，属有九用，用有六征：[3]一曰观诚，二曰考志，三曰视中，四曰观色，五曰观隐，六曰揆德。"[4]

【注释】

〔1〕王，周文王。 太师，谓姜尚。 维，同"惟"，思虑。内，在朝内。 务，事。 度，音夺，量。 情伪，真假。民能，才能、能力。 历，试。 才艺，技能。

〔2〕何，借为"盍"，何不。 慎，谨慎。 非，读为"彼"，那。 论，考论、品评人才。

〔3〕属，委属。 用，任用。 征，同"证"，验。

〔4〕中，内心。 隐，揆，揆度。

【译文】

文王说："太师啊，慎重地考虑并深刻地反思，以观察有关百姓的事务。仔细地观察并衡量真伪，普遍地考察百姓的才能，试用他们的才艺，你要认真啊！你为何不谨慎那考论？考论有七属，七属有九用，九用有六征。所谓六征：一是观诚，二是考志，三是视中，四是观色，五是观隐，六是揆德。"

【原文】

王曰："於乎！汝因方以观之。[1]一曰：富贵者，观其有礼施也；贫穷者，观其有德守也；嬖宠者，观其不骄奢也；隐约者，观其不慑惧也。[2]其少，观其恭敬好学而能弟也；其壮，观其洁廉务行而胜其私也；其老，观其意宪慎，强其所不足而不逾（偷）也。[3]父子之间，观其孝慈也；兄弟之间，观其和友也；君臣之间，观其忠惠也；乡党之间，观其信亶也。[4]

"省其居处，观其义方；省其丧哀，观其贞良；省其出入，观其交友；省其交友，观其任廉。[5]考之，以观其信；挈之，以观其知。[6]示之以难，以观其勇；烦之以事，以观其治；淹之以利，以观其不贪；滥之以乐，以观其不宁。[7]喜之，以观其不轻；怒之，以观其重；醉之，以观其不失；纵之，以观其常；远之，以观其不贰；迩之，以观其不倦（狎）。[8]探取其志，以观其情；考其阴阳，以观其诚；覆其微言，以观其信；曲省其行，以观其备。[9]此之谓'观诚'也。

【注释】

〔1〕於乎，同"呜呼"。　因，依。　方，类。
〔2〕嬖宠，受宠幸。　隐约，隐微不得志。　慑，失气。
〔3〕弟，同"悌"。　务，致力。　胜私，克己。　意，思

也。　　宪，大也。　　偷，苟且。

〔4〕信，诚信。　　亶，忠厚。

〔5〕省，察也。　　义，所宜。　　方，类也。　　任，谓所信任。廉，借为"敛"，聚也。

〔6〕考，问也。　　信，诚。　　挈，提、举。　　知，同"智"。

〔7〕治，谓治事能力。　　淹，浸渍。　　乐，音乐。　　宁，即所谓荒。

〔8〕轻，轻佻。　　重，持重。　　失，失态。　　常，常态。贰，二心。　　迩，近。

〔9〕情，谓实情。　　阴阳，谓表里。　　覆，详察。　　微言，不经意之言。　　曲，曲折周到。　　备，全。

【译文】

文王说："啊，你要依类而观。第一类是：富贵的，看他是否知礼有施舍；贫穷的，看他是否有道德有操守；受宠幸的，看他是否不骄横不奢侈；隐微不得志的，看他是否不丧气不惧怕。年少的，看他是否恭敬好学而能敬长；壮年人，看他是否洁廉务实而克己；老年人，看他是否思虑慎重，努力弥补自己的不足而不苟且。父子之间，看他们是否孝敬与慈爱；兄弟之间，看他们是否和睦友善；君臣之间，看他们是否忠诚与惠爱；乡党之间，看他们是否诚实与忠厚。

"察看他的日常居处，以观他所适宜的事类；察看他治丧时的哀痛，以观他的坚贞与良善；察看他所出入的地方，以观他的交友；察看他的交友，以观他所信任和所会聚的人。考问他，以观他是否老实；提问他，以观他的智慧。向他显示危难，以观他的勇敢；用事务烦扰他，以观他的治事能力；用利益浸染他，以观他是否不贪；用音乐烦扰他，以观他是否专心；用玩物喜悦他，以观他是否不轻佻。惹怒他，以观他的持重；灌醉他，以观他是否不失态；放纵他，以观他是否保持常态；疏远他，以观他是否不贰心；亲近他，以观他是否亲近而不庄重。探取他的心志，以观他的实情；考察他的表现与内心，以观他的诚实；详察他不经意间所说的话，以观他的诚信；曲折细致地省察他的言行，以观他的全部。这就叫'观诚'。

【原文】

"二曰：方与之言，以观其志。[1]志殷而深，其气宽以柔，其色俭而不谄，其礼先人，其言后人，见其所不足，曰日益者也。[2]

"好临人以色，高人以气，贤人以言，防其不足，伐其所能，曰日损者也。[3]

其貌直而不伤，其言正而不私，不饰其美，不隐其恶，不防其过，曰有质者也。[4]

"其貌固呕，其言工巧，饰其见物，务其小证，以固自说，曰无质者也。[5]

"喜怒以物而色不怍，烦乱之而志不营，深道以利而心不移，临慑以威而气不卑，曰平心而固守者也。[6]

"喜怒以物而色变易，烦乱之而志不治，示之以利而心易移，临慑以威而易慑，曰鄙心而势气者也。[7]

"执之以物而邀决，惊之以卒而度应，不学而性辩，曰有虑者也。[8]

"难投以物，难说以言，执一而不可以解，困（因）而不知其止，无辨而自顺，曰愚怒（弩）者也。[9]

"营之以物而不虞，犯之以卒而不惧，置义而不可迁，临之以货色而不可营，曰絜廉而果敢者也。[10]

"易移以言，存志不能守固，已诺无断，曰弱志者也。[11]

"顺与之弗为喜，非夺之弗为怒，沈静而寡言，多稽而俭貌，曰质静者也。[12]

"辨言而不固（顾）行，有道而先困，自顺而不让，

失当而强之，曰妒诬者也。〔13〕

"微情而能发，度察而能尽，曰志治者也。〔14〕

"华而诬，巧言令色，足恭一也，皆以无为有者也。〔15〕此之谓考志。〔16〕

【注释】

〔1〕方，读为"旁"，广也。

〔2〕殷，大。　俭，谦。　见，读现，不隐也。　益，增、进。

〔3〕气，傲气。　贤，胜。　防，遮掩。　伐，自夸。

〔4〕伤，《说文》："轻也。"　防，堵塞、遮掩。　质，正也。

〔5〕曲呕，犹今所谓嬉皮笑脸。　见物，显见、易见之事。务，致力、追求。　证，证据。

〔6〕怍，脸色改变。　营，惑乱。

〔7〕慑，惧也。　鄙，浅陋。　势，犹虚。

〔8〕遬，同"速"。　卒，借为"猝"，突然。　度应，揆度应变。　虑，谋虑。

〔9〕投，谓委交。　物，事。　解，释。　因，依。　自顺，自以为是。　弩，迟钝。

〔10〕营，乱。　虞，忧。　置，立。　絜廉，廉洁。

〔11〕固，固守。　已，不许；诺，许。

〔12〕稽，考。　俭，自敛束。　质，品质、本质。　静，平静。

〔13〕辩，雄辩。　自顺，自以为是。　强，强辩。　妒，嫉妒。　诬，诬妄。

〔14〕微，微小。　发，发现。　志，心志。　治，理。

〔15〕华，浮华。　诬，虚妄。　令，同"灵"。令色，脸色善变。

〔16〕考志，察其心志。

【译文】

"第二类是：广泛与他谈话，以观他的心志。志向大而深的，他的气质宽舒而柔和，他的脸色谦卑而不谄媚。那些行礼在人前，说话在人后，并且不隐瞒自己不足的，叫做日益进步者。喜欢以脸色临人，以傲气凌人，以言辞胜人，遮掩自己的不足，炫耀自己的能力的，叫做日益退步者。

"那些外貌刚直而不轻佻，言辞公正而不偏私，不修饰自己的美，不隐瞒自己的恶，不遮掩自己过错的，叫做有质者。他的外貌嬉皮笑脸，他的言辞精密巧妙，装饰显见的事，追求小的证据，以维护自己说法的，叫做无质者。

"用实物使他高兴或使他生气而表情不变，用事情烦扰他而思想不迷乱，用利益深深地引诱他而意志不转移，施加威风恐吓他而神气不卑下，叫做平心而固守者。

"用实物使他高兴或使他生气而表情改变，用事情烦扰他而思想惑乱，用利益引诱他而意志转移，施加威风恐吓他而神气畏惧，叫做心志浅陋而志气虚假者。

"一件事能够迅速解决，突然惊恐他而能揆度应变，言辞不华美但却雄辩，叫做有志虑者。

"处理事情困难、讲话困难，守着一种事不能改变，因循沿袭而不知停止，叫做愚蠢迟钝者。

"用事情惑乱他而不忧虑，突然触犯他而心不惧怕，立身于义而不能使他转移，把钱财美女摆在他面前而心不乱，叫做廉洁而果敢者。

"劝他改变主意，而意志不能固守，答应与否不能决断，叫做弱志者。

"和顺地给予他而不为之高兴，无理地夺走他也不为之生气，性格平静不多说话，多所考察而形貌俭束，叫做本质平静者。

"言辞雄辩而不顾行动，自以为是而不让于人，不正确硬说是正确，叫做妒嫉诬妄者。

"事情隐微而能发现，揆度考察而能详知，叫做心志治理者。

"言语浮华广大而虚妄，花言巧语而脸色善变，都是以无为有者。这就叫做考察心志。

【原文】

"三曰：诚在其中，必见于外；以其见，占其隐；

以其细，占其大；以其声，处其实。[1]初气生物，物生有声；声有刚有柔，有浊有清，有好有恶，咸发于气也。[2]心气华诞者，其声流散；心气顺信者，其声顺节；心气鄙戾者，其声嘶丑；心气宽柔者，其声温好。[3]信气中易，义气时舒，智气简备，勇气壮直。[4]听其声，处其气，考其所为，观其所由，察其所安。[5]以其前，占其后。此之谓视中也。[6]

【注释】

〔1〕诚，真。　　中，内心。　　见，显见。　　占，预测。细，小。　　声，指言语。　　处，定。

〔2〕初气，太初之气。　　物，指活物、有生命的动物、人。咸，皆、都。

〔3〕华诞，华而不实。　　流散，漂移松散。　　慎，借为"缜"，密。　　信，实。　　顺节，流畅而有节奏。　　鄙，粗浅。　　戾，乖戾、反常。　　嘶，嘶哑。　　丑，恶、难听。　　温好，温柔好听。

〔4〕中易，适中平易。　　时舒，平正舒缓。　　简备，简约完备。壮直，雄壮正直。

〔5〕处，定也。　　由，行也。

〔6〕中，内也。

【译文】

"第三种是：真实的东西在内心，一定会显露在体外；根据其显露的，推测其隐蔽的；根据其细小的，推测其庞大的；根据其言语，判断其实情。太初之气诞生人，人生下就会发声；声音有刚的有柔的，有浊的有清的，有好的有恶的，都由气发出。心气华诞不实的，其声音漂移松散；心气缜密实在的，其声音流畅而有节奏；心气粗鄙反常的，其声音嘶哑而难听；心气宽广柔和的，其声音温柔而好听。诚信之气适中而平易，正义之气平正而舒缓，智慧之气简约而完备，勇敢之气雄壮而正直。所以，听其声音，就可判定其气；考其所为，可以见其所从；以其前面的，可以预知其后面的。这就叫视中。

【原文】

"四曰：民有五性，喜、怒、欲、惧、忧也。喜气内畜，虽欲隐之，阳喜必见。[1]怒气内畜，虽欲隐之，阳怒必见；欲气内畜，虽欲隐之，阳欲必见；惧气内畜，虽欲隐之，阳惧必见；忧悲之气内畜，虽欲隐之，阳忧必见。[2]五气诚于中，发形于外，民情不可隐也。[3]喜色由然以出，怒色拂然以侮，欲色馣然以偷，惧色薄然以下，忧悲之色赢然而静。[4]诚智必有难尽之色，诚仁必有可尊之色，诚勇必有难慑之色，诚忠必有可亲之色，诚絜必有难污之色，诚静必有可信之色。[5]质色浩然，固以安；伪色缦然，乱以烦，虽欲改之，中色不听也。[6]虽变可知。此之谓观色也。

【注释】

〔1〕民，人。　性，人之所生、脾气。

〔2〕畜，同"蓄"，积。　阳，真。

〔3〕发形，表现。　情，感情。

〔4〕由然，抽生之貌。　以，而。　拂然，即艴然，盛气之貌。侮，凌。　馣然，欲得之貌。　偷，苟且。　薄然，即迫然。下，卑下。　赢然，赢惫之貌。

〔5〕慑，震慑。　静，沉静。　信，相信。

〔6〕质，本质、实际。　皓然，正大貌。　固，坚。　安，稳。　缦然，杂乱貌。　中色，内情。

【译文】

"第四种是：人有五种脾性，就是喜悦、愤怒、贪欲、恐惧、忧悲。喜气积在心里，即使想隐瞒，真喜也一定会显露；怒气积在心里，即使想隐瞒，真怒也一定会显露；贪欲之气积在心里，即使想隐瞒，真贪也一定会显露；恐惧之气积在心里，即使想隐瞒，真恐一定会显露；忧悲之气积在心里，即使想隐瞒，真悲一定会显露。五气真在内心，一定会表现在体外，所以人的情感是不可隐瞒的。喜悦的气色一点一点地涌出，愤怒的气色盛气而凌人，贪欲的气色觊觎而苟且，恐惧的气色紧迫而退让，忧悲的气色羸惫而沉静。真有智慧，一定有难以竭尽的表情；真的仁，一定有值得尊敬的表情；真的勇敢，一定有难以威慑的表情；真的忠诚，一定有可以亲近的表情；真的廉洁，一定有难以贿赂的表情；真的沉静，一定有值得信赖的表情。本色浩然正大，一定坚固而安稳；伪色杂乱不正，一定混乱而烦琐。即使想改变，内情也不答应，所以即使改变了也能知道。这就叫观色。

【原文】

"五曰：民生有霠有阳，人多隐其情饰其伪，以攻其名。[1]有隐于仁贤者，有隐于知理者，有隐于文艺者，有隐于廉勇者，有隐于忠孝者，有隐于交友者。如此者，不可不察也。小施而好大得，小让而好大争；言愿以为质，伪爱以为忠；面宽而貌慈，假节以示人，故（固）其行以攻其名。[2]如此者，隐于仁贤（情）也。推前首功，少其所不足；虑诚不及，佯为不言；内诚不足，色示有余；故知以动人，自顺而不让；错辞而不遂，莫知其情。[3]如是者，隐于智理者也。素动人以言，涉物而不终；问则不对，佯为不穷；色示有余，假道而自顺；用（因）之物，穷则为深。[4]如此者，隐于文艺者也。[5]廉言以为气，骄厉以为勇；内恐外夸，无所不至；亟称其说，以诈临人。[6]如此者，隐于廉勇者也。自事其亲，好以告人；乞言劳瘁，而面（免）于敬爱；饰其见物，故（以）得其名；名扬于外，不诚于内；伐名以事其亲戚，以故取利；分白其名，以私其身。[7]如此者，隐于忠孝者也。阴行以取名，比周以相誉；明知贤可以征，与左右不同而交，交必重己。心悦之而身不近之，身近之而实不至；欢忠不尽，见于众而貌充。[8]如此者，隐于交友者也。此之谓观隐也。

【注释】

〔1〕霒，同"阴"。　阴、阳，比喻正反两个方面。　隐，隐藏、掩饰。　情，实情、真。

〔2〕文艺，犹文采。　廉，有棱角。　愿，谨。　质，实。宽，宽宏。　假节，借人节操。　故，借为"固"，坚。　攻，猎取。

〔3〕推，犹举。　首功，首倡之功。　少，缩小。　固知，坚持己见。　自顺，自以为是。　错辞，即措辞。　遂，达。

〔4〕涉物，犹涉事。　假道，借他事。　因，因循、沿袭。深，深奥。

〔5〕文，文饰、掩饰。　艺，技艺。

〔6〕廉，直。　骄，恃己凌人。　厉，暴烈。　夸，大言。亟，屡次。

〔7〕乞，求。　言，谓他人言。　劳瘁，劳苦。　见物，显见之事。　伐，夸。　亲戚，父母。　分白，辩白。

〔8〕阴，暗。　比周，相勾结。　征，取用。　交，结交。欢，喜悦。　忠，忠心。　克，能。　充，充分。

【译文】

"第五类是：人生来有阴、阳两个方面，而多数人会隐藏实情装饰虚伪，以求取得名誉。比如有修饰其仁贤的，有修饰其智理的，有修饰其文采的，有修饰其勇悍的，有修饰其忠孝的，有修饰其交友的。像这些，都不能不细察。小施舍而喜欢大回报，让小的而喜欢争大的；以言语谨慎为质，以虚假行爱为忠；表面宽厚慈祥，以虚假的节操示人；坚定自己的行为，以猎取名誉。像这些，都属于隐藏实情的。办事举其首创之功，缩小其所不足；思虑真没有到达，而假装不说；内心真的不足，而貌示有余；固执己见以打动人，自以为是而不让人；措辞不达意，没人知道他的内情。像这些，都属于掩饰智理的。以言语打动人，涉猎其他的事而又不说完；问他不回答，假装不穷尽；假装很有余，借其他的事以自顺；沿袭事情的开头，辞穷了就说深奥。像这些，都属于掩饰文采的。以直言为气质，以骄横暴烈为勇敢；内心恐惧而表面说大话，无所不至；屡次称道自己的说辞，以欺诈临人。像这些，都属于掩饰廉勇的。自己事奉自己的父母而喜欢告诉别人，让别人说自己辛苦，以求免于敬爱；装饰显见的事，以获得名誉；美名传扬在外，而内心却不真诚；自夸名誉以事奉父母，借此以谋利；辩白自己的名誉，以谋私利。像这些，都属于掩饰忠孝的。暗中行动以求取名誉，勾结起来相互赞誉；明知贤才可以取用，而与身边的人意见不同却去结交，结交了必然看重自己。心里喜欢他而身体不接近，身体接近他而内心不到达；喜欢的真心不充分，而在众人面前表现得十分充分。像这些，都属于掩饰交友的。这就叫观隐。

【原文】

"六曰：言行不类，终始相悖，阴阳交易，外内不合，虽有隐节见行，曰非诚质者也。[1] 其言甚忠，其行甚平，其志无私；施不在多，情忠而宽，貌庄而安，曰有仁心者也。[2] 事变而能治，物善而能说，效穷而能达，错身立方而能遂，曰广智者也。[3] 少言而行，恭俭以让，有智而不伐，有施而不德，曰谦良者也。[4] 微忽之言，久而可复；幽间之行，独而不兑；行其亡，如其存，曰顺信者也。[5]贵富虽尊，恭俭而能施；众强严威，有礼而不骄，曰有德者也。[6]隐约而不慑，安乐而不奢，勤劳而不变，喜怒之而度晰，曰有守者也。[7]置方而不毁，廉絜而不戾，立强而无私，曰有经者也。[8]正静以待命，不召不至，不问不言；言不过行，行不过道，曰沈静者也。[9]忠爱以事其亲，欢欣以敬之，尽力而不回，敬以安之，曰忠孝者也。[10]合志而同方，共其忧而任其难，行忠信而不相疑，迹隐远而不相舍，曰至友者也。[11]心色辞气，其入人甚俞，进退工故；其与人甚巧，其就人甚速，其叛人甚易，曰位志者也。[12]饮食以亲，货贿以交，接利以合，顾得望誉征利，而依隐于物，曰贪鄙者也。[13]质不断，辞不至；少其所不足，谋而不已，曰伪诈者也。[14]言辞呕变，从容谬易；好恶无常，行身不类，曰无诚者也。[15]小知而不大决，小能而不大成，顾小物而不知大伦，呕变而多私，曰华诞者也。[16]规谏而不类，道行而不平，曰窃名者也。[17]故曰事阻者不夷，畸鬼者不仁，面誉者不忠，饰貌者不情，隐节者不平，多私者不义，扬言者寡信。[18]此之谓揆德。"[19]

【注释】

〔1〕类，似。　　悖，背。　　交易，交相反。　　节，节操。见，显见。

〔2〕忠，同"中"，合理也。　　平，平正、平实。　　寡貌，少装饰也。　　庄，端庄。

〔3〕效，征验。　　达，通成。　　错，置也。　　方，术也。

遂,成也。

〔4〕伐,自夸。　　施,施舍。　　德,谓求感德。

〔5〕微忽,细而不经。　　复,犹践。　　幽间,幽隐不显见。独,谓独行。　　兑,借为"说",向人道也。　　行,同"衔",感念。　　顺,同"慎"。　　慎信,慎其诚信。

〔6〕众,属众。　　骄,骄横。

〔7〕隐约,穷困不得志。　　懱,失气。　　变,谓改气旧习。度,法度。　　晰,明。　　守,操守。

〔8〕方,规矩。　　戾,暴戾。　　立,谓立身。　　强,强悍。经,常也。

〔9〕正静,虚心静气。　　命,谓君命。　　过道,越轨。

〔10〕欢欣,高高兴兴。　　回,违。　　以,犹而。　　安之,使之安康。《论语》:"老者安之。"

〔11〕方,犹道。　　迹,踪迹。

〔12〕心色,内心与表面。　　辞气,言辞与语气。　　入人,随人也。　　俞,易也。　　工故,老练。　　与人,结交人。　　巧,巧妙。　　就,接近。　　位,位移。

〔13〕亲,相亲近。　　货贿,财物。　　交,结交。　　接,续。合,合作。　　顾,亦望也。　　征,取。　　依隐,凭靠。

〔14〕质,谓心中。　　断,裁断。　　辞,言辞。　　至,达。少,谓缩小。　　已,止。

〔15〕亟,屡。　　从容,举动。　　谬易,错乱。　　类,相似。

〔16〕决,决断。　　成,成事。　　顾,视。　　伦,类。　　华诞,无实。

〔17〕规,规劝。　　类,善。　　道,同"导",引导。　　不平,崎岖难行。

〔18〕阻,受阻隔。　　夷,平。　　畸,同"奇",奇异。鬼,神秘。　　面,当面。　　饰,装饰。　　情,实。　　隐,藏。节,气节。　　平,正也。　　扬言,说大话。

〔19〕揆,揆度、度量。　　德,德行。

【译文】

"第六种:言行不一,终始相背,阴阳相反,外内不合,即使有隐藏的节操和可见的行为,也叫做非诚质者。他的话很忠诚,他的行为很平实，他的志向没有私念；施舍不在多少，感情真实而宽厚，容貌端庄而安详，叫做有仁心者。事情变化而能治理，东西好而能解说，效验穷尽而能达目的，立身设方而能达到目的，叫做广智者。少言多行，恭俭礼让，有才智而不自夸，有施舍而不求感德，叫做谦良者。不经意间所说的话过后很久而能兑现，幽隐不显见的事自己一个人做而不向人说，感念其亡故如同在世，叫做慎信者。即使贵富尊贵，也谦恭俭朴而能施舍；即使属众强大威严，本人行事有礼而不骄横，叫做有德者。穷困不得志而不失气，生活安乐而不奢侈，坚持勤劳而不改变，使他高兴或生气都能法度明晰，叫做有守者。设置规矩而不毁坏，廉洁而不暴戾，立身强悍而无私心，叫做有经者。虚心静气以待君命，不召不来，不问不说；言语不超过行动，行动不超越正轨，叫做沈静者。以忠爱事奉其双亲，以欢欣敬奉他们，尽力行孝而不违抗，恭敬而使他们安康，叫做忠孝者。合其心而同其道，共其忧而任其难，行事忠信而不相疑，踪迹幽隐遥远而不相抛弃，叫做至友者。不管内心与表面，还是言辞与语气，随人都很迅速；进退老练，其结交人十分巧妙，接近人十分迅速，背叛人十分轻易，叫做位志者。通过饮食相亲近，利用贿赂以结交，接续利益以合作，顾望报酬名誉求取利益，而凭靠于实物，叫做贪鄙者。心里不裁断，言辞不表达；缩小其不足，谋划不停止，叫做伪诈者。言行屡次变易，举动错乱无序；好恶无常，行动不一致，叫做无诚者。小有智慧而不能决断大事，小有能耐而不能成就大事，顾念小物而不知大类，屡次变化而多私心，叫做华诞者。规劝进谏不和善，引导行事不平坦，叫做窃名者。所以说事情受阻的不平，人物奇异神秘的不仁，当面赞誉的不忠，装饰外貌的不实，隐藏气节的不正，多有私心的不义，好说大话的少诚信。这就叫揆德。"

【原文】

王曰："太师！汝推其往言，以揆其来行；听其来（往）言，以省其往（来）行；观其阳，以考其阴；察其内（外），以揆其外（内）。[1]是隐节者可知，伪饰无情者

可辨，质诚居善者可得，忠惠守义者可见也。"〔2〕

　　王曰："於乎，敬哉！汝何慎乎非心？何慎乎非人？〔3〕人有六征。〔4〕六征既成，以观九用，九用既立。〔5〕一曰取平仁而有虑者，二曰取慈惠而有理者，三曰取直憨而忠正者，四曰取慎直而察听者，五曰取临事而絜正者，六曰取慎察而絜廉者，七曰取好谋而知务者，八曰取接给而广中者，九曰取猛毅而度断者，此之谓九用也。〔6〕平仁而有虑者，使是治国家而长百姓；慈惠而有理者，使是长乡邑而治父子；直憨而忠正者，使是莅百官而察善否；慎直而察听者，使是掌民之狱讼，出纳辞令；临事而絜正者，使是守内藏而治出入；慎察而絜廉者，使是分财临货主赏赐；好谋而知务者，使是治壤地而长百工；接给而广中者，使是治诸侯而待宾客；猛毅而独断者，使是治军事卫边境。〔7〕因方而用之，此之谓官能也。〔8〕

【注释】

　　〔1〕推，推究。　揆，度。　省，察。　阳，表面。　考，考察。　阴，背后。

　　〔2〕情，实情。　质，本质。

　　〔3〕何，同"盍"，何不。　非，读为"彼"，古音同。"何某非某"，文王恒语。

　　〔4〕六征，见前。

　　〔5〕成，完成。　用，使用、任用。　九用详下。

　　〔6〕平，正。　理，条理。　憨，实。　慎，谨慎、慎重。直，谓性直。　絜，同"洁"。下同。　务，从事。　接，同"捷"，敏。　中，合。　猛，刚烈。　毅，果毅。　度，揣度、推测。　断，果断。

〔7〕是，此。　治父子，谓处理家庭纠纷。　莅，临。　出，谓发布。　纳，谓接听。　辞令，言辞诰令。　临，监视。壤地，土地。　长，管理。

〔8〕方，宜也。　立，成。　能，才能。　官能，以有才能的人为官。　按：上二段《逸周书·官人》无。

【译文】

文王说："太师！你要推究其往言，以揆度其来行；倾听其往言，以观察其来行；观察其阳的一面，以考察其阴的一面；察看其表面，以揆度其内心。这样，隐藏节操的就可以知道，伪装无实的就可以辨别，质诚居善的就可以得到，忠惠守义的就可以见到。"

文王又说："啊，认真啊！你何不谨慎那心？何不审查那人？人有六征。六征完成之后，再观九用：一用平正仁厚而有思想的，二用慈惠而办事有条理的，三用诚悫而中正的，四用慎直而察听的，五用临事而不乱的，六用慎察而廉洁的，七用好谋而知时令的，八用敏给而恰当的，九用猛毅而果断的，这就叫九用。平正仁厚而有思想的，让这些人治国家而长百姓；慈惠而办事有条理的，让这些人长乡邑而治父子；直悫而忠正的，让这些人临百官而察善否；慎直而察听的，让这些人掌百姓的狱讼，发布诰令；临事而不乱的，让这些人守收藏而管出纳；慎察而廉洁的，让这些人分发财物主管赏赐；好谋而知时令的，让这些人治土地而长百工；敏给而多中的，让这些人管理诸侯而接待宾客；猛毅而果断的，让这些人治军事保边疆。总之，要因人而制宜。九用全部完成，这就叫官能。

【原文】

"九用有征（既立），乃任七属：一曰国则任贵，二曰乡则任贞，三曰官则任长，四曰学则任师，五曰族则任宗，六曰家则任主，七曰先则任贤。[1]

"正月，王亲命七属之人曰：'於乎！慎维深思，内观民务，本慎在人。$^{[2]}$汝平心去私，慎用六证，论辨九用，以交一人，予亦不私。$^{[3]}$汝废朕命，乱我法，罪致不赦。'$^{[4]}$三戒然后及论，王亲受而考之，然后论成。"$^{[5]}$

【注释】

〔1〕任，听任。　属，所属。　贵，贵族。　贞，贞良、坚贞有操守者。　官，官员。　长，长官。　学，学校。　师，师傅、老师。　族，宗族。　宗，谓宗主。　主，主人、家长。先，谓先生。　贤，多才者。

〔2〕维，同"惟"，亦思也。　内观，犹反观。　务，事。本，根本。　人，自身。

〔3〕平，正、平衡。　私，私心。　六证，即前"六征"。论辨，讨论辨别。　交，交给。　一人，指天子。

〔4〕朕，我。　致，到。　罪致，犹治罪。

〔5〕戒，告诫。　考，考察。　成，确定、完成。

【译文】

"九用完成以后，就听任七属：一是国家听任贵族，二是乡村听任贞良，三是官员听任长官，四是学校听任老师，五是宗族听任宗主，六是家庭听任主人，七是先生听任贤者。

"每年正月，国王亲自命令七属们说：'啊！慎重深入地思考，然后反观民事，最根本的慎在于慎自身。你们要平衡心态，去除私心，慎用六证，辨别九用，然后交给我，我也不会有私心。你们如果荒废我的命令，扰乱我的法律，我将治罪不赦。'多次告诫，然后大家一起讨论。最后国王亲自接受讨论结果并再作考察，然后完成考论。"

诸侯迁庙第七十三

【题解】

　　此篇记诸侯迁新庙之礼，前人咸以为出《汉书·艺文志》所见之《礼古经》，当有据。

【原文】

　　成庙将迁之新庙，君前徙三日斋，祝、宗人及从者皆斋。[1]徙之日，君玄服，从者皆玄服。[2]从至于庙，群臣如朝位，君入立于阼阶下，西向，有司如朝位。[3]宗人摈举手曰："有司其请升。"[4]

　　君升，祝奉币从在左，北面再拜兴。[5]

　　祝声三曰："孝嗣侯某，敢以嘉币告于皇考某侯：成庙将徙，敢告。"[6]

　　君及祝再拜兴。祝曰："请导君降立于阶下。"[7]

　　奉衣服者，皆奉以从祝。[8]奉衣服者降堂，君及在位者皆辟也。[9]奉衣服者至碑，君从，有司皆以次从，出庙门；奉衣服者升车，乃步；君升车，从者皆就车也。[10]凡出入门及大沟渠，祝下摈。[11]

【注释】

〔1〕成，当作陈，旧。　迁，谓迁移其神主。　徙，即迁。斋，斋戒。　祝，主祭赞者。　宗人，宗族之主。

〔2〕君，国君。　玄，黑色。

〔3〕庙，谓旧庙。　朝位，在朝廷之位。　阼阶，主阶，在中。

〔4〕摈，赞礼。　有司，主管人员。　升，登。

〔5〕奉，捧。　币，帛、丝织品。　再，两。　兴，起。

〔6〕声，谓大声。　嗣，继。　某，讳国君的名。　皇，大。考，父死曰考。　侯，爵位名。

〔7〕导，引导。　降，下阶。

〔8〕衣服，谓先人所遗的衣服。　从，跟随。

〔9〕位，指所站位。　辟，同"避"，转身回避，不忍视也。

〔10〕碑，院中所竖石碑。　郑玄曰："宫必有碑，所以识日影。"步，慢行，指车言。

〔11〕下，谓下车。　摈，同"傧"，引导。

【译文】

旧庙迁往新庙之前，国君提前三天斋戒；主祭赞的祝、宗族的主人以及跟随的人，都要斋戒。迁庙当天，国君穿戴黑色服饰，随从的人也都穿黑衣服。

大家跟着到了旧庙，群臣站位如同在朝廷上的位置。国君上前立在庙前主阶下面，面朝西，办事人员也如同朝廷上的位置。

宗族的主人赞礼，并举起手说："请办事人员上前！"

国君登上台阶，主祭赞的祝捧着丝帛跟在左后边，面朝北拜两拜然后起身。

主祭赞的祝连续大声喊三遍："孝嗣侯某，敢以嘉币向皇考某侯报告：旧庙将要迁徙，特大胆禀告。"

国君和主祭赞的祝再拜两次，然后起身。

主祭赞的祝对身边的办事人员说："请引导国君下去站在台阶前！"

捧庙中先王衣服的办事人员都捧着衣服跟随主祭赞的祝下堂。捧衣服的下堂，国君及在班位站立的都要回避。捧衣服的去到院子中间所立的石碑前，国君跟着，办事人员都按次序跟着，然后一起走出庙门。捧衣服的上了车，车就开始走。国君上车，随从的人也都跟着上车。出入庙门以及经过大沟大渠，主祭赞的祝下车引导。

【原文】

至于新庙，筵于户牖间，樽于西序下，脯醢陈于房中，设洗当东荣，南北以堂深。[1]

有司皆先入，如朝位；祝导奉衣服者乃入。君从奉衣服者入门左，在位者皆辟也。奉衣服者升堂，皆反位。[2]君从升，奠衣服于席上，祝奠币于几东。[3]君北向，祝在左。赞者盥、升，适房荐脯醢。[4]君盥酌奠于荐西，反位。[5]君及祝再拜兴，祝声三曰："孝嗣侯某，敢用嘉币，告于皇考某侯。今月吉日，可以徙于新庙。敢告！"[6]再拜。

【注释】

〔1〕筵，接地的粗席子。 牖，窗。 樽，即酒尊。 西序，西墙。 脯，干肉。 醢，肉酱。 房，左右室。 洗，盛水器。 荣，屋檐下。 南北，指置洗的位置。
〔2〕反，复也。
〔3〕奠，谓放置。 几，小矮桌。
〔5〕赞者，佐礼者。 盥，洗手。 适，去。 荐，进。
〔6〕酌，舀酒。 奠，荐、所荐进。

【译文】

到了新庙，门和窗户之间铺设筵席，把酒尊放置在西墙之下，干肉和肉酱陈设在房中，盛水的大洗放置在东檐下，南北位置根据大堂的深度而定。

办事人员都先进庙，在如同朝廷上的位置站好，主祭赞的祝引导捧衣服的再次进庙。国君跟随捧衣服的从庙门左边进庙，在位的都要回避。捧衣服的都上堂转身站立,国君跟着上堂,把衣服放置在席上。主祭赞的祝把丝帛放置在小矮桌东边。国君面朝北,主祭赞的祝在左。佐礼的洗手上堂,去小房里献上干肉和肉酱。国君洗手舀酒放置在所献的干肉和肉酱西边,然后返回原位。国君和主祭赞的祝拜两拜起身,主祭赞的祝大声喊三遍:"孝嗣侯某,大胆用嘉币,并向皇考某侯禀告:这个月的吉日可以迁到新庙,谨告!"然后拜两拜。

【原文】

君就东厢,西面;祝就西厢,东面。在位者皆反走辟,如食间。[1]

摈者举手曰:"请反位。"[2]

君反位,祝从在左,卿大夫及众有司诸在位者皆反位。祝声三曰:"孝嗣侯某,洁为而明荐之,享!"[3]

君及祝再拜;君反位;祝撤,反位。[4]

摈者曰:"迁庙事毕,请就燕。"[5]

君出庙门,卿大夫、有司、执事者皆出庙门。

事毕,乃择日而祭焉。

【注释】

[1]就,接近、靠近。 厢,厢房。 反走,背退。 如食间,义不明。 按前文曰:"奉衣服者降堂,君及在位者皆辟也。"
[2]请反位,请前诸在位者皆返位也。
[3]为,做。 荐,进。 享,享用。
[4]撤,撤除所荐。
[5]燕,同"宴"。

【译文】

国君去到东厢房面朝西,主祭赞的祝去到西厢房面朝东,在班位的都后退躲避，如同吃饭的时候。

赞礼的举手说："请反位！"国君返回原位，祝跟在左边，卿大夫及几位负责具体事务的、所有已经在位的都返回原位。祝大声说三遍："孝嗣侯某，清洁地准备并公开祭献，请享用！"国君及祝拜两拜，然后国君返回原位；祝撤除供品，也返回原位。

佐礼的说："迁庙的事情完毕，请大家就餐！"

国君走出庙门，卿大夫、办事人员、管事的都走出庙门。事情完毕，就选日子举行祭祀。

诸侯衅庙第七十三

【题解】

　　此篇记诸侯衅新庙之礼，亦出《汉书·艺文志》所谓之《礼古经》。此篇文又见《小戴礼记·杂记下》而小异，盖传说者互有详略所致。

【原文】

　　成庙，衅之以羊。[1]君玄服立于寝门内，南向。[2]祝、宗人、宰夫、雍人皆玄服。[3]

　　宗人曰："请令以衅某庙。"君曰："诺。"遂入。[4]

　　雍人拭羊，乃行，入庙门，碑南，北面东上。[5]雍人举羊，升屋自中，中屋南面，刲羊，血流于前，乃降。[6]

【注释】

　　[1]成庙，谓新庙成。　　衅，杀牲以其血涂抹的仪式。

　　[2]寝门，路寝，即正室之门。

　　[3]祝，祭祀主赞辞者。　　宗人，宗主。　　宰夫，主酒食者。雍人，即饔人，食官，厨师。

　　[4]入，谓入庙。

　　[5]拭，擦拭。　　碑，拴羊的石桩。　　东上，以东为上。

　　[6]举，提持之。　　升，登上。　　屋，屋顶。　　自，从。

刉，刺、割。　　前，谓屋前。

【译文】

新庙落成，要涂抹羊血衅庙。国君穿黑色衣服站在正室门内，面朝南。主祭赞的祝、宗主、负责酒食的宰夫、饔人也都穿黑色衣服。

宗主对国君说："请您发令衅某庙。"

国君说："好！"就进庙。

饔人擦拭完羊身，就牵进庙门，站在院内的石碑南边，面朝北以东边为上首。饔人举着羊，从中间爬上屋顶，到屋顶中央停下，面朝南刺羊，等羊血流到檐下，才下来。

【原文】

门以鸡。[1]有司当门北面；雍人割鸡屋下，当门。[2]郏室割鸡于室中，有司亦北面也。[3]

既事，宗人告事毕，皆退。反命于君，君立寝门中南向。宗人曰："衅某庙事毕。"君曰："诺！"[4]宗人请就燕，君揖之，乃退。[5]

【注释】

〔1〕门，双扇两开之门（与户相对），此谓衅门。

〔2〕当门，正对着门。

〔3〕郏室，即夹室，两旁之室。

〔4〕诺，答应声。

〔5〕退，谓退出庙。

【译文】

大门用鸡血衅，主管人员正对着门面朝北，饔人在屋檐下正对着门杀鸡。衅两旁的侧室，要在室内杀鸡，主管人员也要面朝北。

　　事完以后，宗人报告事情完毕，众人都退下，然后向国君复命。国君站在寝门中间，面朝南。宗人说："衅某庙的事完毕。"国君说："好的!"宗人请国君就餐，等国君回完礼，就退下。

卷十一

小辨第七十四

【题解】

　　此篇为《七略》所谓"《三朝记》七篇"之第五篇，主要记鲁哀公与孔子讨论所谓观政之法，取开首孔子问"寡人欲学小辨"之二字为名。

【原文】

　　公曰："寡人欲学小辨以观于政，其可乎？"[1]

　　子曰："否，不可！社稷之主爱日，日不可得，学不可以辨（小）。[2]是故昔者先王学齐大道，以观于政。[3]天子学乐辨风，制礼以行政；诸侯学礼辨官，修政以行事，以尊天子；大夫学德别义，矜行以事君；士学顺，辨言以遂志；庶人听长辨禁，农以力行。[4]如此，犹恐不济，奈何其小辨乎？"[5]

【注释】

　　[1]辨，别也。　　小辨，辨别细小之法。　　政，政事。
　　[2]爱，惜。　　日，时日。
　　[3]齐，看齐。　　大道，天地之道、自然规律。
　　[4]乐，礼乐。　　风，民风。　　修，治。　　德，道德。别，辨。　　义，宜。　　矜，慎。　　顺，谓言辞畅顺。　　辨言，辨言辞之优劣正误。　　遂，达。　　庶人，平民。　　禁，所禁止。

农，务农。

〔5〕济，成也。

【译文】

鲁哀公问："寡人想学辨别细小事情的方法以观察国政，可以吗？"

孔子说："不，不可以！国家的君主珍惜时日，因为时日不可多得，所以学习不可以学小的，也因此从前先王们学习并向着大道看齐，以观察国政。天子学音乐以辨风气，制礼仪以行政令；诸侯学礼仪以辨官员，修国政以行政事，以尊天子；大夫学德以辨别所宜，慎行以事国君；士学言辞畅顺，辨言以达心志；平民听从长官，辨别禁令；农民则以体力行事。这样做还怕完不成，怎么能学辨别细小的事情呢？"

【原文】

公曰："不辨则何以为政？"

子曰："辨，而不小。夫小辨破言，小言破义，小义破道，道小不通，通道必简。〔1〕是故循弦以观于乐，足以辨风矣；《尔雅》以观于古，足以辨言矣。〔2〕传言以象，反舌皆至，可谓简矣。〔3〕夫道不简则不行，不行则不乐。〔4〕夫弈十棋之变，犹不可既也，而况天下之言乎？"〔5〕

公曰："微子之言，吾壹乐辨言。"〔6〕

子曰："辨言之乐，不若治政之乐。辨言之乐不下席，治政之乐皇于四海。〔7〕夫政善则民悦，民悦则归之如流水，亲之如父母。〔8〕诸侯初入而后臣之，安用辨言？"〔9〕

【注释】

〔1〕破，破碎、破坏。　　破义，不能明大义也。　　破道，不足以为道也。　　简，易。

〔2〕循，遵循、顺着。　　弦，乐器之弦。　　尔，近。　　雅，正。　　《尔雅》，训诂之书，传于今。

〔3〕传言，传达语言。　　象，官名，掌翻译。　　反舌，指异语者。

〔4〕不行，不易行。　　不乐，苦之也。

〔5〕弈，谓博弈、下棋。　　既，尽也。

〔6〕微，没。　　壹，专一。

〔7〕不下席，在眼前也。　　皇，大。　　四海，全天下。

〔8〕如流水，自然也。

〔9〕入，谓来聘。　　臣之，以之为臣。

【译文】

哀公问："不辨又怎么为政呢？"

孔子说："辨，但不能小辨。因为小辨破坏言辞，言辞小就不能明大义，不能明大义就会破坏道。道过小就行不通，因为通畅的道必须简易。所以，顺着乐器的弦以观音乐，就足以辨别风气；《尔雅》可以观往古，足以辨别言辞。比如用翻译传达语言，反着舌头说话的人都会到来，可以叫简易了。那道不简易就行不通，行不通人就不喜欢。下棋就靠几十个棋子的变动，犹且不能一起动，何况天下的语言那么多？"

哀公说："没有您这些话，我会专门喜欢辨言。"

孔子说："辨言的快乐，不如治理国政的快乐；辨言的快乐限于筵席之上，而治理国政的快乐会通四海。那国政好百姓就喜悦，百姓喜悦就会像流水一样自动归来，就会像亲敬父母一样亲近国君；诸侯就会主动来聘问，然后以之为臣，哪里用得着辨言？"

【原文】

公曰："然则吾何学而可？"

子曰："君其习礼乐而力忠信，其可乎？"[1]

公曰："多与我言忠信，而不可以入惠。"〔2〕

子曰："毋乃既不明忠信之备，而又倦其言，则不可而有。〔3〕明忠信之备，而又能行之，则可立待也。〔4〕君朝而行忠信，百官承事，忠信满于中而发于外，刑于民而放于四海，天下其孰不惠之?"〔5〕

【注释】

〔1〕习，学习、熟悉。　　力，力行。

〔2〕入，纳。　　惠，实惠。

〔3〕备，预备、储备。　　倦，厌倦。　　有，谓有惠。

〔4〕待，谓待其惠。

〔5〕朝，谓在朝见百官之时。　　承，中、外，朝、野。　　发，散。　　刑，通"型"，仪也。　　放，分散、扩大。　　孰，谁。

【译文】

哀公说："那么我学什么才可以呢?"

孔子说："国君学习怎样行礼乐，怎样行忠信，可以吗?"

哀公说："很多人都对我讲忠信，但不能使我得到实惠。"

孔子说："该不是既不明储备忠信的好处，又厌倦其言，所以才不能有实惠吧? 如果既明储备忠信的好处，又能实行它，实惠就可以立马等来了。如果君在朝堂上行忠信，百官承担事务，忠信就会充满朝堂而发散于朝外，仪型百姓而放散到四海，天下谁能不得实惠?"

【原文】

公曰："请学忠信之备。"

子曰："唯社稷之主实知忠信。〔1〕若丘也，缀学之徒，安知忠信?"〔2〕

公曰："非吾子问之而焉也?"〔3〕

子三辞，将对，公曰："避强！"[4]

子曰："强侍！丘闻大道不隐。[5]丘言之，君发之于朝，行之于国，一国之人莫不知，何一之强避？[6]丘闻之，忠有九知：知忠必知中，知中必知恕，知恕必知外，知外必知德，知德必知政，知政必知官，知官必知事，知事必知患，知患必知备。[7]若动而无备，患而弗知，死亡而弗知，安与知忠信？[8]内思毕心曰知中，中以应实曰知恕，内恕外度曰知外，外内参意曰知德，德以柔政曰知政，正义辨方曰知官，官治物则曰知事，事戒不虞曰知备，毋患曰乐，乐义曰终。"[9]

【注释】

〔1〕实，实际。

〔2〕缀，点缀、装饰。　徒，服劳役之人。

〔3〕焉，谓焉问、问于谁也。　非吾子问之而焉也，言本来就是这样。

〔4〕避，回避。　强，侍臣名。

〔5〕道，谓思想主张。

〔6〕何一之强避，"之"为语助词。

〔7〕中，谓自己内心。　恕，以己心度人心。　外，外人、他人。　德，谓道德标准。　政，国政。　官，谓任官。　事，谓当务之事。　患，祸患。

〔8〕动，谓行事。　安与，哪里够上。

〔9〕毕心，尽其心志。　实，谓客观实际。　度，揣度。参意，反复比较。　正，端正。　义，宜。　方，类。　物，事。　则，效。　戒，戒备。　虞，忧。　终，极。

【译文】

哀公说："请教我学习怎样储备忠信。"

孔子说："只有社稷的主人才真正知道忠信。像我孔丘，只是一名点缀学问的人，哪里知道忠信？"

哀公说："除了您，我问谁呢？"

孔子再三推辞，将要回答。哀公说："强儿，你回避！"

孔子说："让强儿侍候您。我听说：大道不隐瞒。我讲给君，君在朝堂上发布，在国内实行，全鲁国人都会知道，为什么要回避一个强儿？我听说忠有九知：知道尽忠必定知道自己内心，知道自己内心必定知道以己心度人心，知道以己心度人心必定知道别人，知道别人必定知道道德标准，知道道德标准必定知道国政，知道国政必定知道任官，知道任官必定知道应该做什么事，知道应该做的事必定知道什么是祸患，知道什么是祸患必定知道怎样防备。如果行动没有预备，不知道祸患，不知道死亡，怎么能知道忠信？思考尽其心志叫知中，中以应实叫知恕，以己心度人心再来度外叫知外，内外反复比较叫知德，用德柔政叫知政，以正义辨别事类叫知官，官能治事叫知事，事有戒备而不担心叫知备，有备而无患叫欢乐，乐义叫终结。"

用兵第七十五

【题解】

此篇为《七略》"《三朝记》七篇"之第六篇，主要记鲁哀公向孔子请教古人使用兵器的原因以及蚩尤是否发明兵器等问题而孔子作答之辞，突出圣人爱百姓则后人思其德而称其人的思想。

【原文】

公曰："用兵者，其由不祥乎?"[1]

子曰："胡为其不祥也?[2]圣人之用兵也，以禁残止暴于天下也。[3]及后世贪者之用兵也，以刈百姓，危国家也。"[4]

公曰："古之戎兵，何世安起?"[5]

子曰："伤害之生久矣，与民皆生。"[6]

【注释】

〔1〕公，鲁哀公。　　兵，兵器。　　用兵，使用兵器。　　由，因。　　祥，吉祥。

〔2〕胡，何。

〔3〕圣人，具有最高智慧和道德的人，用指英明的统治者。　　残，相残伤。

〔4〕刈，杀。　　危，危害。

〔5〕戎兵，打仗的兵器、战争。　　安，何、因何。

〔6〕皆，通"偕"，共、一同。

【译文】

哀公问："动用兵器，是因为不祥吗？"

子曰："哪里是因为不祥呢？圣人动用兵器，是为了禁止天下的残暴；而后世贪婪的人动用兵器，却刈杀百姓，危害国家。"

哀公问："古代动用兵器打仗，是什么时代因为什么而产生的？"

孔子说："是因为相互伤害。而这种伤害的产生已经很久远了，是与人一起产生的。"

【原文】

公曰："蚩尤作兵欤？"〔1〕

子曰："否！蚩尤，庶人之贪者也，及利无义，不顾厥亲，以丧厥身。〔2〕蚩尤惛欲而无厌者也，何器之能作？〔3〕蜂虿挟螫而生见害，而校以卫厥身者也。〔4〕人生有喜怒，故兵之作与民皆生。圣人利用而弭之，乱人兴之丧厥身。〔5〕《诗》云：'鱼在在藻，厥志在饵。'〔6〕'鲜民之生矣，不如死之久矣。'〔7〕'校德不塞，嗣武于孙子。'〔8〕

"圣人爱百姓而忧海内，及后世之人，思其德必称其人。〔9〕故今之道尧、舜、禹、汤、文、武者，犹依然至今若存。夫民思其德，必称其人，朝夕祝之，升闻皇天，上神歆焉，故永其世而丰其年也。〔10〕

【注释】

〔1〕蚩尤，与黄帝同时代的部落首领。　作，谓发明。

〔2〕庶人，平民。　及，犹见。　厥，其。

〔3〕惛，糊涂。　欲，贪欲。

〔4〕蛊，毒虫。　挟，带、持。　螫，以刺毒人。　生，生物、活人。　见，被。　校，较量。

〔5〕利用，为利而用。　弭，止也。　乱人，作乱之人。丧，亡也。

〔6〕在在，即在。　藻，水藻。　饵，鱼食。　按"鱼在在藻"，见今《诗经·鱼藻》。"厥志在饵"，不见今《诗》。

〔7〕鲜，少、孤独。　"鲜民之生矣，不如死之久矣"，《蓼莪》三章之句，今本无上"矣"字。

〔8〕校，较量。　德，德行。　塞，堵塞、制止。　嗣，继、传。　孙子，即子孙。　按此不知所出。

〔9〕称，称颂。

〔10〕祝，祈祷。　歆，享。　永，长。

【译文】

哀公又问："蚩尤发明兵器吗？"

孔子说："不！蚩尤是平民中的一位贪婪者，见到利就忘了义，不顾自己的亲人，以致丧身。蚩尤是一个糊涂而又贪得无厌的人，怎么能发明什么器物？马蜂和蝎子会螫人而被人打死，而与人校量也只是为了防身。人生来有喜有怒，所以战争与人一起产生。圣人利用战争而终止较量，作乱的人发起战争而丧其身。《诗经》里说：'鱼在水藻中，其心在饵料。''孤独的人啊，活着不如死！'所以较量的德行不制止，用武的行为就会传给子孙。

"圣人爱百姓而忧心海内，后世人思念其德行就一定会称颂其人，所以称道尧、舜、禹、商汤、文王、武王的人至今依然存在。老百姓想起他们的德行，一定会称道他们，并且早晚进行祈祷。祈祷的声音上升到天上，上帝享受他们的祈祷，所以让他们长久继世而丰其收成。

【原文】

"夏桀商纣嬴暴于天下，暴极不辜，杀戮无罪，不祥于天，粒食之民布散厥亲；[1]疏远国老，幼色是与，而暴慢是亲，谗贷处谷，法言法行处辟。[2]夭替天道，逆乱四时，礼乐不行，而幼（幽）风是御。[3]历失制，摄提失方，孟陬无纪。[4]不告朔于诸侯，玉瑞不行，诸侯力政，不朝于天子，六蛮四夷交伐于中国。[5]于是天降之灾，水旱臻焉，霜雪大薄，甘露不降，百草殇黄；[6]五谷不升，民多夭疾，六畜瘁齰，夭伤厥身，失坠天下。[7]夫天之报殃于无德者也，必与其民。"[8]

公惧焉，曰："在民上者，可以无惧乎哉？"

【注释】

〔1〕赢，借为"淫"，大也。　　残，残害。　　极，诛也。　　辜，罪。　　祥，吉利。　　粒食，谷食。　　布散，离散。

〔2〕幼色，即所谓少艾，美貌的少女。　　与，在一起。　　暴，残暴。　　慢，傲慢。　　贷，借为"慝"，邪恶。　　处，在。谷，即禄，俸禄。　　法，规范的。　　辟，罪。

〔3〕夭，通"夭"，短命。　　替，废也。　　幽风，谓幽眇之声，非正声也。　　御，用也。

〔4〕历，推算日月星辰运行以确定岁时节气的方法。　　制，准则。摄提，星宿名，指星象、天象。　　方，方向。　　孟陬，农历正月，指历法。　　纪，纲纪、法度。

〔5〕玉瑞，诰命所执者。　　力政，即力征。　　六蛮、四夷，泛指外族。　　交，交相。　　中国，中原汉族所居。

〔6〕臻，至。　　薄，通"迫"，降也。　　甘露，季节雨。殇黄，枯萎。

〔7〕升，登、熟。　　瘁，羸弱。　　齰，腐烂。　　夭，短命。厥，指国君。　　失坠，即坠失、失掉。

〔8〕报殃，以殃祸报复。　　与，及也。

【译文】

"夏桀、商纣淫暴天下，残害并诛杀无辜的人，天下不祥，老百姓亲人离散。他们疏远国老，与美貌的少女在一起，亲近残暴傲慢的人，奸谗邪恶的人在官得俸禄，正当的言语行为受处罚。他们不顾自然，违背四季规律，正大的礼乐不实行，而用幽眇不正之声。推算日月星辰运行以确定岁时节气的方法失去准则，天象迷失方向，历法没有纲纪。不向诸侯颁告朔日，颁诰命不执玉瑞；诸侯以力相征战，不朝拜天子，四方外族交相征伐中国。于是天降灾害，水旱不断，霜雪大迫，甘露不降，百草枯黄，五谷不熟，人多疾病，六畜羸弱死亡，使自己夭伤短命，失去天下。而天报殃无德之人，还一定会殃及他的人民。"

哀公于是感到恐惧，说："身居百姓之上的，能不惧怕吗?"

少闲第七十六

【题解】

　　此篇为《七略》"《三朝记》七篇"之第七篇，主要记哀公与孔子讨论治国之道、五王之德，取首句"今日少闲"后二字为名。

【原文】

　　公曰："今日少闲，我请言情于子。"〔1〕

　　子愀然变色，迁席而辞曰："君不可以言情于臣，臣请言情于君，君则不可。"〔2〕

　　公曰："师之而不言情焉，其私不同。"〔3〕

　　子曰："否，臣事君而不言情于君则不臣，君而不言情于臣则不君。有臣而不臣犹可，有君而不君，民无所错手足。"〔4〕

【注释】

　　〔1〕闲，空闲。　　情，谓真实感情。

　　〔2〕愀然，变色貌。　　迁，移动。　　席，所坐之席。

　　〔3〕师之，以之为师。　　私，各人内心。

　　〔4〕君而不言，"不"字衍。　　无所错手足，所谓不知所措也。

【译文】

鲁哀公说："今天稍有空闲，请让我向先生谈谈我的真情感。"

孔子吓得变了脸色，挪到另一张席上推辞说："君不可以对臣谈真实情感，臣可以向君谈真实情感，君是不可以的。"

哀公说："尊你为师都不能对你谈真情感吗？私人关系不同。"

孔子说："不！为臣的事奉君主而不向君主谈真实情感就不是臣，当君主的向臣谈真实情感就不是君主。有臣而不把他当臣还可以，有君主而不把他当君主，人民就不知所措了。"

【原文】

公曰："君度其上下咸通之，权其轻重咸居之；准民之色，目既见之；鼓民之声，耳既闻之；动民之德，心既和之；通民之欲，兼而壹之；爱民亲贤而教不能，民庶悦乎？"[1]

子曰："悦则悦矣，可以为家，不可以为国。"[2]

公曰："可以为家，胡为不可以为国？国之民，家之民也。"

子曰："国之民诚家之民也，然其名异，不可同也。同名同食曰同等。唯不同等，民以知极。[3]故天子昭百神于天地之间，以示威于天下也；[4]诸侯修礼于封内，以事天子；[5]大夫修官守职，以事其君；士修四卫，执技论力，以听乎大夫；[6]庶人仰视天文，俯视地理，力时事以听乎父母。[7]此唯不同等，民以可治也。"[8]

【注释】

〔1〕度，揆度。　咸，皆。　权，秤。　居，处。　准，窥测。　既，尽。　鼓，鼓动。　动，感动。　通，沟通。　壹，统一。　庶，众。

〔2〕为，治。

〔3〕极，中、标准。

〔4〕昭，明。 威，威严。

〔5〕修，整治。 封内，境内。

〔6〕四卫，卫四方之职。 技，技艺。 论，讲究。

〔7〕力，用力。 时事，四季之事。

〔8〕唯，因为。 以，所以。

【译文】

哀公又问："如果国君揆度其上下都贯通，权衡其轻重都恰当；窥测人民的表情，眼睛已经看到；鼓动人民的声音，耳朵已经听到；感动人民的德行，内心已经融和；沟通人民的欲望，使他们合并统一起来；爱民亲贤，而教导不会做的，人民会全都高兴吗？"

孔子说："高兴是高兴，但这样只可以治家，不可以治国。"

哀公问："可以治家，为什么就不可以治国呢？国家的人，就是家庭的人啊！"

孔子说："国家的人确实就是家庭的人，然而名称不同，所以不能等同。同名同食，才叫同等。只有不同等，人民才知道标准。所以天子在天地之间昭明百神，以向天下显示威严；诸侯在其境内修治礼仪，以事奉天子；大夫学习做官忠守职责，以事奉并听命于主人；士学习守卫四方的职能，掌握技术并讲究能力，以听命于大夫；平民仰视天文，俯察地理，用力于四季之事以听命于父母。这些都是因为不同等，所以人民才可以治理。"

【原文】

公曰："善哉！上与下不同乎？"

子曰："将以时同时不同。〔1〕上谓之闲，下谓之多疾。〔2〕君时同于民，布政也；民时同于君，服听也。〔3〕上下相报，而终于施。〔4〕大犹已成，发其小者；远犹已成，发其近者；将持重器，先其轻者。[5]先清而后浊者，天地也。天政曰正，地政曰生，人政曰辨。[6]苟本正则华英必得其节以秀孚矣。[7]此官民之道也。"[8]

【注释】

〔1〕以，因。　　时，有时。

〔2〕闲，防也。　　疾，病也。

〔3〕服听，服从。

〔4〕施，施恩。

〔5〕犹，同"猷"，谋。　　发，始发。

〔6〕政，职。　　辨，别。

〔7〕本，根。　　华英，皆花，木曰华，草曰英。　　节，时节。秀，开花。　　孚，穗。

〔8〕官，管也。

【译文】

哀公说："好啊！那么上与下不同吗？"

孔子说："因时而异，有时同，有时不同。上叫做防，下叫做多病。君有时与民同，是指布政的时候；民有时与君同，是指服从的时候；上下相互报答，而终结于施恩。大谋完成以后，再开始小的；远谋完成以后，再开始近的；要拿重东西，先拿轻的。先清而后浊的，是天和地。天的职责是正，地的职责是生，人的职责是辨。如果根正，就会按时开花结果了。这是管理百姓的方法。"

【原文】

公曰："善哉！请少复进焉。"[1]

子曰："昔尧取人以状，舜取人以色，禹取人以言，汤取人以声，文王取人以度。[2]四代五王之取人以治天下如此。"[3]

公曰：“嘻！善之不同也。”

子曰：“何谓其不同也？”

公曰：“同乎？”

子曰：“同。”

公曰：“其状可知乎？”〔4〕

子曰：“不可知也。”

【注释】

〔1〕复，再。　进，进一步。

〔2〕状，状貌。　色，表情。　度，法度。

〔3〕四代，唐、虞即尧、舜为一代，夏一代，商一代，周一代也。

〔4〕其状，其不同之状。

【译文】

哀公说：“好啊！请再多讲一点。”

孔子说：“从前尧以状貌取人，舜以表情取人，禹以言辞取人，汤以声音取人，文王以法度取人。四代五王的取人治天下就是这样。”

哀公说：“嘻！好方法各不相同啊。”

孔子说：“怎么能说不同呢？”

哀公说：“相同吗？”

孔子说：“相同。”

哀公问：“具体情况可知吗？”

孔子说：“不可知。”

【原文】

公曰：“五王取人，各有以举之，胡为人之不可知也？”〔1〕

子曰：“五王取人，比而视，相而望。〔2〕五王取人

各以己焉，是以同状。"〔3〕

公曰："以子相人何如？"

子曰："否，丘则不能五王取人。〔4〕丘也传闻之以委于君，丘则否，亦又不能。"〔5〕

公曰："我闻子之言始蒙矣。"〔6〕

子曰："由君居之，成于纯，胡为其蒙也？〔7〕虽古之治天下者，岂生于异州哉？〔8〕昔虞舜以天德嗣尧，布功散德制礼。朔方幽都来服，南抚交趾，出入日月，莫不率俾。〔9〕西王母来献其白管，粒食之民昭然明视。〔10〕民明教，通于四海，海外肃慎、北发、渠搜、氐羌来服。〔11〕

"舜崩，有禹代兴。〔12〕禹卒受命，乃迁邑姚姓于陈，作物配天，修德使力。〔13〕民明教，通于四海，海之外肃慎、北发、渠搜、氐、羌来服。〔14〕

"禹崩，十有七世乃有末孙桀即位。桀不率先王之明德，乃荒耽于酒，淫泆于乐，德昏政乱，作宫室、高台、污池、土察，以为民虐，粒食之民惽焉几亡。〔14〕

"乃有商履代兴。〔15〕商履循礼法以觐天子，天子不悦，则嫌于死。〔16〕成汤卒受天命，不忍天下粒食之民刈戮，不得以疾死，故乃放移夏桀，散亡其佐，乃迁姒姓于杞。〔17〕发厥明德，顺天嗇地，作物配天，制典慈民。〔18〕咸合诸侯，作八政，命于总章。〔19〕服禹功以修舜绪，为副于天，粒食之民昭然明视。〔20〕民明教，通于四海，海之外肃慎、北发、渠搜、氐、羌来服。

"成汤卒崩，殷德小破，二十有二世乃有武丁即位。[21]开先祖之府，取其明法，以为君臣上下之节，殷民更眩，近者说，远者至，粒食之民昭然明视。[22]

"武丁卒崩，殷德大破，九世，乃有末孙纣即位。[23]纣不率先王之明德，乃上祖夏桀行，荒耽于酒，淫泆于乐，德昏政乱，作宫室、高台、污池、土察，以为民虐，粒食之民忽然几亡。[24]

"乃有周昌霸，诸侯佐之。[25]纣不悦诸侯之听于周昌，周昌乃退伐崇诛黎，以客事天子。[26]文王卒受天命，作物配天，制典用，行三明，亲亲尚贤。[27]民明教，通于四海，海之外肃慎、北发、渠搜、氐、羌来服。

"君其志焉，或徯将至也。"[28]

【注释】

〔1〕有以，有所用、有其法。

〔2〕比，并、比较。　视，近看。　相，观察、仔细看。望，远看。

〔3〕各以己焉，各人以各人自身之状。

〔4〕不能，不会。

〔5〕委，致、交。　否，谓不为。

〔6〕始，谓越发。　蒙，同"矇"，昏昧、糊涂。

〔7〕由，以。　居，处。　纯，大。

〔8〕异州，犹外国。

〔9〕朔方，北方。　幽都，古北极地。　抚，安抚。　交趾，古南极之民。　出入日月，日月所出入、极东极西之地。　率俾，遵从。

〔10〕西王母，当时西方女酋长。　白管，白玉管乐器。　粒食，吃粮食。

〔11〕教，教化。　四海，全天下。　肃慎、北发、渠搜、氐

羌，北方和西方的少数民族。

〔12〕有禹，即禹。　　代，替。　　兴，起。

〔13〕卒，终。　　受命，受传位之命。　　邑，谓筑城邑安置之。姚，舜姓。　　陈，在今河南省境。　　作，造。　　物，法物器用。修德使力，修己德而使民力也。

〔14〕率，遵循。　　荒，放纵。　　耽，沉溺。　　泆，借为"逸"，安逸。　　乐，作乐。　　污池，池塘。　　土察，假山之类，登而可察，故名。　　虐，灾害。　　惛焉，即惛然，迷乱之貌。几，近。

〔15〕履，商汤名。

〔16〕觐，朝见。　　天子，夏桀也。　　嫌，近。

〔17〕刈，割、翦。　　戮，杀。　　以疾死，谓自然死亡。　　放移，流放。　　姒，夏姓。　　杞，亦在今河南境。

〔18〕啬，爱惜。　　典，典章。　　慈，爱。

〔19〕咸，皆。　　八政，《尚书·洪范》所云食、货、祀、司空、司徒、司寇、宾、师之政。　　命，谓颁命。　　总章，明堂西屋。

〔20〕服，从事。　　绪，业。　　副，助也。

〔21〕卒，读为"殂"，死亡。　　破，败。　　武丁，商汤二十二代孙殷高宗也。

〔22〕节，节度。　　更，改。　　眩，迷惑。

〔23〕末孙，末代之君，故称。

〔24〕祖，谓效法之。　　忽然，轻忽快易之貌。

〔25〕昌，周文王名。　　霸，称霸一方。

〔26〕崇、黎，皆西北小国。　　客，读为"恪"，敬也。

〔27〕卒，终。　　三明，天、地、人之道也。

〔28〕志，记。　　徯，待。

【译文】

哀公问："五王取人各有各的办法，为什么不可知呢？"

孔子说："五王取人，都是把人并在一起就近看，仔细观察而远看。虽然各用各的办法，但大致相同。"

哀公问："那您用什么方法观人？"

孔子说："不，我不会五王取人的方法。我只是把我所听到的讲给君，我自己既不是君，也不会取人。"

哀公说："听了您的话我有点糊涂！"

孔子说："以君行之，应该大为成功，为什么会糊涂呢？即使是古代治理天下的，难道是生在异域吗？从前虞舜以其大德继承尧，广布功德，制定礼仪，北方幽都人前来归服，南方安抚极地的交趾；东方出太阳的地方的人、西方落太阳的地方的人，没有不遵从的。西王母前来献其白玉管乐，生吃粮食的人昭然明视。百姓明白教化，四海沟通，远居海外的肃慎、北发、渠搜、氐、羌都来归服。

"舜去世后，大禹替代而兴。大禹最终受命，就把舜帝姚姓的城邑迁往陈邑。并制造法物器用，修己德而使民力。百姓明白教化，四海沟通，远居海外的肃慎、北发、渠搜、氐、羌也都前来归服。

"大禹去世后过了十七代，就有末孙桀即位。桀不遵从先王的明德，而荒耽于酒，淫泆于乐，德昏政乱，建造宫室、高台、池塘、假山，成为百姓的祸害，生吃粮食的百姓惛然迷乱，接近死亡，于是就有商汤履替代而兴。商汤履遵循礼法，以朝觐天子夏桀，而夏桀不高兴，商汤几乎被处死。商汤最终受天命，不忍心天下生吃粮食的百姓被杀戮，不得正常死亡，所以就赶走了夏桀，流放了他的辅佐，并把姒姓夏人全部迁徙到杞。商汤发其明德，顺天惜地，造器物以祭天，制典章以慈民，融合所有的诸侯，作有关饮食、财货、祭祀、司空、司徒、司寇、宾客、师傅的政令，在明堂西屋中颁布。商汤继承禹的功业，从事舜未竟的事业，做皇天的助手，生吃粮食的百姓昭然明视。百姓明白教化，四海沟通，远居海外的肃慎、北发、渠搜、氐、羌也都来归服。

"成汤去世后，殷德渐破，传了二十二代，就有殷高宗武丁即位。武丁打开先祖的府库，取出他们的明法，做为君臣上下的节度，殷民重新归服，近的欣悦，远的来服，生吃粮食的百姓昭然明视。

"武丁去世后，殷德大破，传了九代，就有末孙纣即位。纣不遵从先王的明德，而上法夏桀的行为，荒耽于酒，淫泆于乐，德昏政乱，又作宫室、高台、池塘、假山，成为百姓的祸害，生吃粮食的百姓忽然之间又接近死亡。

"于是又有周人姬昌称霸西方，诸侯都辅佐他。纣王不喜欢诸侯听命于姬昌，姬昌就退伐崇国、诛黎侯，以恪敬之心事奉天子。文王最终受天命，造器物以祭天，制定典章，行天、地、人之道，亲亲人而尚贤臣。百姓明白教化，四海沟通，海外的肃慎、北发、渠搜、氐、羌也都来归服。国君记住这些，这一天或许会等到的。"

【原文】

公曰："大哉！子之教我政也。列五王之德，烦烦如繁诸乎！"[1]

子曰："君无誉臣，臣之言未尽，请尽臣之言，而君财之。"[2]

曰："于此有巧匠焉，有利器焉，有措扶焉，以时令，其藏必周密。[3]发而用之，可以知古，可以察今；可以事亲，可以事君；可用于生，又用之死。吉凶并兴，祸福相生，卒反生福，大德配天。"[4]

公愀然其色曰："难立哉！"[5]

子曰："臣愿君之立知而以观闻也。[6]时天之气，用地之财，以生杀于民。[7]民之死，不可以教。"[8]

【注释】

〔1〕烦烦，纷乱貌。　繁绪，乱丝。

〔2〕誉，夸。　财，借为"裁"，裁断。

〔3〕于此，假设之辞。　措扶，工匠所用置木之台。　以时，按时。　令，令其藏也。

〔4〕发，发其所藏。　卒，终。

〔5〕立，树立。

〔6〕愿，望。　观闻，观察与闻听。

〔7〕时，承也。

〔8〕民之死不可以教，谓不可教之民乃杀之。

【译文】

　　哀公说："真大啊，您教我国政。您列了五王的行德，纷乱得像一团乱丝！"

　　孔子说："国君不要夸臣，臣的话还没有说完，请让我说完，国君再裁判。"

　　孔子接着说："假如这里有一个巧匠、有一把利器、有一架台子，按时令藏，藏得一定会很周密。打开来用它，可以知古，可以观今，可以事父母，可以事君主，可用于生，也可用之死。吉凶一同兴起，祸福相互产生，最终返回生福，大德可以配天。"

　　哀公惊恐地变了脸色，说："很难树立呀！"

　　孔子说："臣希望国君拿出智慧来看来听，顺承天时，利用地财，以决定百姓的生死，不可教的人就杀掉他。"

【原文】

　　公曰："我行之，其可乎？"

　　子曰："唯此在君。君曰足，臣恐其不足；君曰不足，臣则曰足。〔1〕举其前必举其后，举其左必举其右。君既教矣，安能无善？"〔2〕

　　公盰焉其色曰："大哉，子之教我制也。政之丰也，如木之成也。"〔3〕

　　子曰："君知木成，言未尽也。凡草木根鞁伤，则枝叶必偏枯，偏枯是为不实。〔4〕政亦如之，上失政，大及小人畜谷。"〔5〕

【注释】

　　〔1〕臣，孔子自谓。

〔2〕既，尽。　　教，教育、教化。

〔3〕盰焉，即盰然，扬眉张目之貌。　　制，丰，茂。　　成，借为"盛"，茂盛。　　下同。

〔4〕鞹，借为"皮"。

〔5〕政，政事、国政。　　"小人"二字当倒。　　畜，通"蓄"，积蓄。

【译文】

哀公问："我执行它，可以吗？"

孔子说："这在国君自己。国君说足，臣恐怕它不足；国君说不足，臣却说足。举其前端必举其后端，举其左边必举其右边，总之要平衡。君已经教育了，怎么能没有善政。"

哀公惊恐地变了脸色，说："真大啊！先生教我制度。政事丰茂，就像树木成材。"

孔子说："国君知道树木成材，而我的话还没有讲完。凡是草木的根和皮损伤，枝叶就必然偏枯，偏枯就叫不成熟。国政也是这样，如果在上的人失了政，会上殃人民，下祸畜谷。"

【原文】

公曰："所谓失政者，若夏商之谓乎？"

子曰："否！若夏商者，天夺之魄，不生德焉。"〔1〕

公曰："然则何以谓失政？"

子曰："所谓失政者，疆篓未亏，人民未变，鬼神未亡，水土未绌；糟者犹糟，实者犹实，玉者犹玉，血者犹血，酒者犹酒；〔2〕优以继惵，政出自家门，此之谓失政也。〔3〕非天是反，人自反。臣故曰君无言情于臣，君无假人器，君无假人名。"〔4〕

公曰："善哉！"

【注释】

〔1〕魄，魂魄、灵魂。

〔2〕嵏，山巅。　疆埸，指边疆之地。　变，背叛。　细，细缊，云烟弥漫。　糟，酒糟。　实，果实。　血，指染成的颜色。

〔3〕优，优游。　愄，久乐。

〔4〕假，借用。

【译文】

哀公问："所谓失政，指的就像夏商末世那样吗？"

孔子说："不是！像夏商末世那样的，是老天爷剥夺了他们的魂魄，使他们不能生德。"

哀公问："那么怎样才叫做失政？"

孔子说："所谓失政，是指边疆未亏，人民未叛，鬼神未失，水土未弥漫，酒糟还是酒糟，果实还是果实，美玉还是美玉，染红的还是染红的，清酒还是清酒，而国君自己则长期乐于优游，国政出自家门，这就叫失政。这不是天反着来，而是人自己反着来。所以臣说君不能向臣言情，君不能把器借给人，也不能把名借给人。"

哀公说："好啊！"

卷十二

朝事第七十七

【题解】

此篇记朝事之仪，郑玄《周礼注》《仪礼注》引其文并称《朝事仪》，是其本名。其文分见今《周礼》之《大行人》《小行人》《司仪》《掌客》，当是编者取其文而成之，然不必在刘向校理秘府《周官》复出之后，当另有所本。其"聘礼"一节，又见《小戴礼记·聘义》。

【原文】

古者圣王昭义以别贵贱，以序尊卑，以体上下，然后民知尊君敬上，而忠顺之行备矣。[1]是故古者天子之官有典命官掌诸侯之仪，大行人掌诸侯之命，以等其爵。[2]故贵贱有别，尊卑有序，上下有差也。典命掌诸侯之五仪，诸臣五等之命：上公九命为王，其国家、宫室、车旌、衣服、礼仪，皆以九为节。[3]

诸侯、诸伯七命，其国家、宫室、车旌、衣服、礼仪，皆以七为节。[4]子、男五命，其国家、宫室、车旌、衣服、礼仪，皆以五为节。[5]

【注释】

〔1〕昭，明。　义，同"仪"，仪节。　体，体现。

〔2〕典命，《周礼·春官·宗伯》："掌诸侯之五仪，诸臣之五等之命。"　大行人，《周礼·秋官·大行人》："以九仪辨诸侯之命。"等，等同。

〔3〕上公，天子属官，公爵的最高一等。　　九，数的最高一位。命，按照等级赐给仪物服饰。　　九命，周代官爵的最高等级。　　国家，指都城。　　旌，旌旗。　　节，节度。　　国家以九为节，郑玄谓城方九里。　　宫室，谓其建筑之高低宽窄及其门窗之大小。　　下同。

〔4〕侯、伯，五等爵之第二、三级。

〔5〕子、男，五等爵之第四、五级。

【译文】

古代的圣王昭明仪节以区别贵贱，以序排尊卑，以体显上下，然后人民才知尊君敬上，而忠诚顺从的行为就具备了。所以古代天子的官，有典命官负责诸侯的节仪，有大行人负责按照等级赐给诸侯仪物服饰，都与其爵位同等。所以才贵贱有区别，尊卑有次序，上下有差等。

上公受九命为王，其都城、宫室、车辆、旌旗、衣物、服饰、礼仪，都以九为节度；诸侯、诸伯受七命，其都城、宫室、车辆、旌旗、衣物、服饰、礼仪，都以七为节度；子、男受五命，其都城、宫室、车辆、旌旗、衣物、服饰、礼仪，都以五为节度。

【原文】

王之三公八命，其卿六命，其大夫四命。及其封也，皆加一等。其国家、宫室、车旌、衣服、礼仪亦如之。〔1〕

凡诸侯之适子省于天子，摄君，则下其君之礼一等；未省，则以皮帛继子男。〔2〕

公之孤四命，以皮帛视小国之君，其卿三命，其大夫再命，士一命，其宫室、车旌、衣服、礼仪、各视其命之数。〔3〕侯、伯之卿、大夫、士亦如之。

子、男之卿再命，其大夫一命，其士不命，其宫室、车旌、衣服、礼仪，各视其命之数。

大行人以九仪别诸侯之命，等诸臣之爵，以同域国之礼而待其宾客。[4]

【注释】

〔1〕封，封地。

〔2〕适子，读如"嫡子"，继承人。　誓，约束之言。　摄，代理。　皮帛，毛皮和布帛。　以皮帛，不执圭也。　继，在后也。

〔3〕孤，即孤卿，少师、少傅、少保。　以，用。　视，比、同。

〔4〕别，区别。　等，谓辨别差等。　同，统一。　域国，域内方国。

【译文】

王的三公受八命，其卿受六命，其大夫受四命。进了他自己的封地，都增加一等。其都城、宫室、车辆、旌旗、衣物、服饰、礼仪也是这样。

凡诸侯的嫡子代理其君受天子约束之命，要低其君礼一等；未受命之前，带着毛皮布帛跟在子、男之后。

公爵的孤卿受四命，受命的时候带着兽皮布帛与小国的国君一样。其卿受三命，其大夫受二命，士受一命，其都城、宫室、车辆、旌旗、衣物、服饰、礼仪都看受命的数目。侯爵、伯爵的卿、大夫、士也是这样。

子爵、男爵的卿受二命，其大夫受一命，其士不受命。其都城、宫室、车辆、旌旗、衣物、服饰、礼仪都看受命的数目。

大行人以九仪区别诸侯受命的数目，辨别诸臣爵位的差等，以统一域内国家的礼仪，以便于接待其宾客。

【原文】

上公之礼：执桓圭九寸，缫籍九寸，冕服九章，建常九旒，樊缨九就，贰车九乘，介九人，礼九牢；其朝位，宾主之间九十步；飨礼九献，食礼九举。[1]

诸侯之礼：执信圭七寸，缲籍七寸，冕服七章，建常七旒，樊缨七就，贰车七乘，介七人，礼七牢；其朝位，宾主之间七十步；飨礼七献，食礼七举。[2]

诸伯执躬圭，其它皆如诸侯之礼。[3]

诸子执谷璧五寸，缲籍五寸，冕服五章，建常五旒，樊缨五就，贰车五乘，介五人，礼五牢；其朝位，宾主之间五十步；飨礼五献，食礼五举。[4]

诸男执蒲璧，其它皆如诸子之礼。[5]

【注释】

〔1〕礼，指礼仪规范。　圭，一种上尖下方的玉质礼器。　桓，本义谓表柱，以横木交柱头，似华表。　桓圭，盖即形似华表的玉圭。缲，借为"藻"，垫玉的彩板。　籍，垫。　寸，指其长度。周尺之寸，约2厘米。　章，华章。　九章，包括所谓山、龙、华、虫、火、宗彝、藻、粉米、黼黻九种花纹。　建，立。　常，旌旗。旒，旗帜下悬垂的饰物。　樊缨，即繁缨。　就，五彩备谓一就。贰车，副车。　介，副手。　牢，三牲备为一牢。　步，两脚各迈一次。　飨礼，大宴宾客之礼。　献，奉献酒食。　食礼，自食之礼。　举，盖谓举杯。

〔2〕信，同"伸"。　伸圭，直而不曲之圭，

〔3〕躬，躬身。　躬圭，形似人躬身、梢屈。

〔4〕谷璧，两面刻有谷粒纹饰的玉璧。

〔5〕蒲璧，两面刻有蒲草纹饰的玉璧。

【译文】

上公的礼仪规范：手里所执的桓圭长九寸，垫圭的垫子长九寸，头戴的冕和身穿的服饰上有九种花纹，所树立的旗帜上有九

条飘带，马脖子上系的缨子有彩球九个，副车九辆，副手九人，祭祀用三牲具备的牲口九组；在朝廷上的位置，宾客和主人之间相隔九十步，大宴宾客的飨礼献九次酒，自己进食的礼举九次杯。

诸侯的礼仪规范：手里所执的信圭长七寸，垫圭的垫子长七寸，头戴的冕和身穿的服饰上有七种花纹，所树立的旗帜上有七条飘带，马脖子上系的缨子有彩球七个，副车七辆，副手七人，祭祀用三牲具备的牲口七组；在朝廷上的位置，宾客和主人之间隔七十步；大宴宾客的飨礼献九次酒，自己进食的礼举七次杯。

诸伯手里所执的是躬圭，其他都与诸侯相同。

诸子手里所执的是雕有谷粒的玉璧，大五寸；垫璧的垫子长五寸，头戴的冕和身穿的服饰上的花纹有五种，所树立的旗帜上有五条飘带，马脖子上系的缨子有五个彩球，副车五辆，副手五人，祭祀用三牲具备的牲口五组；在朝廷上的位置，宾客和主人之间隔五十步；大宴宾客的飨礼献五次酒，自己进食的礼举五次杯。

诸男手执的是雕有蒲草的玉璧，其他都与诸子相同。

【原文】

凡大国之孤，执皮帛，以继小国之君。[1]诸侯之卿，礼各下其君二（一）等；以下及大夫、士皆如之。[2]

天子之所以明章著此义者，以朝聘之礼也。[3]是故千里之内，岁一见；千里之外、千五百里之内，二岁一见；千五百里之外、二千里之内，三岁一见；二千里之外、二千五百里之内，四岁一见；二千五百里之外、三千里之内，五岁一见；三千里之外，三千五百里之内，六岁一见。[4]

各执其圭瑞，服其服，乘其辂，建其旌旗，施其樊缨，从其贰车，委积之以其牢礼之数，所以别义也。[5]

然后天子冕而执镇圭尺有二寸，藻籍尺有二寸，搢大圭，乘大辂，建大常，十有二旒，樊缨十有再就，贰车十有二乘，率诸侯而朝日于东郊，所以教尊尊也。[6]

退而朝诸侯，为坛三成，宫旁一门。[7]天子南乡见诸侯，土揖庶姓，时揖异姓，天揖同姓，所以别亲疏外内也。[8]

【注释】

〔1〕孤，指孤卿，少师、少傅、少保。

〔2〕卿，含上卿、中卿、下卿。

〔3〕章著，犹突出、凸显。　朝聘，诸侯定期朝见天子。

〔4〕见，朝见。

〔5〕瑞，指祥瑞之器。　圭瑞，即圭。　辂，大车。　施，加也。　从，跟随。　委积，积聚、储备。　牢，三牲备为一牢。义，宜也。

〔6〕镇圭，天子所执器物。　揩，插。　大圭，长三尺。大常，旗帜名，即太常，上画日月。　朝日，早晨朝拜太阳。

〔7〕朝，接受朝见。　坛，土台。　三成，即三层。　宫，建于坛上中央的小屋。　旁，四旁。

〔8〕土揖，推手稍向下。　庶姓，众外姓。　时揖，平推手。异姓，有婚姻关系者。　天揖，推手小举之。郑玄说。

【译文】

凡大国的孤卿少师、少傅、少保，手执兽皮布帛，跟在小国国君后面。诸侯的三卿，礼数各比其君低一等；以下到大夫和士都是这样。

天子之所以明章这种礼仪，是为了行朝聘之礼。所以一千里之内的诸侯，一年朝见一次；一千里以外、一千五百里以内的诸侯，两年朝见一次；一千五百里之外、二千里以内的诸侯，三年朝见一次；二千里以外、二千五百里以内的诸侯，四年朝见一次；二千五百里以外、三千里以内的诸侯，五年朝见一次；三千里以外、三千五百里以内的诸侯，六年朝见一次。

朝见的时候，各级诸侯各自手执自己的玉圭，穿自己的服饰，乘自己的大车，树自己的旌旗，施加自己的马缨，跟随自己的副车，并按照各自牢礼的数目积聚三牲，用以区别各自所宜。

然后天子戴着冕手执一尺二寸长的镇圭，一尺二寸长的圭垫子，腰带上插着大圭，乘坐大辂，树立上面有十二条飘带的太常旗，拉车的马系十二根马缨，四匹马拉的副车十二辆，率领诸侯们一大早在东郊朝拜太阳，都是为了教人尊敬尊贵的人。

朝拜完太阳又接受诸侯朝拜，筑一座三层高的土坛，上面的小房子四旁各开一座小门。天子在小房子里面朝南接见诸侯，对没有姻亲关系的异性诸侯行向前推手然后稍向下之礼，对有姻亲关系的异性诸侯行向前平推手之礼，对同姓诸侯行推手向前在稍微抬起之礼，用以区别亲疏内外。

【原文】

公侯伯子男各以其旅就其位：诸公之国，中阶之前，北面东上；诸侯之国，东阶之东，西面北上；诸伯之国，西阶之西，东面北上；诸子之国，门东，北面东上；诸男之国，门西，北面东上。[1]

及其将币也，公于上等，侯、伯于中等，子、男于下等，所以别贵贱，序尊卑也。[2]

奠圭，降、拜，升、成拜，明臣礼也。[3]

奉国地所出重物而献之，明臣职也。[4]

内袒入门而右，以听事也。[5]

明臣礼、臣职、臣事，所以教臣也。[6]

率而祀天于南郊，配以先祖，所以教民报德，不忘本也。

率而享祀于太庙，所以教孝也。

与之大射，以考其礼乐而观其德行；与之图事，以观其能；傧而礼之，三飨三食三宴，以与之习礼乐。[7]

是故一朝而近者三年，远者六年。有德焉，礼乐为之益习，德行为之益修，天子之命为之益行。[8]然后使诸侯世相朝交，岁相问，殷（月）相聘，以习礼、考义、正刑、一德，以崇天子。[9]故曰：朝聘之礼者，所以正君臣之义也。[10]

【注释】

〔1〕旃，上画龙形，竿头系铃的旗子。　　门，指南门。

〔2〕将，持、携带。　　币，礼品。　　等，台阶。　　序，顺序排列。

〔3〕奠，放置。　　降，下。　　升，上。

〔4〕奉，同"捧"。

〔5〕内袒，袒露左臂。　　听事，听取天子训辞以处理事情。

〔6〕明，谓宣明。

〔7〕大射，天子举行的赛射礼。　　图，谋。　　傧，引导者。飨，大宴宾客。　　食，谓赏赐食物。　　宴，以酒肉款待。

〔8〕有德，同"有得"。　　行，被执行。

〔9〕世，世代。　　朝，朝见天子。　　交，交往。　　问，聘问。聘，通问致意。

〔10〕义，所宜也。

【译文】

公、侯、伯、子、男各自持自己的旗子就位：公爵的国家，位置在中阶前面，面朝北以东边为上首；侯爵的国家，位置在东阶东边，面朝西以北边为上首；伯爵的国家，位置在西阶西边，面朝东以北边为上首；子爵的国家，位置在大门东边，面朝北以东上；男爵的国家，位置在大门西边，面朝北面以东边为上首。

至于他们所持的礼品，公爵以上等，侯、伯以中等，子、男以下等，用来区别贵贱，序排尊卑。

天子奠置玉圭，下台阶行拜礼；诸侯们登台完成回拜，是宣明臣礼。

诸侯捧着本国土地所产的贵重物品献给天子，是表明臣下的职责。

诸侯袒露着左臂进门向右转，听取天子训辞以便处理事情。

宣明臣下的礼仪、臣下的职责、臣下的事务，是为了教导臣下。

天子率领诸侯在南郊祭天，以先祖配享，是为了教导人民报德而不忘本。率领诸侯在太庙祭享先祖，是为了教诸侯行孝。

与诸侯一起举行大射礼，以考察他们是否熟悉礼乐并观察他们的德行；与诸侯一起谋事，以观察他们的能力；在人引导下礼遇他们，三次大宴、三次赐食、三次款待，以与他们练习行礼乐。

所以近处的诸侯三年一朝见，远处的诸侯六年一朝见。这样可以从中得到好处：礼乐因此而更加熟悉，德行因此而更加培养，天子的政令因此而更加通畅。然后使诸侯世代朝见并相互交往，每年互相聘问，每个月相互致意，以熟悉礼仪、考察正义、正定刑法、统一德道，以尊崇天子。所以说：朝聘之礼，是用来端正君臣义务的。

【原文】

诸侯相朝之礼，各执其圭瑞，服其服，乘其辂，建其旌旗，施其樊缨，从其贰车，委积之以其牢礼之数，所以别义也。[1]

介而相见，君子于其所尊，不敢质，敬之至也。[2]

君使大夫迎于境，卿劳于道，君亲郊劳致馆。[3]

及将币，拜迎于大门外而庙受。[4]北面拜贶，[5]所以致敬也。三让而后升，所以致尊让也。

敬让也者，君子之所以相接也。诸侯相接以敬让，则不相侵陵也。[6]

此天子之所以养诸侯，兵不用而诸侯自为正之具也。[7]

君亲致饔既，还圭，飧食，致赠，郊送，所以相与习礼乐也。[8]

诸侯相与习礼乐，则德行修而不流也。[9]故天子制之，而诸侯务焉。[10]

【注释】

〔1〕相朝，穿朝服相见。　委积，指所带的礼物。　牢，三牲备为一牢。　义，宜也。

〔2〕介，传宾主之言者。　质，质朴。

〔3〕劳，慰劳。　致，送到。

〔4〕将币，所携带的礼品。

〔5〕贶，赐。

〔6〕侵陵，侵越凌犯。

〔7〕正，正当、无偏失。　具，器具。

〔8〕饔，熟肉。　既，借为"饩"，牲口。　还，归还。飧食，用酒食招待。

〔9〕流，流失。

〔10〕制，制定、规定。　务，致力。

【译文】

诸侯相互穿朝服会见之礼，各自执自己的瑞圭，穿戴自己的服饰，乘坐自己的大辂，树自己的旌旗，给驾车的马加自己的繁缨，让自己的副车相随，所带的礼物按照自己的牢礼数目多少，都是用来区别各自所宜的。

传宾主之言的介陆续介绍相见，这时候君子对于自己所尊敬的人，不敢质朴无礼，而要表达最隆重的敬意。

宾客来的时候，国君派大夫在边境上迎接，卿在半道上慰劳，国君亲自在郊外慰劳，并送到宾馆。

至于所携带的礼品，要在大门外拜迎，在宗庙里接受。接受的时候面朝北拜谢所赐，是为了表达敬意。客人三让以后登台，是为了表达谦让。敬和让，是君子相互交往和接触时必须具备的。诸侯以敬让相互交往接触，就不会相互侵犯欺凌。这是天子养诸侯，不用兵而诸侯自正的工具。

国君亲自致送熟肉和牲口给客人，送还玉圭，设酒食招待。这时候，客人送上所赠的礼品。客人回国的时候，国君亲自送到郊外。这些，也等于是在一起练习礼乐。

诸侯们相互在一起练习礼乐，就能使德行修练而不流失。所以，天子制定礼乐，而诸侯致力于使用它。

【原文】

聘礼：上公七介，侯伯五介，子男三介，所以明贵贱也。[1]介而传命，君子于其所尊，不敢质，敬之至也。三让而后传命，三让而后入庙门，三揖而后至阶，三让而后升，所以致尊让也。[2]

君使士迎于境，大夫郊劳，君亲拜迎于大门之内而庙受，北面拜贶，拜君命之辱，所以致敬让也。敬让也者，君子之所以相接也。[3]故诸侯相接以敬让，则不相欺陵也。

卿为上摈，大夫为承摈。[4]君亲醴宾，宾私面私觌。[5]致饔饩，还圭璋，贿赠，飧食燕，所以明宾主君臣之义也。[6]

故天子之制诸侯交，岁相问，殷相聘，相厉以礼。[7]使者聘而误，主君不亲飧食，所以耻厉之也。[8]诸侯相厉以礼，则外不相侵，内不相陵。此天子所以养诸侯，兵不用，而诸侯自为正之具也。

【注释】

〔1〕聘礼，相互通问致意之礼。　上公，即公爵诸侯。

〔2〕让，辞让。　致，表达。

〔3〕贶，赐。　以，用以。

〔4〕摈，同"傧"，引导者。

〔5〕醴，甜酒。　面，谓认识。　觌，相见。

〔6〕饔，熟肉。　饩，牲口。　贿赠，赠送财物。　飧，以酒食招待。　食燕，即食宴。

〔7〕制，制度、规定。　交，相交往。　问，正式访问。殷，众、多。　聘，相互通问。　厉，借为"励"，勉励、激励。

〔8〕所以，用以。　耻，羞辱。

【译文】

相互通问致意的聘礼：上公用七个传宾主之言的介，侯、伯用五个，子、男用三个，用来表明身份贵贱。介陆续介绍宾主相见，并传命。君子见到自己所尊敬的客人，不敢质朴无礼，而要表达最隆重的敬意。三次辞让然后传命，三次辞让然后进庙门，三次作揖然后走到台阶前，三次辞让然后登上台阶，都是用来表达尊敬和谦让。

国君派士到边境上迎接，大夫在郊外慰劳，国君亲自在大门内拜迎而在庙内接受礼物，面朝北拜谢赠赐，并拜谢对方君命之辱，都是用来表达恭敬和谦让。恭敬和谦让，是君子互相接触时必须具备的。诸侯接触时表达了敬让，就不会互相欺凌。

卿作为引导宾主相见的上傧，大夫作为副手。国君亲自用甜酒招待宾客，宾客以私人身份相互认识和见面。宾客回去的时候，主人赠送熟肉和牲口，归还客人的玉圭玉璋，另外赠送财物，并设酒食招待，用以表明宾主及君臣之义。

所以天子规定诸侯相互交往，每年可以互相访问一次，可以多次互相聘问，用礼相互勉励。如果使者聘问的礼仪出了错，主方国君就不亲自设宴招待，用来羞辱并勉励他。诸侯以礼相互勉励，就会在外不相互侵犯，在内不相互欺凌。这是天子用来养诸侯，不用兵而诸侯自正的工具。

【原文】

以圭璋聘，重礼也。已聘而还圭璋，此轻财重礼之义也。诸侯相厉以轻财重礼，则民作让矣。[1]主国待客，出入三积。[2]既客于舍，五牢之具陈于内；米三十车、禾三十车、刍薪倍禾，皆陈于外；乘禽日五双，群介皆饩牢。[3]壹食再飨，宴与时赐无数，所以重礼也。[4]古之用财不能均如此，然而用财如此其厚者，言尽之于礼也。尽之于礼则内君臣不相陵（凌），而外不相侵。故天子制之，而诸侯务焉。

【注释】

〔1〕作，行也。

〔2〕积，谓致送其米、禾、刍、薪。

〔3〕五牢之具，泛指各种肉类。　　乘禽，盖指成双成对之禽。孔广森云："禽之乘匹者，若雁鹜之属。"

〔4〕食，音四，给食物。　　飨，大宴。　　宴，普通宴会。时赐，随时赠赐。

【译文】

用玉圭玉璋聘问，是看重礼仪。聘问结束后归还玉圭玉璋，这是轻财重礼的意思。诸侯相互以轻财重礼进行勉励，老百姓就会实行礼让了。主国招待宾客，一共三次出入宾舍致送米、禾、刍、薪。客人住进宾舍以后，就把各种肉类所谓五牢之具摆进馆舍；还有三车米、三十车禾，马草和柴薪加倍，都陈列在宾舍外面；成对的家禽每天供应五双。传宾主之言的群介，也都有活牲口。招待一次，大宴两次，小宴与临时赠赐没有定数。这些都是为了表示重礼。古代的财用就是这样不能平均，然而用财却如此之厚，就是为了说明要竭尽于礼。竭尽于礼，则在内君臣不相欺凌，在外诸侯不相侵犯。所以天子制定它，而诸侯致力于遵守它。

【原文】

古者大行人掌大宾之礼，及大客之仪，以亲诸侯。[1]

春朝诸侯而图天下之事，秋觐以比邦国之功，夏宗以陈天下之谋，冬遇以协诸侯之虑。[2]时会以发四方之禁，殷同以施天下之政，时聘以结诸侯之好，殷眺以除邦国之慝，间问以谕诸侯之志，归脤以效诸侯之福，贺庆以赞诸侯之喜，致禬以补诸侯之灾。[3]

天子之所以抚诸侯者，岁遍在，三岁遍眺，五岁遍省；七岁属象胥喻言语，叶辞令；九岁属瞽史谕书名，听音声；十有一岁达瑞节，同度量，成牢礼，同数器，修法则；十有二岁天子巡狩殷国。[4]

是故诸侯上不敢侵陵（凌），下不敢暴小民。[5]然后诸侯之国札丧，则令赙补之；凶荒，则令赒委之；师役，则令槁禬之；有福事，则令庆贺之；有祸灾，则令哀吊之。[6]凡此五物者，治其事故。[7]

【注释】

〔1〕大行人，官名。　大宾，五服之要服以内的诸侯。　大客，诸侯的孤卿。　仪，礼仪。

〔2〕朝、觐、宗、遇，四季见天子之名。　朝，在朝廷会见；觐，觐见；宗，尊；遇，遇见。　图，谋。　比，比较。　陈，列、述。　协，和。

〔3〕时会，临时会见。　殷，大、盛。　同，会聚。　聘，访问。　眺，远视。　慝，恶。　谕，晓。　间问，隔年一问。归，借为"馈"，赠。　脤，胙肉。　效，犹赐。　赞，助。禬，音贵，以财物接济盟国。

〔4〕在，视察。　眺，远察。　省，近察。　属，同"嘱"，

嘱咐。　　象胥，翻译官。　　叶，同"协"，和。　　瞽，盲人乐师。
史，史官。　　书名，所记文字。　　达，通。　　瑞节，符节。
同，统一。　　成，平。　　牢，三牲备为一牢。　　数器，衡器。
法则，法规。　　巡狩，同"巡守"，巡其所守。　　殷，众多。

〔5〕暴，残虐。

〔6〕札丧，因瘟疫而死丧。　　赙，以财物助丧。　　赒委，救济、
周济。　　槁，用同"犒"，犒赏。　　福事，喜事。

〔7〕五物，即上所谓赙补、赒委、槁襘、庆贺、哀吊五者。　　事
故，意外之事。

【译文】

　　古时候大行人掌管大宾即要服以内诸侯的礼节，以及大客即
诸侯孤卿的礼仪，以亲善诸侯。春季在朝接见诸侯以谋划天下大
事，秋季接受诸侯觐见以比较邦国的功绩，夏季接受诸侯宗见以
讲陈天下的谋略，冬季在京城外遇见诸侯以协和诸侯的顾虑。临
时聚会以发布四方禁令，大聚同以施行天下的政令，临时聘问以
联系诸侯的感情，大眺望以除邦国的邪恶，隔年聘问以晓明诸侯
的心思，馈赠胙肉以效赐诸侯福分，庆贺以赞助诸侯的喜事，送
财物以接济诸侯的灾难。

　　天子用以安抚诸侯的：一年视察一遍，三年远眺一遍，五年
近看一遍；七年嘱咐翻译官传达言语、协和辞令；九年嘱咐史官
晓谕所记录的文字，乐官审听音乐；十一年沟通符节，统一度量，
平成三牲牢礼，统一衡器，健全法制规则；十二年天子巡守众多
方国。

　　因此诸侯上不敢相互侵凌，下不敢残虐小民。然后诸侯国若
有瘟疫死丧，就下令用财物补助他；有饥荒，就下令救济他；有
战事，就下令犒赏接济他；有喜事，就下令庆贺他；有祸灾，就
下令哀悼慰问他。凡这五件事，都是用来处理意外事故的。

【原文】

　　及其万民之利害为一书，其礼俗、政事、教治、刑
禁之逆顺为一书，其悖逆暴乱，作慝犯令者为一书，其

札丧、凶荒、厄贫为一书，其康乐、和亲、安平为一书。[1]凡此五物者，无国别异之，天子以周知天下之故。[2]是故诸侯附于德，服于义，则天下太平。[3]

【注释】

〔1〕书，记录。　　教治，教化治理。　　悖逆，违逆不从。慝，恶。　　厄，穷困。　　和亲，和睦相亲。　　安平，安宁平静。

〔2〕周，遍。　　故，即前所谓事故。

〔3〕附，依附。　　德，谓德政，使民有所得之政。　　服，服从。义，宜也。　　太平，社会安乐平定。

【译文】

还要把有关百姓利害的事记录为一书，把有关礼俗、政事、教治、刑禁顺逆的事记录为一书，有关忤逆暴乱，作恶犯令的记录为一书，有关瘟疫死丧、饥荒、穷困贫弱的记录为一书，有关康乐、和睦、平安的记录为一书。凡这五种，都不分国别，使天子普遍知晓天下的意外事故。所以诸侯依附于德，服从于义，天下就太平了。

【原文】

古者天子为诸侯不行礼义、不循法度、不附于德、不服于义，故使射人以射礼选其德行；职方氏、大行人以其治国选其能功。[1]诸侯之得失治乱定，然后明九命之赏以劝之，明九伐之法以震威之。[2]尚犹有不附于德，不服于义者，则使掌交说之。故诸侯莫不附于德，服于义者。此天子之所以养诸侯，兵不用而诸侯自为政之法也。

【注释】

〔1〕射人，负责射礼的官员。　　职方氏，掌天下地图、主四方职贡的官员。　　大行人，掌天子诸侯间交际礼仪的官员。　　治国，所治理之国。　　能功，能力与功劳。

〔2〕九命之赏，赏所谓车马、衣服、乐则、朱户、纳陛、虎贲、斧钺、弓矢、秬鬯。　　劝，勉励。　　九伐之法，所谓凭弱犯寡则眚之，贼贤害民则伐之，暴内凌外则坛之，野荒民散则削之，负固不服则侵之，贼杀其亲则正之，放弑其君则残之，犯令凌政则杜之，外内乱、鸟兽行则灭之。　　震威，震慑。

【译文】

古代的天子因为诸侯不行礼义、不循法度、不附于德、不服于义，所以使射人以射礼选择其有德行的；使职方氏、大行人以其所治理的国家，选择其能力有功绩的。诸侯的得失治乱确定以后，又宣明九命之赏以劝励他们，宣明九伐之法以震慑他们。如果还有不归附于德，不服从于义的，就让掌交官劝说他们。所以诸侯没有不附于德、不服于义的。这就是天子用来养诸侯，不用兵而诸侯各自为政的办法。

投壶第七十八

【题解】
　　此篇记古投壶之礼，亦见《小戴礼记》而后半多异辞。郑玄《礼记目录》云："此于《别录》属吉礼，亦属曲礼之正篇。"所以不得在"百三十一"或"二百［十］四"篇《记》中。

【原文】
　　投壶之礼，主人奉矢，司射奉中，使人执壶。[1]

　　主人请曰："某有枉矢峭壶，请乐宾！"[2]

　　宾曰："子有旨酒嘉肴，又重以乐，敢辞！"[3]

　　主人曰："枉矢哨壶，不足辞也，敢以请！"[4]

　　宾曰："某赐旨酒嘉肴，又重以乐，敢固辞！"[5]

　　主人曰："枉矢哨壶，不足辞也，敢固以请！"

　　宾对曰："某固辞不得命，敢不敬从？"[6]

　　宾再拜受，主人般还曰："避！"[7]

　　主人阼阶上拜送，宾般还曰："避！"[8]

　　已拜，受矢，进即两楹间，退、反位，揖宾就筵。[9]

【注释】
　　〔1〕投壶，以箭矢投壶口以决胜负的游戏。　　奉，同"捧"。

司，主也。　　司射，裁判者。　　中，盛算筹的器物，中空。《乡射礼》："大夫兕中，士鹿中。"　　使人，工作人员。

〔2〕某，主人自称其名。　　枉，不直，谦辞。　　峭，不正，亦谦辞。　　乐，娱乐。

〔3〕子，您，敬辞。　　旨，甘美。　　嘉，美。　　肴，菜肴。重，加也。　　敢，不敢，语急而省。

〔4〕不足，不值得。　　敢，大胆。

〔5〕某，客人自称其名。　　固，坚决。

〔6〕不得命，不获准。

〔7〕般还，即盘旋、转圈。　　避，避让。

〔8〕阼阶，东阶。

〔9〕即，就位。　　楹，大柱。　　反，返回。　　筵，所铺设的粗席子。

【译文】

投壶的礼仪，主人捧着箭矢，司射捧着盛放筹码的"中"，工作人员拿着壶。

主人首先请客人说："我有不直的箭和歪口的壶，请娱乐嘉宾！"

客人说："您已经有美酒嘉肴，又加上娱乐，不敢当，斗胆请辞！"

主人说："不直的箭和歪口的壶不值得推辞，斗胆请您答应！"

客人说："您已赐美酒嘉肴，又加上娱乐，实在不敢当！"

主人说："不直的箭和歪口的壶不值得推辞，斗胆再请！"

客人回答说："某固辞不获准，敢不恭敬从命！"

客人两拜接受邀请，主人盘旋一周说："请回避！"

主人在东阶上拜送退下的人，客人也盘旋周围说："请回避！"

客人拜受行礼毕，接受箭矢。主人上前走到两根大柱中间，然后又后退、返回原位，向客人作揖，然后走上筵席坐下。

【原文】

司射进度壶，反位，设中，执八算。[1]请于宾曰：

"顺投为入，比投不释算，胜饮不胜。〔2〕正爵既行，请为胜者立马；三马既立，庆多马。"〔3〕请主人亦如之。

命弦者曰："请奏《狸首》，间若一。"〔4〕

太师曰："诺!"〔5〕

左右告矢具，请拾投。〔6〕投入者，则司射坐而释一算焉。宾党于右，主党于左。〔7〕

卒投，司射执余算曰："右左卒投，请数!"〔8〕

二算为纯，一纯以取，一算为奇。〔9〕有胜，则司射以其算告曰："某党贤于某党，贤若干纯。"〔10〕奇则曰奇，钧者曰左右钧。〔11〕举手曰："请胜者之弟子为不胜者酌!"

酌者曰："诺!"

已酌，皆请举酒。当饮者皆跪奉觯曰："赐灌!"〔12〕

胜者跪曰："敬养!"

司正曰："正爵既行，请为胜者立马!"

马各直其算上。一马从二马，以庆。〔13〕庆礼曰："三马既立，请庆多马!"宾、主人皆曰："诺!"正爵既行，请撤马。

周则复始。既算。算多少，视其坐。〔14〕

【注释】

〔1〕进，上前。　度，量距离。　壶，指壶与投壶人间的距离。中，装筹码的器具。　算，算筹。

〔2〕请，告也。　顺投，谓矢头进入壶口。　比投，连续投。释，放也。　饮，谓罚饮酒。

〔3〕正爵，指罚酒器。　马，代表获胜次数的小木马。　三马

为一局。　　庆，贺也。

〔4〕弦者，乐手。　　《狸首》，乐曲名。　　间，间隔。

〔5〕太师，乐工之长。　　诺，答应声。

〔6〕左右，工作人员。　　具，备也。　　拾，交替。

〔7〕党，团队。

〔8〕卒，终也。

〔9〕纯，计数的单位。　　奇，奇数。

〔10〕贤，犹胜。

〔11〕钧，借为"均"，等也。

〔12〕奉，同"捧"，双手拿。　　觚，角质酒器。　　灌，犹饮，敬辞。

〔13〕直，立也。　　从，随也。

〔14〕坐，指在座者人数。

【译文】

司射上前度量摆放壶的位置，然后返回原位，布设盛筹码的"中"，并拿出八根算筹，告请客人说："箭头投入壶口算进，连续投不放算筹，获胜者罚不胜者饮酒。罚酒过后，请为获胜者立小马。三只小马全立上后，庆贺获小马多的。'"告请主人也是这样。

又命乐人们说："请奏《狸首》，中间间隔时间一致。"太师回应说："是！"

工作人员报告箭已备好，请交替投。有投入的，司射就坐着给放进一支算筹。客人的团队在右边，主人的团队在左边。

投壶结束，司射拿着剩余的算筹说："左右两边停止投，请数各自所获算筹。"两算为一纯，一纯一纯数，剩余的一算为奇数。有获胜的，司射就以其所获算筹报告说："某队多于某队，多若干纯。"有奇数的就说有奇数，均等的就说均等。然后举起手说："请获胜一方的弟子为负方斟酒！"

斟酒的说："是！"

斟上酒后，双方都请举杯。当饮的一方，都跪着捧起酒杯说："感谢赐灌！"

获胜者一方跪着说："请敬养！"

　　然后司正说："正爵已行，请为获胜者立马！"

　　小马放置在双方算筹上。获一马的随获二马的，表示庆贺。庆贺的礼节，要说："三马已立，请庆贺马多的！"宾、主双方都说："是！"

　　罚酒过后，请双方撤马再来。这样周而复始。算筹的多少，看在座人数而定。

【原文】

　　矢八分堂上七扶，室中五扶，庭中九扶。[1]算长尺二寸。

　　堂下司正、司射、庭长及冠士立者皆属宾党，乐人及童子、使者皆属主党。[2]降揖其阼阶及乐事皆与射同节。

　　壶中置小豆，为其矢跃而出也。壶去席二矢半，矢以柘若棘，无去其皮，大七分。[3]

　　曾孙侯氏曰："今日泰射，四正具举，大夫君子，凡以庶士，小大莫处，御于君所，以燕以射，则燕则誉。[4]质参既设，执旌既载，干侯既亢，中获既置。"[5]

【注释】

　　〔1〕扶，四指宽度。

　　〔2〕司，主、负责。　　冠士，成年士人。

　　〔3〕席，投壶人所坐。　　柘，木名，质地坚硬。　　若，或。棘，枣木类，亦质坚。　　大，指其圆径。　　分，分、寸之分。

　　〔4〕曾孙侯氏，诸侯也。　　泰，大也。　　四正，即前所云正爵之事。　　举，行也。　　以，与也。　　庶，众也。　　处，闲居。御，侍也。　　燕，宴乐。　　誉，取誉。

　　〔5〕质，射侯、箭靶。　　参，同"三"。　　执旌，手执的旗子。载，犹执。　　干侯，同"犴侯"，画有犴犬的箭靶。　　亢，高挂、

张开。　　中获，射中者所获的奖品。　　置，设置、置放。

【译文】

　　投壶的箭堂上用的七扶长，室内用的五扶长，大庭中用的九扶长，算筹都长一尺二寸。堂下的司正、司射、庭长以及站立的戴冠的士都归客队，乐人以及童子、使者都归主队。

　　壶内装小豆，是为了防止投进去的箭跃出来。壶离投壶人所坐的席子两根半箭远，箭用质地坚硬的柘木或枣木，不去皮，粗七分。

　　诸侯在射礼上说："今日大射，四正全举，大夫君子，以及所有的庶士，大小都不要闲着，都要在国君这里伺候，参加宴会和射礼，一起娱乐取誉。三张射侯已经设好，行令的旗子已经举起，画有犴犬的箭靶已经高挂，奖品已经摆上。"

【原文】

　　壶脰修七寸，口径二寸半，壶高尺二寸，受五升，壶腹修五寸。[1]

　　弓既平张，四侯且良，决拾有常。既顺乃让，乃揖乃让，乃隮其堂。乃节其行，既（其）志乃张，射夫命射。[2]射者之声，获者之旌，既获卒莫。[3]

　　凡《雅》二十六篇，其八篇可歌：歌《鹿鸣》《狸首》《鹊巢》《采蘩》《采蘋》《伐檀》《白驹》《驺虞》；八篇废不可歌；七篇《商》《齐》，可歌也；三篇闲歌。[4]

　　史辟、史义、史见、史童、史谤、史宾、拾声、叡挟。[5]

　　鲁命弟子辞曰："无荒、无傲、无倨立、无逾言。若是者，有常爵。"[6]

"嗟尔不宁侯！为尔不朝于王所，故亢而射。女强食（射），食（赐）尔曾孙侯氏百福。"〔7〕

【注释】
〔1〕脰，颈部。　修，长。
〔2〕侯，借为"鍭"，金属箭头。　且，犹"皆"。　决，放弦的扳指。　拾，所谓射韝，射箭用的皮质护袖。　顺，谓准备停当。隮，升。　节，节制。　射夫，主射者。
〔3〕获者，获胜者。　旌，旌旗。　卒，终。　莫，安静。
〔4〕《雅》，谓雅乐，非《诗经》之《雅》。　凡《雅》二十六篇，盖谓射礼所配诗乐。　歌，唱也。　《鹿鸣》《白驹》，《小雅》之篇。《狸首》《鹊巢》《采蘩》《采蘋》《伐檀》《驺虞》，《国风》之篇。废，荒废。　不可歌，指当时已不可歌唱。《商》，盖指《商颂》。《齐》，盖指《齐风》。　闲歌，非雅乐也。按此段当是后人所加，就当时言。
〔5〕按此句义未明，前人或以为皆乐名。
〔6〕命，告诫。　弟子，指习射者。　无，同"毋"，不要。荒，同"慌"。　倨，微屈。　逾，越。　常，固定、一定。爵，指赏赐、获奖。
〔7〕嗟，招呼声。　尔，你们。　宁，安宁。　为，因为。亢，高。　侯，盖指射侯，即靶子。　强，尽力、努力。　曾孙侯氏，后世子孙为侯者、诸侯。　百福，多福。　按此当是周天子的话。

【译文】
壶颈长七寸，口径二寸半，壶高一尺二寸，盛五升，壶腹部长五寸。
两张弓弦已平张，四根箭头都精良，扳指护袖合标准。准备停当就行礼，互相作揖让对方，然后登上射箭台。各自节制其行为，斗志逐渐鼓起来，裁判就命开始射。只能听到射箭声，又能看到优胜旗。颁奖仪式结束后，最终逐渐静下来。
赛射仪式上所奏的乐，一共有雅乐二十六首，其中八首可以唱，包括《鹿鸣》《狸首》《鹊巢》《采蘩》《采蘋》《伐檀》《白驹》《驺虞》；八首荒废不可唱；七首商乐、齐乐可以唱；三首闲歌可以唱。

鲁国教习学射者的话说："不要慌、不要傲、不要屈身站立、不要隔人交谈。这样射，就能够获奖封侯。"

周王告诸侯的话说："喂！你们这些不安宁的诸侯：因为你们不到王庭来朝拜，所以这次抬高你们的射侯。你们要努力射，赢了将会赐你们子孙后代多福！"

卷十三

公冠第七十九

【题解】

此篇记古公爵加冠之礼，兼及成王冠辞，亦属古《礼》，盖出《礼古经》。末有《孝昭冠辞》，当是戴德所附。称谥号"孝昭"，自在汉昭帝之后。

【原文】

公冠：自为主，迎宾揖，升自阼，立于席。[1]既醴，降自阼。[2]

其余自为主者，其降也自西阶，以异，其余皆与公同也。[3]

公玄端与皮弁皆韠(弊)，朝服素韠。[4]

公冠，四加玄冕。[5]

卿为宾，飨之以三献之礼，无介，无乐，皆玄端。[6]

其酬币朱锦束，四马，其庆也同。[7]

天子儗焉。[8]

太子与庶子，其冠皆自为主，其礼与士同，其飨宾也皆同。[9]

成王冠，周公使祝雍祝王曰："达而勿多也。"[10]祝

雍曰："使王近于民，远于佞，啬于时，惠于财，亲贤使能。"〔11〕

【注释】

〔1〕公，指诸侯。　　冠，谓行成年加冠礼。　　主，主人。阼，谓阼阶，堂前东阶，主阶也。

〔2〕醴，一种甜酒，此谓以之酬宾。

〔3〕其余，谓众庶子。　　西阶，客阶。

〔4〕玄，黑色。　　端，正服。　　皮弁，皮帽子。　　韠，皮护膝。

〔5〕四，第四回。前三回分别为缁布冠、皮弁、爵弁。

〔6〕飨，招待。　　献，主人献酢酬宾。　　介，辅宾者。

〔7〕酬，谓酬宾。　　币，礼品。　　朱，红色。　　束，十匹。庆，赏赐。

〔8〕儗，比也。

〔9〕按《士冠礼》云："天子之元子，犹士也。天下无生而贵者。"

〔10〕祝，主祝告者。　　雍，人名。　　达，达其义。

〔11〕佞，奸佞。　　啬，爱惜。　　时，时光。　　惠，施也。

【译文】

诸侯行成年加冠礼的时候，自己做主人，迎宾作揖，从堂前东阶上堂，立在席上。以甜酒酬完宾，从东阶下来。

其余自己做主人的，都从西阶上下，以示区别，别的都与诸侯相同。

诸侯以前所穿戴的玄端与皮弁都已破旧，朝服素质皮护膝尽皆丢弃。

诸侯行成年加冠礼，第四回换上玄冕。

主人以三献之礼招待参加冠礼的宾客，没有辅宾，没有音乐，宾客都穿黑色正服。

主人酬宾的礼品是朱色锦缎一束、马四匹。客人表示庆贺的礼品相同。

天子的加冠礼，比照诸侯。

太子和众庶子，其冠礼也都是自己本人为主人，其礼节与士相同，其招待宾客也都相同。

成王行加冠礼的时候，周公使祝雍告王说："达意就行，不要多！"祝雍说："使王接近百姓，远离奸佞，爱惜时日，以财施惠，亲贤使能。"

【原文】

"陛下离显先帝之光耀，以承皇天之嘉禄，钦顺仲春之吉日，遵并大道之邠彧，秉集万福之休灵。[1] 始加昭明之元服，推远稚兔之幼志，崇积文武之宠德，肃勤高祖之清庙，六合之内靡不息。[2] 陛下永永与天无极。"[3] 孝昭冠辞。[4]

【注释】

〔1〕离，借为"摛"，传布。　显，大。　钦，敬。　遵，沿着。　并，读"傍"，依傍。　邠，借为"彬"。　彬彧，文彩。　秉，持。　休，美。

〔2〕元，始也。　稚，幼。　崇，聚。　宠，荣也。　肃，严肃。　清庙，宗庙。　六合，上下四方。　靡，无。　息，安也。

〔3〕永永，永远。　极，尽头。

〔4〕孝昭，汉昭帝。

【译文】

"陛下传扬先帝的光耀，以承受皇天的嘉禄。敬顺仲春的吉日，遵傍大道的文彩，秉集万福的美灵，始加昭明之元服。推远稚兔的幼志，聚积文武之荣德。肃勤高祖的清庙，上下四方无不安宁。陛下的年寿，与天一样永远没有尽头！"以上是汉孝昭帝的加冠辞。

【原文】

"皇皇上天，照临下土。[1]集地之灵，降甘风雨。庶物群生，各得其所。[2]靡今靡古，维予一人某，敬拜皇天之祜。[3]

"薄薄之土，承天之神。[4]兴甘风雨，庶卉百谷，莫不茂者，既安且宁。维予一人某，敬拜下土之灵。

"维某年某月上日，明光于天下，勤施于四方，旁作穆穆。[5]维予一人某，敬拜迎于郊。"以正月朔日迎日于东郊。

【注释】

〔1〕皇皇，光明貌。

〔2〕庶，众。

〔3〕靡，无。　祜，福。

〔4〕薄薄，广大貌。

〔5〕上日，朔日。　明，广明、日光。　光，照耀。　勤，勤奋。　施，行、加。　旁，广也。　穆穆，盛美之貌。

【译文】

"光明的上天，照临着下土。集大地的灵气，降和风细雨。百物和众生，各得其所需。不分古与今，维我一人某，敬拜皇天福！

"广大的土地，承载着天神。兴和风细雨，平安又宁静。众草和百谷，莫不茂又盛。维我一人某，敬拜下土灵！

"维某年某月吉日，光明照天下，恩惠加四方，广德美又盛。维我一人某，敬拜迎于郊。"以正月初一在东郊迎日出。

本命第八十

【题解】

此篇论性命、阴阳、生死、男女、婚姻、礼仪、丧服以及所谓"五不娶""七去""五罪"等人生之事。以开篇有"分于道谓之命""故命者，性之终也"，故名。篇中言"太古""中古"，为孔门常语，当是七十子之徒所撰，亦可谓之"记"。《礼记·丧服四制》及《说苑·辩物》篇文有与此同者，所本当同。

【原文】

分于道谓之命，形于一谓之性。化于阴阳，象形而发谓之生，化穷数尽谓之死。[1]故命者，始也；死者，生之有始，性之终也，则必有终矣。

人生而不具者五：目无见、不能食、不能行、不能言、不能化。[2]三月而彻昫，然后能有见；八月生齿，然后能食；期而生膑，然后能行；三年囟合，然后能言；十有六精通，然后能化。[3]

【注释】

〔1〕分，分离。　道，自然之道。　形，谓成形。　化，化育、生育。　穷，尽。　数，谓寿数。
〔2〕具，具备。

〔3〕彻，达也。　　眴，目转精。　　期，音击，一周岁。　　膑，髌骨。　　嘻，借为"凶"，凶门。

【译文】

　　从自然之道中分出，叫做命；成形于一身，叫做性；从阴阳结合而化育，成形而发出，叫做生；化育穷尽寿数终结，叫做死。所以说：命，是性的开始；死，是性的终结。生有开始，就一定会有终结。

　　人生下来有五样不具备的：眼睛没有视力、不能吃饭、不能行走、不能说话、不能生育。三个月眼睛会转精，然后有视力；八个月长牙，然后能吃东西；一周岁生髌骨，然后能走路；三年凶门口合，然后能说话；十六岁精通，然后能生育。

【原文】

　　阴穷反阳，阳穷反阴。〔1〕是故阴以阳化，阳以阴变。故男以八月而生齿，八岁而毁齿；二八十六，然后精通，然后其施行。〔2〕女七月生齿，七岁而毁；二七十四然后血行，然后其化成。〔3〕合于三也，小节也。〔4〕一阴一阳，然后成道。〔5〕中古男三十而娶，女二十而嫁，合于五也，中节也。太古男五十而室，女三十而嫁，备于三五，合于八也。〔6〕八者，维纲也，天地以发明，故圣人以合阴阳之数也。〔7〕

【注释】

　　〔1〕穷，尽也。　　反，返回。
　　〔2〕毁齿，换牙，即所谓龀。　　施，谓施其精，与女交也。
　　〔3〕血，谓月经。　　化，化育、生育。
　　〔4〕三，谓三的倍数。男十六加女十四合三十也。
　　〔5〕一阴一阳，一男一女也。　　道，自然之道。

〔6〕太古，上古。　　备，具备。　　上言合于三，合于五，而此全有，故曰备于三五。

〔7〕维，"八维"之维，维系。　　纲，纲目之纲，大绳。　　发明，发其明也。土有八维，地有八方，故曰天地以发明。

【译文】

阴穷尽反归阳，阳穷尽反归阴。所以阴因阳而化，阳因阴而变。所以男孩子八个月长牙，八岁换牙；二八十六岁然后精液通，然后能行其精。女孩子七个月长牙，七岁换牙；二七十四岁然后经血行，然后能生育。十六加十四合于三的倍数，属于小节。一阴一阳结合，然后成就自然化育之道。近古时代男子三十娶妻，女子二十出嫁，合于五的倍数，属于中节。上古时代男子五十而成家，女子三十而出嫁，具备三和五，也合于八。八，是八维的大纲，天地因为有八维而发其明，所以圣人用其来结合阴阳的数字。

【原文】

礼义者，恩之主也。[1]冠、昏、朝、聘、丧、祭、宾主、乡饮酒、军旅，此之谓九礼也。礼经三百，威仪三千，几其文之变也？[2]礼之象，五行也；其义，四时也。[3]故以四举，有恩、有义、有节、有权。[4]

恩厚者其服重，故为父斩衰三年，以恩制者也。[5]门内之治恩掩义，门外之治义断恩。[6]资于事父以事君，而敬同。[7]贵贵尊尊，义之大者也。[8]故为君亦服斩衰三年，以义制者也。三日而食，三月而沐，期而练。[9]毁不灭性，不以死伤生也。[10]丧不过三年，苴衰不补，坟墓不坏。[11]除之日鼓素琴，示民有终也，以节制者也。[12]

【注释】

〔1〕恩，恩爱。　　主，主人。

〔2〕经，经文。　　威仪，礼仪、行礼的仪式。　　三千，极言其多。"礼经三百，威仪三千"，《礼器》篇文。　　几，读为"岂"。

〔3〕象，相似也。　　五行，金、木、水、火、土，各不相同也。义，宜也。　　四时，四季也。

〔4〕节，时节。　　权，权变。

〔5〕服，服丧。　　斩衰，丧服最重者，不缝边。　　制，制定。

〔6〕门，谓家门。　　治，治理。　　掩，掩盖。　　断，绝也。

〔7〕资，取也。

〔8〕贵贵，贵所贵者。　　尊尊，尊所尊者。

〔9〕练，小祥之服。

〔10〕毁，谓毁形。　　灭性，失去意识。

〔11〕苴衰，泛指丧服。　　坏，同"培"，培土。

〔12〕除，谓除丧。　　鼓，弹奏。　　素琴，无弦之琴。

【译文】

礼和义，是恩的主人。冠礼、婚礼、朝礼、聘礼、丧礼、祭礼、宾主之礼、乡饮酒礼、军旅之礼，这叫九礼。所谓礼经三百，威仪三千，岂是其文字的变化？礼所相似的，犹如五行，属性各不相同；其所宜的，一年四季，不分时节。所以如果分四类来概括，就是有以恩制定的、有以义制定的、有以节制定的、有以权变制定的。

恩厚的其服重，所以为父亲服斩衰丧三年，属于以恩制定的。处理家门内的事情恩掩盖义，处理家门外的事情义斩断恩。以服事父亲的标准事奉国君，而恭敬相同。贵贵人而尊尊者，属于大义。所以为君也服斩衰丧三年，属于以义而制定的。下葬后三天开始吃饭，三月后开始沐浴，周年后换上小祥练服。服丧期间毁形而不灭性，是不因死人而伤活人。服丧不过三年，丧服不补，坟墓不培土。除丧那天弹奏没有弦的素琴开始娱乐，是让人看到丧事有终结，这些都属于以节度制定的。

【原文】

　　资于事父以事母，而爱同。天无二日，国无二君，家无二尊，以一治之也。父在为母齐衰期，见无二尊也。[1]百官备，百制具，不言而事行者，扶而起；[2]言而后事行者，杖而起；身自执事而后事行者，面垢而已。[3]凡此，以权制者也。[4]

　　始死，三日不怠，三月不解，期悲号，三年忧：恩之杀也。[5]圣人因杀以制节也。

【注释】

　　[1]齐衰，仅次于斩衰的丧服，缝边。

　　[2]百官，泛指各类办事人员。　　百制，泛指各类章程。　　具，具备。

　　[3]扶，搀扶。　　杖，拄杖。　　面垢，不洗脸。

　　[4]权，权宜、权变。

　　[5]解，读为"懈"。　　杀，减也。

【译文】

　　取事奉父亲的标准以事奉母亲，而爱相同。天上没有两个太阳，国家没有两个国君，家庭没有两个尊长，都是由一人统治。父亲在为母亲服齐衰丧一年，以见没有两个尊者。天子的丧事百官齐备，章程具备，不讲话而事行的，守丧时靠人搀扶而起身；自己说了然后事行的，靠拄丧杖而起身；本人亲自办理然后事行的，蓬头垢面而已。这些，都属于以权变制定的。

　　父母刚死，三天不懈怠，三月不松懈，一年悲号，三年忧伤：这是恩情的杀减。圣人根据杀减的原则制定节度。

【原文】

　　男者，任也；子者，孳也。[1]男子者，言任天地之道，而长万物之义也，故谓之"丈夫"。[2]丈者长也，夫者扶也，言长万物也。[3]知可为者，知不可为者；知可言者，知不可言者；知可行者，知不可行者。是故审伦而明其别，谓之知，所以正夫德者。[4]

女者，如也；子者，孳也。[5]女子者，言如男子之教，而长其义理者也，故谓之妇人。妇人，伏于人也，是故无专制之义，有三从之道：在家从父，适人从夫，夫死从子。无所敢自遂也，[6]故不出闺门，事在馈食之间而正矣。[7]是故女日及乎闺门之内，不见星而奔丧，事无独为，行无独成。[8]参知而后动，可验而后言，宵行以烛，宫事必量，六畜蕃于宫中，谓之信也，所以正妇德也。[9]

【注释】

〔1〕任，任事。　孳，生也。　男与任、子与孳，皆以古同音相训。

〔2〕长，增长。　义，所宜也。

〔3〕丈与长、夫与扶，亦以音训。

〔4〕审，察也。　伦，人伦。　知，同"智"。　所以，所用也。　夫，丈夫。

〔5〕如，如同、随从。　女与如，亦以音训。

〔6〕伏，倾伏、服从。　适人，嫁人。　遂，随心所欲。

〔7〕闺门，内室之门。　馈食，谓黍稷粮米。　正，定也。

〔8〕及，犹在。

〔9〕参，同"叁"，谓多次。　验，验证。　宵，夜。　宫事，家事。　量，以标准衡量。　蕃，繁殖。　宫中，家中。　信，实也。

【译文】

男，是任的意思；子，是孳的意思。所谓男子，是说他任受天地自然规律，而增长万物之所宜，所以叫做"丈夫"。丈就是长的意思，夫就是扶的意思，是说他能增长万物。他知道可以做的，知道不可以做的；知道可以说的，知道不可以说的；知道可以行的，知道不可以行的。所以，审察人伦而明白其区别，叫做智慧，用来端正夫德。

　　女，是如的意思；子，是孳的意思。所谓女子，是说她随从男子的教导，而增长其所宜的，所以叫做"妇人"。妇人，就是伏从于人的意思，所以没有独自裁断的义务，而有三从的道路：在家从父亲，嫁人从丈夫，丈夫死了从儿子。没有敢随心所欲的时间，所以脚不出闺门，事情在饮食粮米之间就决定了。所以女人每天待在闺门之内，不连夜而奔丧，事情不独自做，行为不独自成。凡事都多次了解然后再行动，可以验证然后再说；夜晚出行打灯笼，家事一定按标准衡量，家畜在家里繁衍，这叫做信，用来端正妇德。

【原文】

　　女有五不取：逆家子不取，乱家子不取，世有刑人不取，世有恶疾不取，丧妇长子不取。[1]逆家子者，为其逆德也；乱家子者，为其乱人伦也；世有刑人者，为其弃于人也；世有恶疾者，为其弃于天也；丧妇长子者，为其无所受命也。[2]

　　妇有七去：不顺父母去，无子去，淫去，妒去，有恶疾去，多言去，窃盗去。[3]不顺父母去，为其逆德也；无子，为其绝世也；淫，为其乱族也；妒，为其乱家也；有恶疾，为其不可与共粢盛也；口多言，为其离亲也；盗窃，为其反义也。[4]

　　妇有三不去：有所取无所归，不去；与更三年丧，不去；前贫贱后富贵，不去。[5]

大罪有五：逆天地者，罪及五世；诬文武者，罪及四世；逆人伦者，罪及三世；诬鬼神者，罪及二世；杀人者，罪止其身。[6]故大罪有五，杀人为下。

【注释】

〔1〕取，同"娶"。　　逆，忤逆、违逆。　　子，谓女子。世，世代。　　刑人，受刑之人。　　恶疾，传染病。

〔2〕受命，谓受教。

〔3〕去，休去。

〔4〕共，供奉。　　粢盛，祭祀用的粮食。　　离，离间。

〔5〕与，一起。　　更，经。　　三年丧，父母之丧。

〔6〕诬，污蔑。　　文武，周文王、周武王，代表圣人。

【译文】

女人有五不娶：忤逆家长的不娶，搅乱家庭的不娶，上辈有犯人的不娶，上辈有传染病的不娶，死了妻子的长女不娶。忤逆家长的，因为她逆德；搅乱家庭的，因为她乱人伦；上辈有犯人的，因为他被人唾弃；上辈有传染病的，因为被天抛弃；死了妻子的长女，因为她无从接受教育。

女人有七休：不顺从父母的休，没有子女的休，淫荡的休，嫉妒的休，有传染病的休，多言多语的休，窃盗的休。不顺从父母的休，因为她逆德；没有子女的休，因为她绝后；淫荡的休，因为她乱族；嫉妒的休，因为她乱家；有传染病的休，因为她不能一起祭祀祖先；多言多语的休，因为她离间亲人；盗窃的休，因为她违反道义。

女人有三不休：有地方娶没地方回的，不休；一起经历父母丧事的，不休；先贫贱后富贵的，不休。

大罪有五种：逆天地的，罪及五代；诬蔑圣人的，罪及四代；逆人伦的，罪及三代；诬蔑鬼神的，罪及二代；杀人的，罪只在其本人。所以大罪有五，杀人最轻。

易本命第八十一

【题解】

此篇以"子曰"开头，以太易论人与禽兽、万物、昆虫之所以生及各自之本性与特点，说明"王者动必以道，静必以理"的道理。以篇首云"夫易之生，人、禽、兽、万物昆虫各有以生"，生者本命也，故名。篇内无较晚文辞，或当确与孔子有关。记其言，故亦谓之"记"。《孔子家语·执辔》亦有此文，较此可信。《淮南子·墜形训》文多同此篇，当取此篇而作。

【原文】

子曰：夫易之生人、禽、兽、万物、昆虫，各有以生，或奇或偶，或飞或行，而莫知其情，惟达道者能原本之矣。[1]

天一，地二，人三。[2]三三而九，九九八十一。[3]一主日，日数十。[4]日主人，故人十月而生。[5]

八九七十二，二主偶。[6]偶以承奇。[7]奇主辰，辰主月。[8]月主马，故马十二月而生。[9]

七九六十三，三主斗。[10]斗主狗，故狗三月而生。[11]

六九五十四，四主时。[12]时主豕，故豕四月

而生。〔13〕

五九四十五，五主音。〔14〕音主猿，故猿五月而生。〔15〕

四九三十六，六主律。〔16〕律主禽鹿，故禽鹿六月而生也。〔17〕

三九二十七，七主星。〔18〕星主虎，故虎七月而生。〔19〕

二九十八，八主风。〔20〕风主虫，故虫八日化也。〔21〕其余各以其类。〔22〕

【注释】

〔1〕易，指太易。《周易·说卦传》曰："太易者，未有见气也。太初者，气之始一也。" 有以，有原因。 情，实情。 达，通。 道，自然规律。

〔2〕天一、地二、人三，以数推也。

〔3〕三三，三个三。 九九，九个九。 各以平方也，画成图形即可得。

〔4〕天一，故一主日。 一个月初十、二十、三十日皆十的倍数，故曰日主十。

〔5〕日既主十，人怀孕十个月而生，故曰以日数。

〔6〕八九七十二，从九九八十一退也。下七九、六九等皆依次退。

〔7〕承，接续。

〔8〕辰，从子至亥十二辰也。 十二辰，故曰偶主辰。 一年十二个月，故曰辰主月。

〔9〕马十二个月而生，故曰月主马。

〔10〕斗，北斗星。孔广森曰："斗有杓、衡、魁三体，故三主斗。"

〔11〕狗三个月而生，故曰斗主狗。

〔12〕时，春夏秋冬四季也。 一年有四季，故曰四主时。

〔13〕豕，猪也。猪怀孕四个月而生，故曰时主豕。

〔14〕音，宫、商、角、徵、羽五音。音有五，故曰五主音。

〔15〕猿猴怀孕五个月而生，故曰音主猿。

〔16〕律，谓六律。律有六，故曰六主律。

〔17〕禽鹿，獐子。獐子六个月而生，故曰律主禽鹿。

〔18〕七星，北斗星也。北斗有七星，故曰七主星。

〔19〕老虎怀孕七个月而生，故曰星主虎。

〔20〕八风，八方之风。古有"八风"之说，故曰八主风。

〔21〕虫八日而化生，故曰风主虫。

〔22〕其余，鸟鱼之类也。

【译文】

　　孔子说：古初太易生物，人、禽、兽、万物、昆虫各有其所以生的原因。有的属奇数有的属偶数，有的会飞有的会走，而没有人知道其实际情由，只有通达自然化育之道的人，才能推知其本原。

　　天数一，地数二，人数三。三三得九，九九八十一。天上的太阳只有一个，所以一主日辰，而日辰的数目为十。日辰主人，所以人十个月降生。

　　八九七十二，二主偶数。偶数主十二辰，十二辰主月。月主马，所以马十二个月降生。

　　七九六十三，三主北斗。北斗主狗，所以狗三个月降生。

　　六九五十四，四主季节。季节主猪，所以猪四个月降生。

　　五九四十五，五主音声。音主猿猴，所以猿猴五个月降生。

　　四九三十六，六主乐律。乐律主麋鹿，所以麋鹿六个月降生。

　　三九二十七，七主星辰。星辰主老虎，所以老虎七个月降生。

　　二九一十八，八主风。风主昆虫，所以昆虫八天化生。

　　其余的均各自按照自己的类别而生。

【原文】

　　鸟鱼皆生于阴而属于阳。[1]故鸟鱼皆卵生，鱼游于水，鸟飞于云。故冬燕雀入于海，化而为蚧。[2]

　　万物之性各异类，故蚕食而不饮，蝉饮而不食，蜉蝣不饮不食。介鳞者夏食而冬蛰，龁吞者八窍而卵生，咀嚼者九窍而胎生。[3]

四足者无羽翼，戴角者无上齿。无角者膏而无前齿，有角者脂而无后齿。[4]昼生者类父，夜生者类母。[5]至阴生牝，至阳生牡。[6]

【注释】

〔1〕生于阴，卵生也。　　属于阳，飞于天也。

〔2〕蚧，蛤蜊。　　燕雀入于海化而为蚧，古人误说也。

〔3〕介，甲也。　　蛰，冬眠。　　龁吞，不嚼而吞。　　窍，孔洞。　　八窍，头上七窍加阴窍。　　咀嚼，即咀嚼。　　九窍，头上七窍加大、小便窍。

〔4〕膏，液态者。　　脂，凝结者。

〔5〕类，似、像。

〔6〕至，极。　　牝，雌性。　　牡，雄性。

【译文】

鸟类鱼类都生于阴而归属于阳，所以鸟类和鱼类都是卵生，而鱼在水中游，鸟在天上飞；所以冬季燕子麻雀都飞进大海而化为蛤蜊。

万物的本性各因类而异，所以蚕只吃桑叶而不饮水，蝉只饮水而不吃食，蜉蝣不饮水也不吃食，有甲有鳞的夏季吃食而冬季蛰伏。不嚼而吞的八个窍而卵生，会咀嚼的九个窍而胎生。

四条腿的没有羽毛翅膀，头上有角的没有上牙。没有角的脂膏为液态而没有前齿，有角的脂膏凝结而没有后齿。白天出生的像父亲，晚上出生的像母亲。极阴生雌性，极阳生阳性。

【原文】

凡地，东西为纬，南北为经。山为积德，川为积刑。[1]高者为生，下者为死。丘陵发牡，溪谷为牝。[2]蚌蛤龟珠，与月盛虚。[3]

是故坚土之人刚，弱土之人脆，卢土之人大，沙土之人细，息土之人美，耗土之人丑。[4]

是故食水者善游能寒，食土者无心而不息，食木者多力而拂，食草者善走而愚，食叶者有丝而蛾，食肉者勇敢而悍，食谷者智惠而巧，食气者神明而寿，不食者不死而神。[5]

【注释】

〔1〕德，得也。　　刑，杀也。

〔2〕发，生也。　　丘陵高凸，故发牡。　　溪谷，河沟。　　河沟低凹，故为牝。

〔3〕蚌蛤，河蚌蛤蜊。　　龟珠，龟的眼珠。　　盛，实也。《吕氏春秋》："月望则蚌蛤实，月晦则蚌蛤虚。"

〔4〕坚，坚硬。　　刚，刚毅。　　弱，柔软。　　脆，脆弱。卢土，即垆土，黑坚土。　　大，高大。　　细，瘦小。　　息土，沃土。　　耗土，瘠土。

〔5〕能，耐。　　息，呼吸。　　拂，借为"爇"，壮而大。走，跑也。　　悍，强悍。　　神明，如神之明，无所不知。　　不食者，指蓍草，用以占筮者。

【译文】

凡土地，东西称纬，南北称经。山是积德的，河是积刑的。高的叫牡，低的称牝。丘陵属雄性，河谷属雌性。蛤蜊龟珠，随着月亮的圆缺而虚实。

所以坚土上生长的人肥壮，柔土上生长的人高大，沙土上生长的人瘦小，沃土上生长的人漂亮，瘠土上生长的人丑陋。

所以以水为食的善游且耐寒，以土为食的没有心脏而且不呼吸，以木为食的多力而壮实；以草为食的善于奔跑而愚蠢，以树叶为食的有丝而变蛾，以肉为食的勇敢而强悍，以五谷为食的智慧而灵巧，以空气为食的神明而长寿，不吃东西的不死而神明。

【原文】

故曰：有羽之虫三百六十，而凤凰为之长；有毛之虫三百六十，而麒麟为之长；有甲之虫三百六十，而神龟为之长；有鳞之虫三百六十，而蛟龙为之长；倮之虫三百六十，而圣人为之长：[1]此乾坤之美类，禽兽万物之数也。[2]

故帝王好坏巢破卵，则凤凰不翔焉；好竭水搏鱼，则蛟龙不出焉；好刳胎杀夭，则麒麟不来焉；好填溪塞谷，则神龟不出焉。[3]

故王者动必以道，静必以理。[4]动不以道，静不以理，则身夭而不寿，诊孽数起，神灵不见，风雨不时，水旱并兴，人民夭死，五谷不滋，六畜不蕃息。[5]

【注释】

〔1〕三百六十，自然之大数，言其多也。　倮，无毛羽鳞甲也。倮之虫，人也。

〔2〕数，数目。

〔3〕搏，借为"捕"。　处，居也。　刳，音哭，剖开。夭，幼小的禽兽。

〔4〕道，自然规律。　理，客观自然。

〔5〕夭，夭折。　诊孽，各类怪异现象。　数，音朔，频繁。并，同时。　滋，滋生。　蕃息，繁殖。

【译文】

所以说：有翅膀的动物三百六十种，而凤凰为首长；有毛的动物三百六十种，而麒麟为首长；有甲的动物三百六十种，而神龟为首长；有鳞的动物三百六十种，而蛟龙为首长；无毛的动物三百六十种，而圣人为首长。这些都属于天地间的好东西，禽兽万物的总数目。

　　所以帝王如果喜欢破坏鸟巢取卵，凤凰就不飞到他那里；如果喜欢竭水捕鱼，蛟龙就不在他那里潜藏；喜欢剖取胎儿杀死幼兽，麒麟就不来他那里；喜欢填沟堵河，神龟就不在他那里出现。

　　所以为王者的行动必须按照自然规律，静居必须合乎自然之理。如果行动不按照自然规律，静居不合自然之理，就会夭折而短命，各类怪异现象就会频繁发生，神灵就不出现，风雨就不合时，暴风水旱就会同时发生，人民就会夭折死亡，五谷就不滋生，六畜就不繁殖。

中国古代名著全本译注丛书